D1730315

Albert M. Reh
Von Apparatschiks und Menschen

Albert M. Reh

Von Apparatschiks und Menschen

Mein Weg durch
sowjetische Kriegsgefangenenlager

Haag + Herchen

Die Deutsche Bibliothek – CIP-Einheitsaufnahme

Reh, Albert M.:
Von Apparatschiks und Menschen : mein Weg durch
sowjetische Kriegsgefangenenlager / Albert M. Reh. –
Frankfurt am Main : Haag und Herchen, 1995
    ISBN 3-86137-361-0

ISBN 3-86137-361-0
© 1995 by HAAG + HERCHEN Verlag GmbH,
Fichardstraße 30, 60322 Frankfurt am Main
Alle Rechte vorbehalten
Umschlagabbildung: Werner Gross
Produktion: Herchen KG, Frankfurt am Main
Satz: W. Niederland, Frankfurt am Main
Herstellung: J & P Offsetdruckerei GmbH, Freden
Printed in Germany

Verlagsnummer 2361

Wer im Gedächtnis seiner Lieben lebt,
der ist nicht tot, der ist nur fern.
Tot ist, wer vergessen wird.

Immanuel Kant

Völlig unerwartet hat uns mein lieber Mann, unser lieber Vater nach einem langen und erfüllten Leben verlassen. Wir trauern um

Dr. phil. Albert Maximilian Reh

11. 10. 1922 – 8. 3. 2003

Im Namen der Familie
Astrid J. Vonhausen-Reh
Susan G. Reh
Hans-Georg L. Reh

63263 Neu-Isenburg, Am Bansapark 34

Die Beisetzung fand im engsten Familienkreis statt.

...dung: Die neueste Mode der Kicker von Trainer Willi Reimann

...tracht trägt Schwarz und ein we...

...URT. Die Eintracht macht ...m Montag gewährte der Fußball... ...verein Einblicke in seine konze... ...Planungen, am Donnerstag nun ...führung der Eintracht Frankfurt ...AG den Namen des zukünftigen ...nsors bekannt. Auch dies war ...e die vermeintlich neuen Verträ... ...a Nikolov und Daniyel Cimen kei... ...aschung, denn es war bekannt, ...irma Jako das Rennen um den ...

„Eine solche Partnerschaft muß man leben", sagte Sparmann fast schon pathetisch. „Man kann sie nicht nur auf dem Papier fixieren."

Wer die Eintracht in der kommenden Saison im heimischem Waldstadion spielen sieht, wird mehr Schwarz als Rot sehen. Schwarzes Trikot, durchsetzt mit dünnen roten Linien, schwarze Hose, schwarze Stutzen: so wollen die Profis von Trainer Willi Reimann zukünftig gegen erstklassige Kon...

bester Hoffnung, ... Aufstieg glückt. ... tracht Frankfurt ... Liga ein gutes Th... für die Stadt Fran... stieg etwas wird."

Der neue Eint... den bewährten G... die Lizenzspieler... teure des Großve... Zunächst freilich ...

Für Astrid Jacqueline,
Susan Gisela
und Hans-Georg

»Ich bin kein Freund allgemeiner Urteile
über ganze Völker.«
Gotthold Ephraim Lessing

»Des Volkes Kern ist der Einzelne.
Aus Persönlichkeiten besteht das Volk und
nicht aus einer Zahl mit vielen Nullen.«
Jewgenij Jewtuschenko

INHALTSVERZEICHNIS

ODESSA

Selz

»Das sind furchtbare Jahre gewesen damals, 1921 und 22, als Lenin am Ende des Revolutionskrieges die Ernten auf den Feldern von der Roten Armee hat konfiszieren lassen, und wir Bauern nichts mehr zu essen gehabt haben. Noch schlimmer ist es dann nach 1930 geworden – am schlimmsten 1932 und 33, als Stalin die Zwangskollektivierung durchgeführt hat. Alle Bauern in der Ukraíne haben ihre eigenen Landwirtschaften aufgeben und in die Kolchosen eintreten müssen. Die meisten von uns haben sich verzweifelt dagegen gewehrt, das kleine Stück Grund und Boden, das uns gehört hat, herzugeben. Stalin hat dann ganze Dörfer verhungern lassen. Die von uns hier in Selz noch am Leben geblieben sind, sind schließlich ›freiwillig‹ in den Kolchos gegangen. Uns Rußlanddeutsche haben sie wohl besonders hart angefaßt. In unseren Ausweispapieren steht nämlich nicht nur unsere russische Staatsangehörigkeit, sondern auch unsere Zugehörigkeit zur deutschen Minderheit: njemez, Deutscher, oder njemka, Deutsche. Ja, das sind furchtbare Jahre gewesen damals.« Michael Zinger löffelte bedächtig seinen Borschtsch, den seine Frau Barbara auf die Teller verteilt hatte. Neben mir saßen um den runden Tisch ihre vier Buben, Rochus, Bernhard, Pius und Eugenius, der seit einer frühkindlichen Verletzung an Krükken gehen mußte. Um die Suppenterrine herum standen große Teller mit Grumbiereflunde, Kürbisplatschenta und Küchle, eine Schüssel mit Mehlnudeln und mehrere Flaschen Moscht. In der Küche roch es nach Hasenbraten. Es war der 11. Oktober 1941, mein 19. Geburtstag.

Ich war Gefreiter der Nachrichtenabteilung 309, die am 25. August auf dem Bielefelder Ostbahnhof an die südrussische Front verladen worden war. Der Zug war durch das zerstörte Warschau, die Tatra, die Slowakei, die ungarische Pußta, Siebenbürgen und die Karpaten gerollt, bis er schließlich in einem gottverlassenen Bahnhof eines gottverlassenen rumänischen Nestes namens Vaslui seine Endstation erreicht hatte.

Vor uns lagen die ungepflasterten Straßen Bessarabiens (Moldaviens) und der Ukraíne. In der trockenen Sommerwärme hüllten sie die LKW-Kolonne in riesige Staubwolken, die sich wie Mehltau auf die Felder und Fahrzeuge, auf Uniformen und Gesichter legten. Als die ersten Regengüsse niedergingen, die den Herbst ankündigten, versanken die LKWs bis an die Achsen im Schlamm.

9

Wir waren eine der wenigen deutschen Einheiten an diesem Frontabschnitt, als Fernsprech- und Funkabteilung zunächst der rumänischen Armee zugeteilt, die auf Odessa angesetzt war. Der Front folgend, die sich in schweren Kämpfen langsam auf Odessa vorschob, hatten wir das ukraínische Dorf Bjelajewka und die deutschen Dörfer Baden und Neuburg passiert, die alle die frischen Spuren der eben stattgefundenen Kämpfe zeigten, um am 27. September im völlig unzerstörten deutschen Selz bis zum Fall Odessas stationiert zu werden. Ich hatte von den Wolgadeutschen gewußt. Daß über die Ukraíne hunderte deutscher Dörfer verstreut lagen, in denen etwa eine Viertelmillion Rußlanddeutsche lebten, war mir unbekannt gewesen.

Selz liegt am Ostufer des Dnjestr-Limáns. Limane sind große Seen, die in der Ukraíne nahe der Küste entweder durch die Versandung der Flüsse hinter einer Nehrung oder durch den hohen Grundwasserspiegel entstanden sind, der sich um die großen Ströme bildet, bevor sie ihre Wassermassen ins Schwarze Meer wälzen.

Rechts und links der ungepflasterten Dorfstraße stehen frisch geweißelte kleine einstöckige Bauernhäuser mit Strohdächern. Dazwischen ragt eine frisch geweißelte Kirche auf, umgeben von einer frisch geweißelten Kirchhofmauer. Hinter dem Dorf liegen, so weit das Auge reicht, schier endlose Wein-, Weizen-, Mais- und Sonnenblumenfelder. Auf der Straße zwischen den Feldern treiben rumänische Soldaten Viehherden aus den Kolchosen der ukraínischen Dörfer nach Rumänien. Armeen folgen dem Instinkt prähistorischer Urhorden: sie ernten, wo sie nicht gesät haben. Hinter den sauberen Bauernhäusern sind kleine umzäunte Gemüsegärten mit Hühner- und Schweineställen angelegt, die die Bauern vor fremdem Zugriff unter zusammengerafftem Buschwerk zu verstecken suchten.

Einquartiert werde ich bei der Familie Zinger, deren Haus am südlichen Ende der Dorfstraße liegt. Alle sprechen neben dem offiziellen Russisch, das sie in der Schule gelernt haben, unverfälschtes Schwäbisch. Schräg gegenüber dem Zingerschen Haus liegt die Dorfkirche. Sie ist zum politischen Versammlungslokal umfunktioniert worden, doch die meisten Pfeifen der Orgel sind noch intakt. Ich spiele zum ersten Sonntagsgottesdienst. Rochus Zinger tritt den Blasebalg. Unser Feldgeistlicher tauft Kinder und Erwachsene.

Wie schon unsere Begrüßung durch die Bauern, die mit Brot und Salz, den russischen Symbolen der Gastfreundschaft, am Dorfeingang gestanden hatten, bestärkte diese Zeremonie in uns das naive Gefühl, wir seien als Befreier in die Ukraíne gekommen und brächten sie zurück in die Kultur- und Völkergemeinschaft des von Hitler proklamierten neuen Europa. Zu diesem Zeitpunkt wußte noch keiner von uns, daß der vorrückenden Armee wie ein Schatten die Einsatzkommandos der SS folgten, die dann die Ukraíner – und nicht nur sie – eine ganz andere Lektion lehren sollten.

Wenn ich dieses Befreier-Gefühl naiv nenne, so tue ich das aus heutiger Sicht. Damals erschien es zunächst keinem von uns naiv, war doch in der Propaganda, mit der wir nach Rußland geschickt worden waren, der Krieg gegen die Sowjetunion als ein ›Kreuzzug‹ proklamiert worden, durch den Europa vor der bolschewistischen Bedrohung gerettet werden sollte.

Diese Propaganda hatte schon während unserer Schulzeit in dieser Richtung vorgearbeitet. Ich erinnere mich noch gut an eine Ausstellung, die alle Schüler unseres Gymnasiums mit den Geschichtslehrern Ende der 30er Jahre besuchen mußten. ›Weltfeind No. 1‹ stand über dem Eingang, hinter dem Bilder und Textmaterial über die Sowjetunion und den Bolschewismus auf großen Tafeln an den Wänden hingen. Ein Raum war der ›Großen Säuberung 1936-38‹ gewidmet. Unser Geschichtslehrer wies uns besonders auf ein Portraitphoto hin, unter dem der Name Jagoda stand. Der Text besagte, daß er der ehemalige NKWD-(Staatssicherheitsdienst-)Chef gewesen war. Er sei verurteilt und erschossen worden, weil er einer Verschwörung angehört habe, die u.a. die Ukraíne von der Sowjetunion loslösen und dem Deutschland Adolf Hitlers abtreten wollte. Neben dem Text befand sich eine Karte der Ukraíne, auf der die Gebiete markiert waren, die die deutsche Armee schon im Ersten Weltkrieg besetzt hatte. Von den wahren Nationalitätsbestrebungen der Ukraíner seit hunderten von Jahren wußten wir natürlich nichts.

In Selz erfuhr dieses Befreiergefühl noch eine weitere Bestärkung durch die Erzählungen der Dorfbewohner über das Leben unter Stalin. Immer wieder kamen sie auf die Jahre der Zwangskollektivierung zu sprechen. So kreiste auch an meinem Geburtstag – wir waren nun schon zwei Wochen in Selz – das Gespräch an dem reich gedeckten Mittagstisch, auf dem Michael Zinger den gebratenen Hasen zerlegte, wieder um dieses Thema.

Es wollte mir absolut nicht in den Kopf, wie man Bauern inmitten ihrer Mais- und Weizenfelder verhungern lassen konnte. Ich erinnerte mich an die Erzählungen meiner Eltern über ihre Verlobungszeit in den Hungerjahren nach dem Ersten Weltkrieg. Die Familie meiner Mutter lebte in Augsburg, mein Vater auf dem Lande, von wo er seiner Braut

Gänse, Hühner, Butter, Eier, Kartoffeln und Mehl brachte. Denn bei den Bauern gab es das alles noch, wenn man entsprechende Tauschwaren hatte – und die hatte er –, während sein Schwiegervater in der Stadt nicht wußte, wie er seine elfköpfige Familie über den nächsten Tag bringen sollte.

Aber in Michael Zingers Erzählung, die er in seinem breiten Schwäbisch vortrug und die ich aus Gründen des besseren Verständnisses hier auf Hochdeutsch wiedergebe, lagen die Dinge anders: »Das Militär hat die ganze Ukraine abgeriegelt«, erklärte er mir auf meine Frage. »In unsere Dörfer sind Spezialkommandos der Partei gekommen und aus Odessa lange Lastwagenkolonnen. Wir Bauern haben die Lastwagen noch auf den Feldern mit dem gemähten und gedroschenen Getreide und dem geschälten Mais beladen müssen. Von dort haben sie dann alles direkt in die Magazine der Stadt gebracht.« Er unterbrach seine Rede und machte sich wieder an seinen Hasenbraten. Eine Weile war es still am Tisch. Dann fuhr er fort: »Für unsere Erntearbeit haben wir Bauern abends weiter nichts als eine Handvoll Getreidekörner bekommen. Einige unserer Nachbarn haben dann nachts heimlich ein paar Körbe voll Weizen an den Feldrändern geschnitten, um ihre Familien vor dem Verhungern zu bewahren. Die Ablieferungsnormen sind so hoch gewesen, daß wir sie oft nicht erfüllen konnten. Dann haben die Kommandos der Partei unsere Häuser nach verstecktem Getreide und Mais durchsucht, damit die Norm erfüllt wurde.« Seine Stimme wurde erregt. Er legte Messer und Gabel auf den Tisch. Die Erinnerung ließ ihn die Faust ballen. »Wo sie was gefunden haben – auch wenn es noch so wenig gewesen ist – da haben sie die Leute geprügelt. Manche haben sie sogar blutig geschlagen. Ganze Gruppen von Bauern haben sie mit ihren Söhnen auf der Straße zusammengetrieben. Saboteure, Diebe am sozialistischen Eigentum haben sie sie genannt und als Kulaken beschimpft.«

(Vor der Kollektivierung wurden die Bauern, grob gesprochen, in drei Gruppen eingeteilt:

(1) Der Kulak, der ›reiche‹ oder Großbauer, der seine Landwirtschaft nicht nur mit Familienmitgliedern betrieb, sondern darüber hinaus noch Hilfskräfte beschäftigte, weshalb er im sozialistischen ›System‹ als ›Ausbeuter von Arbeitskräften‹ angesehen wurde. Gelegentlich trat er auch als Geldverleiher auf.

(2) Der Bjednjak, der Mittelbauer, der selbst einen kleinen Hof hatte – zu dieser Schicht gehörten die Zingers –, sich aber auch noch als Tagelöhner verdingte, wenn er zusätzliches Einkommen brauchte.

12

(3) Der Serednjak, der ›arme‹ oder Kleinbauer, der sich gerade noch selbst zu ernähren vermochte und darum auch nicht zusätzlich für andere arbeiten konnte.)

Es entstand wieder eine Pause, in der Michael Zinger seinen Teller leerte. Dann fuhr er fort: »Die Handvoll Getreide hat schon nicht gereicht, uns und unsere Familien während der Ernte zu ernähren. Und wovon sollten wir erst leben, wenn der Winter kam? Da haben dann die Verhungerten mit aufgedunsenen Gliedern und Bäuchen auf der Straße gelegen, wo sie vor Entkräftung zusammengebrochen sind.«

Wieder verstand ich nicht, wie Menschen, die verhungert waren, aufgedunsene Gliedmaßen haben konnten, statt nur noch aus Haut und Knochen zu bestehen. Auf meine Frage erklärte mir Barbara Zinger: »Monatelang haben wir nur noch Wassersuppen gegessen, in denen wir die Getreidekörner aufgekocht haben, die auf den Feldern liegen geblieben sind und die wir mühsam aufgesammelt haben. Einige haben sogar Roßbollen gekocht, weil auch in denen noch Körner gewesen sind.« Erst vier Jahre später sollte ich am eigenen Leib erfahren, was aufgedunsene Hungerödeme sind.

(Nach Robert Conquest: »The Harvest of Sorrow«, deutsche Ausgabe: »Die Ernte des Todes«, sind damals in der Ukraíne 5 Millionen Bauern verhungert. In der gesamten Sowjetunion waren es 14,5 Millionen.)

Wir hatten mein Geburtstagsessen beendet und tranken noch ein Glas ›Moscht‹. »Und dann waren da noch die ›Besprisorniks‹«, sagte Michael Zinger und warf einen Blick auf seine vier Söhne. »Meine Buben haben ihre Eltern noch und ein Dach über dem Kopf und ihr Essen auf dem Tisch. Die Besprisorniks hatten das alles nicht mehr. Sie waren die ›elternlosen‹ Kinder der ›Feinde des Volkes‹, der Väter und Mütter, die in die Straflager verbannt worden sind. Wenn sie nicht das Glück hatten, daß sie Freunde oder Nachbarn aufgenommen haben, wie das hier in Selz der Fall war, ist diesen Kindern nichts anderes übrig geblieben, als sich in größeren Banden zusammenzuschließen. Die haben so lange in Häuserruinen, Kellern, Bahnhöfen und Güterwaggons gehaust, bis die Polizei sie irgendwo wie streunende Hunde eingefangen und in Spezialkinderheime für ›Elternlose‹ gebracht hat. Dort hat man sie halb verhungern lassen. Deshalb haben sie jede Gelegenheit ergriffen, wieder auszubrechen. Hierher zu uns aufs Land sind sie nur selten herausgekommen. Aber in Odessa hat es viele solcher Kinderbanden gegeben.«

(Beim Bau der 1794 von Katharina II. gegründeten Stadt wurde das Baumaterial aus einer etwa 10 bis 20 m unter dem Stadtniveau liegenden Schicht Muschelkalkstein geholt. Statt Steinbrüche anzulegen, wurden unter der ganzen Stadt viele Kilometer lange ›Katakomben‹ in den Muschelkalkstein getrieben, aus denen die Bausteine gebrochen wurden. Diese ›Katakomben‹ bildeten unter Odessa ein riesiges Tunnelnetz und damit einen geradezu idealen Unterschlupf für die Besprisorniks. Von dort aus konnten sie ihre Diebeszüge auf die Marktplätze und die belebten Straßen und Parks unternehmen.)

»Einige von ihnen«, so berichtete Michael Zinger weiter, »haben sich an den Daumen Rasierklingen befestigt, mit denen sie an dunklen Winterabenden reichen Odessaer Bürgern und Bürgerinnen blitzschnell von hinten große Stücke aus ihren Pelzmänteln herausgeschnitten haben, die sie dann an Hehler verkauft haben. So haben sie sich über Jahre am Leben erhalten können.« Michael Zinger lehnte sich in seinem Stuhl zurück, stopfte sich seine Pfeife und blickte nicht ohne Rührung auf seine eigenen Kinder.

(1987 hat Anatoli Pristawkin – selber ein ›Elternloser‹ – in seinen Romanen »Über Nacht eine goldene Wolke« und »Wir Kuckuckskinder« den Besprisorniks ein bleibendes literarisches Denkmal gesetzt.)

Am 16. Oktober fiel Odessa. Nach großen Verlusten auf beiden Seiten – wir hörten von 15000 gefallenen Rumänen – gab die Rote Armee die Verteidigung der Stadt auf und zog sich auf die im Hafen bereit liegenden Schiffen zur Krim zurück. Als wir am 20. Oktober Selz verließen, standen alle Familien an der Dorfstraße und winkten uns nach. Noch einmal grüßte ich zu den Zingers hinüber, die alle sechs an ihrer weißen Hofmauer lehnten und mir ihre guten Wünsche zuriefen. Drei Wochen hatten sie mich wie einen Sohn aufgenommen.

Dalnik

Die Herbstregen hatten eingesetzt, der Dnjestr führte Hochwasser, und die Nächte wurden schon kühl. Auf den Straßen der Steppe verwandelte sich das Vorwärtskommen streckenweise in eine mühsame Plackerei, wenn die LKWs im fußtiefen Schlamm stecken blieben und nur noch durch gemeinsames Anschieben wieder flott zu machen waren.

Kurz vor Odessa stießen wir beim ukraínischen Dorf Dalnik auf die letzten, jetzt leeren russischen Verteidigungsstellungen. Die Rote Armee hatte noch eilig von der Zivilbevölkerung tiefe Panzerabwehrgräben ausheben lassen. Von der Feindseite her waren breite Erdstufen ausgeschaufelt, die zur Stadtseite hin abfielen und in etwa 3 m Tiefe auf eine hohe Erdwand stießen, welche gewöhnliche Panzer nicht hätten überwinden können. Die rumänische Armee hatte Odessa ohne Panzerabteilungen angegriffen, die Gräben hatten ihren Zweck verfehlt. Zwei Wochen später sollten sie einen anderen, einen makaberen Zweck erfüllen, an den diejenigen, die sie angelegt hatten, sicher nicht gedacht hatten.

Dann taucht vor uns die Silhouette von Odessa auf. Wir betreten eine leere Stadt. Panzersperren und Sandsackbarrikaden blockieren die Straßen. In der Hast des Rückzugs sind die Toten auf den Bürgersteigen und Fahrbahnen liegen geblieben. Die Zivilbevölkerung hat sich irgendwo in den Kellern oder in den ›Katakomben‹ unter der Stadt versteckt.

Unser erstes Notquartier ist die am Stadtrand gelegene Augenklinik. Wie ich später erfahren habe, war und ist sie heute wieder ein Zentrum medizinischer Forschung in der Sowjetunion. Durch zerschlagene Glastüren treten wir in das mächtige Gebäude. Überall liegen Scherben herum, die Forschungsarbeit von Jahrzehnten ist auf dem Fußboden verstreut. Die vor uns hier gewesen sind, haben der Stätte ihren Stempel aufgedrückt. Es ist immer der Gewehrkolben, der ungebetenen Eindringlingen als die eindrucksvollste Visitenkarte erscheint. Vom Laboratorium aus öffnet sich die Tür auf den großen Balkon. Zum ersten Mal fällt mein Blick auf das Schwarze Meer, das sich jenseits der Brüstung mächtig und weit bis zum Horizont erstreckt, an dem sich sein tiefes dunkles Blau scharf vom lichten Oktoberhimmel abhebt.

In der zweiten Woche finden wir im Richelieu-Gymnasium an der Ssadowaja Uliza unser endgültiges Quartier und beginnen sogleich mit der Einrichtung der ›Heeresvermittlung Odessa‹. Mitternacht ist längst vorüber, als alle Klappenschränke, Fernschreiber und Verteiler aufgestellt sind. In den nächsten Tagen und Wochen ziehen wir von den alten Klassenzimmern aus die Telefonkabel durch die Straßen der Stadt und die Kupferdrähte an der Küste entlang nach Osten und über die Ebene nach Westen.

Wir sind noch keine Woche in unserem Quartier, als das Gebäude, in dem sich die rumänische Ortskommandantur eingerichtet hat, in die Luft gesprengt wird, wahrscheinlich von Partisanen, die die Rote Armee in den ›Katakomben‹ zurückgelassen hat. Erst jetzt entdecken die offiziellen rumänischen und deutschen Stellen das riesige Tunnelnetz, das sich unter der ganzen Stadt erstreckt. Sofort beginnt eine fieberhafte Suche in den ›Katakomben‹ nach zurückgebliebenen russischen

Sprengkommandos. Auch uns fällt erst jetzt im Hof unseres Schulgebäudes eine nach unten führende Treppe auf, die wir bislang für einen Kellerzugang gehalten haben.

Zu fünft steigen wir hinunter, um die ›Katakomben‹ unter unserem Gebäude nach möglichen Sprengladungen abzusuchen. Es wird ein gespenstischer Gang durch etwa 3 bis 4 m hohe und ca. 2 bis 3 m breite gewölbte Gänge, die unsere Taschenlampen nur spärlich erhellen. Immer wieder gehen Seitengänge ab, aus deren schwarzer Tiefe raschelnde Geräusche kommen, wahrscheinlich von aufgestörten Ratten oder Mäusen. Gefunden haben wir nichts, und doch verläßt uns erst nach Wochen das unheimliche Gefühl, auch unser Gebäude könnte jeden Augenblick in die Luft fliegen. Die Sprengung der rumänischen Ortskommandantur aber sollte die einzige bleiben.

Am 29. Oktober kamen ein halbes Dutzend Selzer, unter ihnen auch Michael Zinger, in die Stadt, um die Pferde des Selzer Kolchos zu suchen. Beim Rückzug auf Odessa hatte die Rote Armee alle Pferde aus den Dörfern mitgenommen. So war sie mit ihren Fahrzeugen und schweren Geschützen, vor die sie die Panjepferde gespannt hatte, besser und schneller auf den morastigen Schlammstraßen vorwärtsgekommen als wir mit unseren schwerfälligen LKWs. Die Selzer meinten, auf den Schiffen hätten die Rotarmisten sicher nur für wenige Pferde Platz gehabt. Es müßten noch viele in Odessa sein, wahrscheinlich in der Vorstadt, wo sie von den Bewohnern, die sie möglicherweise aufgegriffen hatten, leichter zu verstecken seien.

Natürlich halfen wir ihnen bei der Pferdesuche. Fritz Keßler und ich hatten gerade Nachtschicht gehabt und an diesem Vormittag dienstfrei. So machten wir uns mit den Bauern in die Vorstadt auf. Wir stiegen über Barrikaden, kamen in enge übelriechende Gassen – durch die Belagerung hatte es wohl seit Monaten keine Straßenreinigung mehr gegeben – und streiften durch schmutzige Hinterhöfe. »Da«, rief Michael Zinger plötzlich und wies mit der ausgestreckten Hand auf einen Verschlag, der wie ein Geräteschuppen aussah. Aus dem niederen Dach waren an zwei Stellen die Dachziegel entfernt worden. Durch die Öffnungen schauten die Ohren zweier Pferdeköpfe. Die Selzer hatten also recht gehabt. Gegen den Protest der neuen Besitzer, die niemandem glaubhaft machen konnten, daß ihnen die Pferde von jeher gehört hatten, öffneten wir die Tür des Schuppens, der so niedrig war, daß die Pferde darin nicht hätten stehen können, wenn nicht die Dachziegel über ihren Köpfen weggenommen worden wären. Es war auch nicht leicht, sie durch die Tür ins Freie zu bekommen, da sie dabei ›in die

16

Knie‹ gehen mußten. Insgesamt fanden wir so noch drei weitere Pferde. Auch zwei Bauernwagen standen herum. Michael Zinger spannte an den einen zwei Rappen an, die andern Selzer die übrigen Gäule an den zweiten Wagen. Dann nahmen wir auf dem Kutschbock Platz und machten uns mit dem Gespann wieder auf den Weg zurück zur Ssadowaja Uliza.

Vor einer Straßenkreuzung zieht Michael Zinger plötzlich die Zügel an und bringt das Gefährt zum Stehen. Die Durchfahrt versperrt eine lange Kolonne von Zivilpersonen, die unter Bewachung von SS-Soldaten langsam vor unseren Augen vorbeizieht. Es mögen an die 300 alte Männer, jüngere und ältere Frauen sowie Kinder jeden Alters sein, – vielleicht auch mehr. Jeder schleppt ein Bündel voller Habseligkeiten mit sich, auch die größeren Kinder haben kleine Packen auf ihren Schultern. Die SS-Soldaten tragen ihre Maschinenpistolen schußbereit auf den Hüften, als hätten sie es nicht mit alten Männern, Frauen und Kindern, sondern mit Kriegsgefangenen der Roten Armee zu tun.

In diesen ersten Tagen nach unserem Einmarsch in Odessa sind die meisten Straßen der Stadt noch völlig menschenleer und totenstill. Nicht einmal Hundegebell ist zu hören. Nur auf den Hauptstraßen rasselt hin und wieder ein Militärfahrzeug an den Häuserfronten entlang. So sind das eintönige Schlurfen der Schritte und das Klappen der Stiefelabsätze der Bewacher auf dem Kopfsteinpflaster das einzige Geräusch, das die Lautlosigkeit der Straße durchbricht. Kein Wort wird gesprochen – wahrscheinlich ist ihnen das Reden verboten worden –, auch die Kinder laufen stumm neben den Erwachsenen her, die ihre Blicke auf das Granitpflaster gesenkt haben. »Juden«, sagt Michael Zinger. »Das sind Odessaer Juden.«

Am gleichen Abend wurden unsere LKWs von der Standortkommandantur angefordert. Erst spät am nächsten Vormittag kehrten sie zurück. Unsere Kraftfahrer, die sonst nie um eine schlagfertige Antwort verlegen waren, blieben an diesem Tag und an den folgenden eigenartig wortkarg.

Protzerei und Prahlerei sind menschliche Schwächen, die schon manchen dazu bewogen haben, den Mund dann voll zu nehmen, wenn er besser geschwiegen hätte. Als ich ein paar Tage später den Korridor unserer Unterkunft entlang ging, sah ich, wie einer der Kraftfahrer selbstgefällig eine schwere goldne Taschenuhr herumzeigte und ein anderer eine Handvoll Brillanten. Neugierig geworden trat ich näher und hörte noch die Worte: »Wir haben die Juden auf dem Transport gefragt, wer Gold oder Schmuck bei sich hat. Dafür würden wir sie abspringen lassen. Den mit der goldnen Uhr und den mit den Brillanten haben wir laufen lassen. Na, – weit werden die sowieso nicht gekommen sein. Wer nimmt schon einen Juden auf?«

Und dann kam Stück für Stück heraus, wozu sie in jener Nacht und in den folgenden ›gebraucht‹ worden waren. Zusammen mit den Kraftfahrern anderer motorisierter Einheiten in Odessa hätten sie von der Standortkommandantur aus die von der SS zusammengetriebenen Juden vor die Stadt hinaus fahren müssen. Nach einigen Kilometern habe eine Gruppe SS-Soldaten an der Straße gestanden und sie in die Steppe gewiesen. In der Dunkelheit hätten sie tiefe Gräben erkennen können. Dort seien die Juden von den Lastwagen heruntergeholt worden. Jenseits der Gräben hätten sechzehn Maschinengewehre gestanden. Alle Männer, Frauen und Kinder hätten sich in der kalten Oktobernacht zuerst ausziehen und dann in langen Reihen an den Gräben aufstellen müssen. Eine Reihe nach der anderen sei von den Maschinengewehren niedergemäht worden. Sie seien gleich vornüber in die Gräben gestürzt, wo sie die SS mit gelöschtem Kalk übergossen habe, auf den dann die nächste Reihe gestürzt sei.

Wenn ich Jahre später im Kreis von Bekannten und Freunden auf diese Dinge zu sprechen kam, fragten mich vor allem Vertreter der jüngeren Generation, für die das Dritte Reich und der Zweite Weltkrieg bereits Historie waren, immer wieder: »Wie haben Sie damals eigentlich reagiert, als Sie den Zug der gefangenen Juden vor Ihren Augen haben vorbeiziehen sehen?« Darauf konnte ich nur ähnlich antworten wie der als deutscher Jude in Frankfurt am Main geborene Autor und Regisseur des Dokumentarfilms über den Nazi-Verbrecher Klaus Barbie, Marcel Ophuls, geantwortet hatte, als er nach seiner Erinnerung an die amerikanischen Schüler japanischer Herkunft gefragt worden war, die den einen Tag noch in seiner Klasse saßen und den nächsten Tag nach dem Angriff auf Pearl Harbor verschwunden waren: »Ich habe absolut keine Erinnerung daran, daß ich protestiert oder Fragen gestellte hätte ...«. (Nach dem Kriegseintritt Japans gegen die USA wurden in Kalifornien alle amerikanischen Staatsbürger japanischer Herkunft unter dem Vorwand der Spionagegefahr verhaftet, enteignet und in Konzentrationslager in die Wüste von Nevada deportiert. Während des ganzen Zweiten Weltkriegs ist nicht ein einziger Spionagefall eines amerikanischen Bürgers japanischer Herkunft bekannt geworden.)

Auch meine Antwort auf die Frage meiner Freunde und Bekannten war: »Ich kann mich nicht entsinnen, protestiert oder Fragen gestellt zu haben. Man wird sie wohl mit ihren Familien in Arbeitslager transportieren«, war zunächst alles, was ich mir in der ganzen Naivität, die für uns Neunzehnjährige damals so typisch war, sagte.

Ganz anders war dann allerdings meine Reaktion auf jene grausige Geschichte, die unsere Kraftfahrer erzählt hatten. »Die erschießen hinter der Front massenweise jüdische Zivilisten, alte Männer, Frauen und sogar Kinder! Was geht hier eigentlich vor? Was für einen Krieg führen wir Deutsche gegen Rußland?« Ich mußte mir dann noch die weitere Frage stellen: »Was wird in Anbetracht solcher Massaker wohl eines Tages mit uns Deutschen geschehen, wenn dieser Krieg trotz aller militärischen Erfolge, die Hitler bis 1941 noch hatte, verloren gehen sollte? Wird man mit uns dann auch so ›umgehen‹, wie die SS hier mit den alten Männern, Frauen und Kindern ›umgegangen‹ ist?« Jenes naive Befreier-Gefühl, mit dem ich und alle anderen in die Ukraíne gezogen waren, löste sich nach diesem Ereignis auf und wich einer skeptischen Einstellung nicht nur zum sogenannten ›Kreuzzug gegen den Bolschewismus‹, sondern zur gesamten politischen Situation, in der wir uns damals befanden. Diese skeptische Einstellung wurde in den folgenden Tagen und Wochen noch durch andere im Vergleich zum Massaker von Dalnik relativ harmlose Ereignisse bestärkt.

Anfang November 1941 war die NS-Volkswohlfahrt in Odessa aufgetaucht, um sich der ›Volksdeutschen‹ – wie sie im damaligen Sprachgebrauch genannt wurden – anzunehmen und zwar sowohl in der Stadt selbst als auch in ganz Transnistrien, wie der etwa 600 km lange Landstreifen damals bezeichnet wurde, der sich von Odessa aus zwischen Dnjestr und Bug nach Norden erstreckt. An die ›Volksdeutschen‹ wurden Brot, Kartoffeln und große Mengen Bekleidung verteilt. Woher hatte die NSV diese Kleiderberge? Sicherlich nicht aus Deutschland. Es sprach sich rasch herum, daß sie aus Dalnik geholt worden waren.

Ein paar Wochen später erschien in unserer Dienststelle einer jener Goldfasanen, wie bei der Wehrmacht Parteibonzen genannt wurden, die hinter der Front in prächtigen braunen, mit Goldlitzen bestickten Uniformen auftauchten, um Propagandareden zu halten. Die gerade dienstfrei hatten, wurden in eines der leeren Klassenzimmer des Richelieu-Gymnasiums befohlen. Dort hatte ›der Goldfasan vor der schwarzen Tafel eine große Rußlandkarte entrollt, auf der er die zukünftige Ostpolitik des ›Großdeutschen Reiches‹ und seines Führers entwickelte. In der rechten Hand hielt er dabei einen jener ca. 2 m langen Zeigestöcke, wie sie damals die Lehrer in unseren Schulen zu Demonstrationszwecken an der Tafel und auf geographischen Karten zu benutzen pflegten. Mit diesem Holzstecken fuhr er in großen Bewegungen über die Karte, mit dem ersten Schwung von Odessa bis ans Eismeer, mit dem zweiten Schwung von Leningrad bis zum Ural, uns auf diese Weise den zukünftigen Siedlungsraum deutscher Erbhofbauern im Osten vor Augen führend. Dazu muß gesagt werden, daß in jenen Tagen gerade die Spitzen des deutschen Angriffs endgültig vor Moskau in Eis, Schnee und der russischen Abwehr stecken geblieben und zu ihrem ersten Rückzug gezwungen worden waren. Wie die vor uns entrollte Landkarte jedermann deutlich zeigte, war die Distanz von der damaligen deutschen Ostgrenze bis Moskau nur etwas mehr als ein Drittel der riesigen Entfernung bis zum Ural. Wovon redete dieser Goldfasan eigentlich? Die Begriffe ›Kreuzzug‹ und ›Befreiung‹ gehörten jedenfalls nicht mehr zur Rhetorik seiner Propaganda.

An diesem Tag bekam ich die untrügliche Ahnung davon und sehr bald die Gewißheit darüber, was hier in Wahrheit ›gespielt‹ wurde, – mit den Juden, den Ukraínern, darüberhinaus überhaupt mit den Russen, und nicht zuletzt mit den Akteuren dieses ›Spiels‹, mit uns selbst. Als Telephonisten an den Klappenschränken, an denen wir die Gespräche vermittelten, hörten wir grundsätzlich die strategisch wichtigen Gespräche mit, die von den Generalen im Frontabschnitt mit dem Oberkommando der Wehrmacht in Berlin geführt wurden. An jedem Klappenschrank war dafür eine kleine unauffällige schwarze Mithörtaste vorgesehen, deren Betätigung das Induktionsgeräusch beim Einschalten in ein Gespräch zwar nicht völlig eliminierte, aber doch so stark unterdrückte, daß die Gesprächsteilnehmer nicht feststellen konnten, ob mitgehört wurde oder nicht. So gab es für mich sehr bald über die reale Situation, die sich an der Front abzuzeichnen begann, und damit über die sinkenden Siegeschancen des ganzen so glorreich als ›Kreuzzug‹ begonnenen Eroberungskriegs keine Illusion mehr, und jene Frage ›Was wird in Anbetracht alles dessen, was hier geschieht, eigentlich einmal aus uns werden, wenn dieser Krieg verloren geht?‹ blieb in den folgenden Monaten und Jahren ständig im Hintergrund meines Bewußtseins.

An die Stelle meiner geplatzten Illusion über diesen ›Kreuzzug‹ und ›Befreiungsfeldzug‹ trat in der Folgezeit etwas anderes, das ich mir bis heute bewahrt habe: Mehr und mehr wurden mein Gefühl und mein Denken von dem nie wieder zu vergessenden Eindruck bestimmt, den dieses große, weite und schöne Land und seine Menschen auf den machen, der bereit ist, sich ihnen zu öffnen. Rückblickend kann ich sagen, daß mir in den zweieinhalb Jahren, die ich in Odessa verbracht habe, die Stadt und ihre Menschen jenseits der militärischen und ideologi-

20

schen Fronten so begegnet sind, wie sie wirklich waren, wie sie immer gewesen sind.

Bolschoi Fontan

Odessa ist am schönsten im Frühling. Alle Straßen der Innenstadt sind Alleen, – Akazienalleen. Aus den offenen weißen Blüten weht der süße Honigduft durch die Stadt, wenn die Sonne über den Häusern, Kirchen und Parks steht. Das Leben ist wieder zurückgekehrt in die Straßen und Bazare, auf denen die Bauern aus der Umgebung Kartoffeln, Mehl, Hühner, Sonnenblumenöl und Ssémetschki – das sind Sonnenblumenkerne, die man wie Nüsse ißt – anbieten.

Vom Schwarzen Meer her geht der warme Wind durch die Pfirsich- und Aprikosenbäume, in deren Schatten die Datscha der Komarovskijs steht. Professor Komarovskij ist Röntgenologe an der Odessaer Universität, in deren Nähe er eine eigene Privatpraxis hat. Neben ihrer Stadtwohnung haben sie etwa 8 km vom Stadtzentrum entfernt draußen unweit der Meeresbucht Bolschoi Fontan ihr Wochenendrefugium.

»Na zdorovije!« (Auf Eure Gesundheit) Professor Komarovskij hebt sein Wodkaglas und stößt mit uns an. Wodkagläser sind in Rußland nicht jene Gläschen, wie sie damals in Deutschland in Gebrauch waren, die man nur mit einem oder zwei Fingerhut voll der wertvollen Flüssigkeit füllen konnte. Russische Wodkagläser fassen ssto gramm, hundert Gramm, sind also etwa so groß wie gewöhnliche Wassergläser. Für jemanden, der wie ich aus einer strikt antialkoholischen Familie stammte, gab es da zuerst einige Schwierigkeiten. Von ihrer benachbarten Datscha sind ihre Freunde, die Schadovs, herübergekommen. Professor Schadov ist Biologe. Vor dem Kriege hat er zusammen mit amerikanischen Forschern mehrere Eismeerexpeditionen unternommen. Beide Professoren haben bald nach unserem Einmarsch ihre alten Positionen an der wiedereröffneten Odessaer Universität eingenommen. Auf der offenen Veranda, die die Datscha mit dem Garten verbindet, sitzen wir um den reich gedeckten Tisch, auf dem große Platten mit Hummern und mariniertem Fisch stehen, in der Mitte die obligate Schüssel mit Borschtsch. Es ist der erste Sonntag im Mai 1943.

Ich hatte die Komarovskijs ein knappes Jahr vorher kennen gelernt. Im Frühjahr 1942 war die Heeresvermittlung personell aufgefüllt worden. Mit den Neuen war auch Gerd Bosse gekommen, ein Hamburger, mit dem mich in kurzer Zeit eine Freundschaft verband, die bis heute halten sollte. Das hing nicht zuletzt damit zusammen, daß er bereits mit jener skeptisch-kritischen Einstellung gegenüber dem Nazi-Regime und seinem Rußlandkrieg nach Odessa gekommen war, zu der ich erst durch meine Erfahrungen gelangt war. Gerd hatte schon als Junge zu den ganz wenigen gehört, denen es gelungen war, den Beitritt zur Hitler-Jugend zu vermeiden.

Aus Hamburg brachte er einen russisch geschriebenen Brief an eine Odessaer Adresse mit, der ihm von Nachbarn seiner Eltern gegeben worden war. Es waren emigrierte russische Studienfreunde Professor Komarovskijs, die davon gehört hatten, daß Gerd nach Odessa abkommandiert würde. Die Adresse war leicht ausfindig zu machen, da die Stadtwohnung der Komarovskijs ganz in der Nähe unserer Unterkunft lag.

Als Gerd mit seinem Brief an der Tür schellte – er wollte sich eigentlich nur seines Auftrags entledigen – wurde er entgegen seiner Erwartung sogleich in die Wohnung gebeten, wo ihm die Komarovskijs Tee anboten. Damals wußte er noch nicht, daß es fundamental gegen die ungeschriebenen Gesetze russischer Gastfreundschaft verstoßen hätte, jemanden – und sei er wie in diesem Fall ein Fremder und noch dazu ein uniformierter Deutscher –, der eine persönliche Botschaft überbringt, unbewirtet davon gehen zu lassen. »Prichodítje, prichodítje!« (Kommen Sie wieder!) Mit diesen Worten hatten sie ihn verabschiedet, nachdem man sich vorgestellt, den Tee getrunken und sich kennen gelernt hatte. Gerd hatte zugesagt, am darauf folgenden Samstag mit zwei Freunden zum Abendessen zu kommen. Mich und George, einen anderen Hamburger, der mit ihm zum Fernsprechzug gekommen war (und es als Hamburger vorzog, seinen Namen englisch auszusprechen), bat er mitzukommen.

So machten wir uns am Samstag Abend zu dritt auf den Weg in die Cherssonskaja Uliza. Wir hatten uns über diese Einladung zu einem Abendessen für fünf Personen nach einer relativ so kurzen Zeitspanne der Besetzung Odessas natürlich unsere Gedanken gemacht. Zwar gab es im Frühling 1942 auf den Bazaren schon Lebensmittel zu kaufen, aber nur für deutsches oder rumänisches Geld. (Die Stadtverwaltung lag ausschließlich in rumänischen Händen.) Wir fragten uns deshalb, woher ein Odessaer Universitätsprofessor in jenen Tagen so viel deutsches oder rumänisches Geld haben sollte, um mehr als das Allernötigste für sich und seine Familie kaufen zu können. So nahmen wir an Butter, Wurst, Käse und Kommißbroten mit, was unsere drei Brotbeutel eben fassen konnten.

Begrüßung und gegenseitige Vorstellung waren von jener offenen und ungeschminkten Herzlichkeit, wie sie russischen Gastgebern eigen ist. Beim Ablegen unserer Mäntel bemerkte ich am Ende des Korridors hinter einer halb offenen Tür den Küchenraum. Während die Komarovskijs mit Gerd ins Wohnzimmer traten, in dem der Samovar bereits summte, gingen George und ich, ohne ein Wort zu verlieren, in die Küche und packten den Inhalt unserer Brotbeutel auf den Tisch. Wir hatten recht gehabt. Die Regale waren praktisch leer. Nur aus dem Bratrohr des Herdes strömte der Duft eines Backhähnchens.

Als die Gastgeberin etwas später zum Abendessen bat, setzten wir uns im Eßzimmer an einen Tisch, auf dem nichts zu mangeln schien: in der Mitte das Backhähnchen, umrahmt von ein paar Kartoffeln, darum herum auf einem halben Dutzend Platten unsere ›Verpflegungsrationen‹ so fachkundig, ja kunstvoll garniert, als wären wir im Hotel Ritz. Ohne uns dessen voll bewußt zu sein, hatten wir nicht nur etwas zum Abendessen beigesteuert, sondern auch den Komarovskijs die peinliche Situation erspart, Gäste nicht so bewirten zu können, wie es der russischen Vorstellung von Gastfreundschaft entsprach. Ihr Mann, bemerkte Frau Komarovskij nicht ohne Stolz, habe seine private Röntgenpraxis wieder eröffnet, und soweit seine Patienten Bauern aus der Umgebung seien, bezahlten sie die Behandlung mit Lebensmitteln. Gestern noch habe er das Hähnchen bekommen können.

So hatte unsere Freundschaft mit den Komarovskijs begonnen. Wie an so manchem Wochenende vorher saßen wir auch an diesem Maisonntag des Jahres 1943 unter den Pfirsich- und Aprikosenbäumen ihrer Datscha, ließen es uns gut gehen mit all den Delikatessen, die die Ukraíne mittlerweile bot, und diskutierten dabei in langen Gesprächen ihre und unsere Situation.

Verständnisschwierigkeiten gab es kaum, da Deutsch zwischen den beiden Weltkriegen an russischen Gymnasien noch als erste Fremdsprache gelehrt und gelernt worden war. Außerdem hatte ich aus meinem Urlaub den ›Langenscheidt: Russisch für Anfänger‹ mitgebracht, mit dessen Hilfe mich eine ›volksdeutsche‹ Lehrerin ins Russische einführte. Wenn der Laie meint, daß schon die kyrillische Schrift das Erlernen des Russischen äußerst schwierig mache, so irrt er sich. Die lernt man in einem Tag lesen und schreiben. Dagegen braucht man für den russischen Wortschatz Jahrzehnte. Gibt es doch – von Ausdrücken der technischen und wissenschaftlichen Fachsprachen abgesehen – nur ganz wenige Wörter, die mit den germanischen oder romanischen Sprachen verwandt sind. Daß ich mir damals schon im Russischen eine Grundlage schuf, sollte mir später noch von großem Nutzen sein.

Als Mitglieder der russischen ›Intelligenzija‹ teilten die Komarovskijs mit den Schadovs nach ihren Erfahrungen mit dem ›System‹ die gleiche Einstellung zum Stalinismus, zu der Gerd, George und ich auch gegenüber dem ›Hitlerismus‹ gekommen waren.

Ukraínischer Wein und Wodka hatten die Zungen gelöst. Wie bei den Zingers in Selz kam das Gespräch auch hier auf das Leben unter dem Stalinismus, der die ›Intelligenzija‹ natürlich vor ganz andere Probleme gestellt hatte als die Kolchosbauern. Die Situation an den Universitäten nannte der Biologe Schadov den Kampf zwischen Wissenschaft und Ideologie. »Aber den habt ihr ja auch«, meinte er mit ironischem Lächeln. »Ich bin zwar kein Genetiker, ich bin Meeresbiologe, – aber diese völlig falschen Folgerungen, die euer Hitler aus den von Gregor Mendel entdeckten genetischen Gesetzen und aus der Darwinschen Evolutionslehre gezogen hat, diese Vorstellung von der Geschichte als einem Rassenkampf und von der Superiorität einer einzigen, nämlich der nordischen Herrenrasse, die rein zu erhalten sei, ist doch nichts anderes als eine politische Ideologie, die eure ganze biologische Wissenschaft auf den Kopf gestellt hat.« »Eine ideologische Volksverdummung«, beeilte ich mich zu ergänzen. Er schaute mich ob meiner raschen Formulierung etwas belustigt an: »Ideologische Volksverdummung, – gar nicht schlecht. Aber glauben Sie nur nicht, daß es die bei uns unter dem Stalinismus nicht gegeben hätte, – nur mit umgekehrten Vorzeichen. Wenn bei euch alles von der Vererbung und der Rasse abhängen soll, so sollte bei uns alles vom Milieu bestimmt werden, – nicht etwa nur – wie Karl Marx gemeint hat – der Mensch.«

An der Odessaer Universität habe vor unserem Einmarsch ein gewisser Lyssenko gewirkt. An jenem Tag hörte ich diesen Namen, über den ich Jahrzehnte später noch so viel lesen und erfahren sollte, zum ersten Mal. Lyssenko sei Agronom, führte Professor Schadov weiter aus. 1929 sei er an das Odessaer Universitätsinstitut für Genetik und Zuchtverfahren gekommen. Dort habe er bald in einer Weise von sich reden gemacht, die alle Biologen habe aufhorchen lassen. Mit der Unterstützung der Partei und später den persönlichen Empfehlungen Stalins habe er in Kürze die Führung der biologischen Forschung und der Landwirtschaft an sich gerissen. Wie nach Marx der Mensch nicht durch die Vererbung, sondern die Gesellschaft, durch sein Milieu bestimmt werde, so vertrete Lyssenko, indem er den Marxismus auf die Biologie anwende, die Auffassung: auch die Pflanzen würden nicht durch Vererbung – das sei Faschismus –, sondern durch ihr Milieu, d.h.

24

durch ihre Umgebung, also durch Klimaveränderungen, andere Boden-
beschaffenheiten oder Temperaturen usw. in ihrer Evolution bestimmt.
Davon müsse deshalb auch die Zucht neuer Arten in der Landwirtschaft
ausgehen.

Auf diese Weise erfuhr ich zunächst einmal, daß Hitlers Rassenlehre
sowohl innerhalb der wissenschaftlichen Zirkel als auch unter den Par-
teikadern diskutiert und als reaktionärer Faschismus dem fortschrittli-
chen Marxismus gegenübergestellt worden war.

Von seiner ideologischen Position her habe Lyssenko nunmehr die
auf den Genen basierenden Vererbungsgesetze geleugnet und damit zugleich die ganze hochentwickelte wissenschaftliche russische Genetik
verleugnet. Den Kampf zwischen Ideologie und Wissenschaft habe die
Wissenschaft verloren.

Erst Jahrzehnte später hörte ich die unglaubliche Geschichte wieder:
ein Land wie die Sowjetunion, welches fähig war, ein nukleares Poten-
tial zu entwickeln, das demjenigen der Vereinigten Staaten ebenbürtig
war, und das sich an die Spitze der Weltraumeroberung setzte, hatte die
Ausbeutung seiner lebenswichtigen landwirtschaftlichen Reserven einem offensichtlichen Schwindler anvertraut. Das hatte natürlich ver-
heerende Wirkungen auf die landwirtschaftliche Produktion und ist zumindest *eine* der verschieden Ursachen für die niedrigen Ernteerträge
und den permanenten Versorgungsmangel bis in die frühen 60er Jahre.
So lange hat es gedauert, bis der ›Lyssenkoismus‹ und mit ihm eines
der großen Beispiele ›ideologischer Volksverdummung‹ überwunden
worden ist.

In jenen Tagen interessierte mich nun weniger der ›Lyssenkoismus‹
als sein falsch angewandter Marxismus. Es war das erste Mal, daß ich,
aus einer Nazi-Schule kommend, etwas über die Grundprinzipien des
Marxismus hörte. Erst im Arbeitslager Ahtme sollte ich Gelegenheit
bekommen, mich in der dortigen deutschsprachigen Lagerbibliothek
mit den Grundideen des Marxismus, Leninismus und Stalinismus näher
zu befassen.

Wir haben damals nicht die Frage erörtert, welche der beiden ›ideologischen Volksverdummungen‹ die verheerenderen Folgen hatte, der
auf die Biologie und die Zuchtverfahren falsch angewandte Marxismus
oder die auf die Gesellschaft, auf die Völker Europas angewandten falschen Schlußfolgerungen aus der Genetik und Rassenlehre des Hitlerismus. Diese von uns nicht gestellte Frage sollte ihre eindeutige Antwort sehr bald finden. Wir haben uns damals auch nicht gefragt, warum
die Komarovskijs so offen und sorglos die freundschaftlichen Bezie-

hungen zu uns aufrecht erhielten, ja uns sogar zu Besuchen in ihren Freundeskreis einluden. 1943 – nach Stalingrad – mußten doch auch sie sehen, wohin der Kurs ging, und was mit ihnen selbst geschehen würde, wenn die Rote Armee zurückkehrte. Auch diese nicht gestellte Frage sollte noch ihre Antwort finden.

Als Gerd, George und ich an einem Samstag Abend im Juni 1943 die Komarovskijs wieder einmal besuchen wollten, waren beide gerade im Begriff auszugehen. Da es in jenen Tagen für die Zivilbevölkerung, selbst für einen Arzt, keine privaten Telephonanschlüsse gab, hatten wir ausgemacht, sie einmal im Monat auf gut Glück an einem Wochenendabend zu besuchen. An diesem Tag schienen wir einmal kein Glück zu haben. Sie seien zu einem Geburtstagsessen eingeladen, das Freunde von ihnen für die Bábuschka, die Großmutter der Familie, gäben. Wir beeilten uns zu sagen, daß wir gern ein anderes Mal wiederkämen. »Aber nein, nein, nein!« entgegnete Professor Komarovskij und hob beide Hände. »Ihr kommt natürlich mit! Es sind doch unsere Freunde, – eine großartige Familie!« Wir schauten uns zweifelnd an, ob wir dieser spontanen Aufforderung folgen sollten. Vielleicht war sie nur eine typisch russische Höflichkeitsgeste. Russen sagen ungern nein und weisen noch weniger gern einen Gast von der Tür. Die Komarovskijs, die unser Zögern offensichtlich überhaupt nicht verstanden, wiederholten ihre Aufforderung, und um ihr den nötigen Nachdruck zu verleihen, nahmen beide uns in die Mitte und hakten uns unter. »Es sind nur fünf Minuten zu gehen«, erklärte Professor Komarovskij. »Wir sind gleich da.«

Nachdem wir um drei Straßenecken gebogen waren, traten wir durch ein großes Tor in einen der weitläufigen Innenhöfe, wie sie für die im 19. Jahrhundert errichtete Odessaer Innenstadt charakteristisch sind. Von dort kamen wir in einen zweiten Innenhof, den wiederum ein mächtiges Tor von der gegenüberliegenden Straße trennte. Hier stiegen wir in einem der zahlreichen Hauseingänge eine breite Holztreppe zum ersten Stock hinauf, wo hinter einer Wohnungstür lautes Stimmengewirr die bereits versammelte Festgesellschaft verriet.

Nach mehrmaligem Klopfen öffnete sich die Tür und die Komarovskijs wurden von den Gastgebern mit der für die russische Begrüßung typischen Umarmung empfangen. Noch auf der Schwelle wurden wir mit unseren Vornamen vorgestellt und ebenso herzlich hereingebeten. (In Rußland stellt man sich stets mit Vornamen und Vatersvornamen vor und redet sich auch nur mit diesen an, z.B. Anna Iwánowna. Man braucht ein gutes Gedächtnis, um in einer größeren Gesellschaft nicht nur alle diese Vornamen und Vatersvornamen zu behalten, sondern auch die richtigen Personen damit anzureden.)

Drinnen saßen um eine lange, reich gedeckte Tafel etwa 20 Gäste. In der Mitte der Längsseite hatte die Bábuschka ihren Ehrenplatz, die die Komarovskijs sogleich beglückwünschten, indem sie sie auf Stirn und Wangen küßten. Mit einer lebhaften Geste bedeutete sie, daß auch die jungen Freunde der Komarovskijs sie auf die gleiche Weise begrüßen und beglückwünschen sollten. Während dieser Zeremonie hatten die Gastgeber bereits drei weitere Stühle an den Tisch gerückt und Teller, Gläser und Bestecke aufgelegt. Ich kam der Bábuschka gegenüber neben Frau Komarovskij zu sitzen.

Die Tischplatte bog sich – im wörtlichen Sinne – unter der Last der aufgetragenen Schüsseln, Platten und Kasserolen, zwischen denen ganze Reihen von Wein- und Wodkaflaschen aufgestellt waren. »Wir Russen haben uns in den vielen schlechten Jahren angewöhnen müssen, uns Wochen vor solch einem Fest jeden Bissen vom Munde abzusparen«, erklärte mir Frau Komarovskij, die meine erstaunten Blicke bemerkt hatte, »damit wir dann einmal richtig feiern können!« Alle hatten die Gläser erhoben, wir stießen zuerst auf die Bábuschka an, dann auf die verschiedenen Gäste, uns eingeschlossen. Aus der Küche wurde nachgeholt, wenn eine Schüssel oder Platte leer geworden war, – Wein und Wodka flossen in Strömen. Es war, als seien die alten Zeiten Rußlands wieder zurückgekehrt, als sei hier auf einmal eine Szene aus einem Roman Leo Tolstois Wirklichkeit geworden.

Als Teller, Schüsseln und Platten endlich abgeräumt wurden, bemerkte ich in einer Ecke des Speisezimmers ein Klavier. Das wäre eine Gelegenheit, uns wenigstens ein bißchen zu revanchieren, dachte ich. Der Zufall wollte es, daß ich von meinem 7. Lebensjahr ab eine russische Klavierlehrerin gehabt hatte, die während der Oktoberrevolution emigriert und nach Bielefeld verschlagen worden war. Sie hatte mich nicht nur die deutschen Klassiker spielen gelehrt, sondern auch russische, Tschaikowsky natürlich, Gretschaninow, Arensky und andere. Manche Klavierstücke hatte ich auswendig gelernt und konnte sie zumindest noch improvisieren. Auch hatte ich meine ›volksdeutsche‹ Russisch-Lehrerin nach bekannten russischen und ukraínischen Volksliedern gefragt, und sie hatte mir mehrere bringen können. So stand ich nach der Mahlzeit auf und fragte die Gastgeberin, ob ich als Ausdruck unseres Dankes etwas auf dem Klavier vorspielen könne. Da ich mich hauptsächlich an den Wein und weniger an den Wodka gehalten hatte, war ich dazu durchaus noch imstande. Ehe ich mich versah, hatte sie

mich schon beim Arm genommen, an das Klavier geführt und den Dek-
kel geöffnet. »Igratije, igratije, Albehrtik!« (Spielen Sie!) »Aber ich
spiele jetzt keine deutsche Musik, sondern russische«, erwiderte ich
und begann, ein paar Themen von Tschaikowsky und Arensky zu improvisieren. Dann aber spielte ich einige jener ›evergreens‹, die mir
meine Russisch-Lehrerin besorgt hatte und die sich ihrer ungebroche-
nen Beliebtheit noch heute in Rußland erfreuen: Otschij tschornije
(Schwarze Augen), Katjuscha und andere.

Der Tisch war mittlerweile abgeräumt. Plötzlich rief die Gastgeberin: »Albehrtik! Móshetije wi igratj trepák?« (Können Sie auch einen
Trepák spielen?) Ein Trepák ist ein russischer Volkstanz, der in langsa-
mem Rhythmus beginnt, dann immer schneller wird, bis er in einem
Wirbel endet. »Konjetschna«, rief ich zurück: »Prelótka!« (Natürlich,
Prelotka!) Die Gastgeberin, die etwa 40 bis 45 Jahre alt sein mochte,
stand schon auf dem Tisch, als ich zu spielen begann. Der Trepák wird
im allgemeinen so getanzt, daß eine Gruppe einen Kreis bildet, in dem
die einzelnen sich gegenseitig unterfassen, um sich stützen zu können,
dann gemeinsam in die Kniehocke gehen und im Rhythmus des Tanzes
abwechselnd das rechte und das linke Bein vorschnellen. Je rascher der
Rhythmus wird, um so akrobatischer wird der Tanz. Unsere Gastgeberin brauchte keine Gruppe, um sich festzuhalten. Sie tanzte den Trepák
auf der leeren Tischplatte allein, während alle Gäste den immer schneller werdenden Rhythmus mitklatschten, bis sie nach dem Schlußakkord
unter allgemeinem Beifall vom Tisch gehoben wurde. Lachend und etwas außer Atem kam sie auf mich zu, umarmte mich und rief: »Aplo-
dismérti dlja Albehrtik!« (Beifall für Albert!)

Wir haben die Gastgeber dieses unvergeßlichen Abends nie wiedergesehen. Noch heute erinnere ich mich des Gefühls, das mich auf diesem so russischen Fest bewegt hat. Wie schön ist es doch, hier nur als
Mensch unter Menschen sein zu dürfen und von den anwesenden Russen und Ukraínern nicht als deutscher Eindringling genommen zu werden. Vielleicht wird einmal der Tag kommen, an dem auch wir Deutsche ohne Schaftstiefel und ohne Uniform dieses Land betreten und
uns der Gastfreundschaft seiner Menschen würdig erweisen können.

Der Sommer des Jahres 1943 kam und ging und nach ihm kamen und
gingen der Herbst und der Winter. Der Krieg hatte uns ausgespart, und
wir hatten nichts dagegen.

Im Januar 1944 stand eines Tages der ›Heldenklau‹ vor der Tür der
Heeresvermittlung. Um die furchtbaren Verluste, die seit der Schlacht
von Stalingrad den unaufhaltsamen Rückzug der deutschen Armeen

aus der Weite und Tiefe des russischen Raumes kennzeichneten, wenigstens in bescheidenem Maße wieder wettzumachen, hatte das Oberkommando der Wehrmacht Spezialtrupps zusammengestellt, die die Etappeneinheiten auf fronttüchtiges ›Menschenmaterial‹ durchkämmen sollten. Das Durchschnittsalter unseres Nachrichtenzuges betrug 22, – ein geradezu ideales Objekt für den ›Heldenklau‹.

Als ich am 8. Januar an der offenen Türe der Schreibstube vorbeikomme, sehe ich einen Offizier zusammen mit unserem Oberleutnant die Personalliste durchgehen. Ich traue meinen Augen kaum. Es ist Studienrat Dr. Wiese, mein ehemaliger Lateinlehrer vom Bielefelder Gymnasium. Noch am selben Abend gelingt es mir, eine Telephonverbindung mit seiner Frau herzustellen. Dann wird das Wiedersehen mit einer Flasche Krimsekt begossen. Zwei Tage später liegt auf dem Schreibtisch des Oberleutnants der Bescheid, daß alle Angehörigen der Heeresvermittlung als unabkömmlich erklärt worden sind.

Als der Frühling den ersten Tauwind über die Ukraine schickt, kommt auch das dumpfe Rollen des Geschützfeuers näher, das schon seit Wochen vom östlichen Horizont her zu hören ist. Der Krieg kehrt zurück. Ein phantastisches Bild bietet sich dar. Durch Odessas Straßen ziehen Karawanen von LKWs, PKWs und Panjewagen, auf denen sich Betten, Matratzen, Schreibtische, Stühle und andere Haushaltstücke türmen. Angebunden an die Panjewagen ziehen Ochsen, Kühe und Kamele mit. Alle blicken, alle streben, alle bewegen sich in eine Richtung, – nach Westen. Die Etappe setzt sich ab, nach ihr die Front. Vom Kaukasus, von der Wolga, über den Don, den Donjez, den Dnjepr, den Bug, weichen die Armeen zurück, ein wachsender Strom, den niemand mehr aufzuhalten vermag. Erst am Dnjestr und an den Karpaten werden sie wieder zum Stehen kommen, – für eine kurze Weile.

In diesen Tagen fragte mich Professor Komarovskij, dem wir erzählt hatten, daß wir des öfteren nachts nach Hause telephonierten, ob es möglich sei, auch für ihn ein Gespräch nach Ansbach herzustellen. Dabei eröffnete er uns, daß er und seine Frau sich nach Deutschland absetzen und dabei auch die Röntgengeräte mitnehmen wollten. In Ansbach lebe ein ehemaliger Kollege, der sie aufnehmen würde. Die Schadovs hätten sich dagegen entschlossen, in Odessa zu bleiben. Er habe von der rumänischen Stadtkommandantur die Transportpapiere erhalten. So geschah es, daß am 14. März spät in der Nacht ein Russe aus Odessa über das deutsche Oberkommando der Wehrmacht in Berlin auf Russisch mit einem Russen in Ansbach telephonierte. Ein paar Tage später verabschiedeten wir uns, – es sollte das letzte Mal sein, daß wir sie sahen.

In Hitlers Blitzkriegstrategie war nur der Vorstoß, der Angriff, die Eroberung vorgesehen. Eine Strategie des großangelegten Rückzugs gab es offensichtlich nicht. So hatte niemand vorgesorgt, feste Straßen anzulegen und tragfähige Brücken über die Flüsse und Ströme zu schlagen. Jetzt müssen Pioniereinheiten über Nacht notdürftige Pontonbrücken zusammenbauen, über die sich Panzer-, Artillerie- und Infanterieeinheiten an die Westufer zwängen, so weit ihre Fahrzeuge nicht schon in der von den beginnenden Frühjahrsregen aufgeweichten schwarzen ukrainischen Erde stecken geblieben sind.

Gerd und ich gehören zu den letzten Bautrupps unserer Einheit, die Odessa verlassen. Befehle werden gegeben und Anordnungen getroffen, wer fragt schon, ob sie noch zweckmäßig oder bereits zwecklos, sinnvoll oder unsinnig sind. So sollen wir noch die Telephonanschlüsse, die schon seit Tagen nicht mehr besetzt sind, Leitungen und Kabelverbindungen abbauen, um das wertvolle Material beim Rückzug aus der Stadt zu ›retten‹. Aber die Russen sind rascher als wir. Als die Nacht des 9. April 1944 anbricht, stellen wir den Abbau ein und verlassen mit unseren schwer beladenen LKWs das Richelieu-Gymnasium in der Ssadowaja Uliza in Richtung Südwesten. Im Dunkeln erkennen wir einen riesigen Trümmerhaufen: eine deutsche Pioniereinheit hat das Bahnhofsgebäude gesprengt, meines Wissens das einzige Gebäude in Odessa, das bei unserem Rückzug aus der Stadt zerstört worden ist. Vergebens versuchen wir, durch die verstopften Ausfallstraßen die freie Steppe zu gewinnen. Als es im Osten zu dämmern beginnt, ziehen an unseren zwischen anderen Wehrmachtsfahrzeugen eingekeilten Kübelwagen und LKWs lange Ketten übernächtiger Gestalten vorbei, die lehmverkrusteten Maschinengewehre und Panzerfäuste auf den müden Schultern. »Wer seid ihr?« fragt Gerd von unserem LKW herunter. »Wir sind die Front«, kommt die gleichmütige Antwort zurück. Wir greifen nach Karabiner und Packtasche und machen uns zu Fuß auf den Weg zum Stadtrand. Es ist bereits hell geworden. Ein grauer Morgen sinkt auf Odessa nieder. Nach einer Weile öffnet sich rechts freies Feld. In der Ferne bewegen sich größere Gruppen grauer Gestalten auf uns zu. Einzelne Schüsse fallen. Auf der Straße steht ein Hauptmann mit gezogener Pistole. »Dort«, schreit er, »dort ist der Feind! Alles dorthin!« Niemand beachtet ihn. Die Russen haben die Stadt im Norden umgangen und bereits begonnen, die Westausgänge abzuriegeln. Das Gewehrfeuer wird stärker. In der allgemeinen Ordnungs- und Kopflosigkeit bemerke ich plötzlich einen Sanitätswagen, der der festgefahrenen LKW-Kolonne seitlich durch einen flachen Straßengraben entkommen ist. Gerd und ich springen rechts und links auf die Trittbretter und werfen uns zwischen die Kotflügel und den Motor. Die Russen sind in der Stärke von mehreren Kompanien nur noch knapp hundert Meter weit entfernt. Es gibt jedesmal einen scharfen metallischen Laut, wenn ein Geschoß auf die Motorhaube oder das Wagendach schlägt. Mühsam balanciert der Fahrer den Wagen über die welligen Buckel der Steppe. Trotz der Frühjahrsregen ist der Grasboden hier noch leidlich fest. Erst weit außerhalb Odessas bleiben wir in einer Niederung im knietiefen Schlamm stecken. Vor uns liegt in einer Entfernung von ca. 50 Kilometern die Dnjestrmündung, die damalige Grenze Rumäniens. Hinter uns bleiben zweieinhalb Jahre eines Zusammenseins mit Menschen zurück, die wir als Feinde zu bekämpfen gekommen und deren Freunde wir geworden waren, – auf kurze Zeit. Denn ein paar Wochen später erfahren wir von einem mit uns befreundeten Leutnant der Küstenbatterie, mit deren Transportkolonne die Komarovskijs noch mitgekommen waren, daß er und seine Leute unter Zurücklassung des gesamten Materials sich noch bei Tiraspol über den Dnjestr hätten retten können, daß die Komarovskijs und viele andere, die das gleiche versucht hatten, dagegen von der Roten Armee eingeholt und überrollt worden seien …

Kurz vor dem Sonnenuntergang des 10. April haben Gerd und ich das Flußufer erreicht. Der Dnjestr bildet an seiner Mündung einen ausgedehnten Limán, der vom Meer durch eine Nehrung getrennt ist. Nur in der Mitte hat die Strömung einen breiten Durchgang ins Meer offen gehalten. Dort verbindet eine Fähre die beiden Nehrungsarme.

Nach dem 50 km langen Marsch werfen wir uns beim Anblick des Limáns todmüde an den Rand eines Maisfeldes. Zwei russische Jagdflugzeuge tauchen auf und kreisen in so niedriger Höhe über uns und der Nehrung, daß wir die beiden Piloten deutlich im Cockpit erkennen können. Es braucht weder viel Phantasie noch Erfahrung, um zu wissen, was das bedeutet: in einer halben Stunde, einer Stunde vielleicht werden die Bomber hier sein. In einer halben Stunde, einer Stunde vielleicht müssen wir die andere Seite des Dnjestrlimáns erreicht haben. Beide Nehrungsarme sind nur in der Mitte auf einem ca. 30 m breiten Fahrstreifen passierbar. Zwischen ihm und dem Wasser befinden sich rechts bis zum Limán und links bis zum Meer Minenfelder, mit Stacheldraht gegen den Fahrstreifen abgegrenzt. Auf dem östlichen Nehrungsarm stauen sich vor der Fähre Kolonnen von Artillerie, von deutschen und rumänischen Wehrmachtsfahrzeugen und die auf der Flucht vor der zurückkehrenden Roten Armee befindlichen Panjewagen-Trecks ›volksdeutscher‹ Bauern. Auf der in der Flußströmung schwankenden Plattform drängen sich zwischen den Fahrzeugen die Angehörigen nichtmotorisierter Einheiten, drängt sich das Fußvolk, um noch rechtzeitig auf die andere Seite zu kommen.

Es ist bereits Nacht, als wir das Westufer des Limáns erreichen. Abseits des Fahrweges steht am Rande eines Minenfelds ein gestrandeter PKW. Wir lassen uns auf die Ledersitze fallen und sinken in einen traumlosen Tiefschlaf. Das Krachen von Bombeneinschlägen reißt uns in die Wirklichkeit zurück. Die Fähre zersplittert unter dem Bombenhagel. Ihre Trümmer treibt die Flußströmung ins offene Meer. Nach dem Feuersturm liegt eine gespenstische Stille über der Nehrung und dem Limán.

Im Vormittag erreichen wir Bugaz, die erste Ortschaft auf der bessarabischen Seite. Am Ortseingang stehen Kommandos der Schörner-Armee, die alles, was sich über den Limán gerettet hat und nicht zu geschlossenen Verbänden gehört, aufsammelt und in einen großen umzäunten Schulhof schleust. Dort sollen Kampfgruppen für eine Verteidigungslinie zusammengestellt werden. Jeder ist sich über die Aussichten im klaren, die hier auf ihn warten. Wem in einer solchen Kampfgruppe, in der keiner keinen kennt, etwas zustößt, dessen Familie wird nie erfahren, ob, wann und wo er vermißt, verwundet oder gefallen ist.

Gerd und ich arbeiten uns langsam durch die Menge der herumsitzenden und -liegenden Landser an den Zaun des Schulhofs heran. Er besteht aus senkrecht nebeneinander stehenden Planken, hinter denen auf einem Abstellgleis ein Rot-Kreuz-Zug unter Dampf steht. Die Sanitäter verladen die Verwundeten der letzten Nacht. Die Zaunplanken lassen sich schon beim ersten Versuch ohne große Schwierigkeiten mit dem Bajonett von den Querbalken lösen. Sie sind lang genug, um als Sitzbretter auf den Puffern der Waggons Verwendung zu finden. Es ist sechs Uhr abends, als sich der Zug mit einem kurzen Ruck langsam in Bewegung setzt. Im Bruchteil einer Sekunde haben wir die gelockerten Zaunplanken heruntergerissen und durch die entstandene Öffnung gegen den Bahndamm geworfen. Mit ein paar Sprüngen, die Planken unter dem Arm, sind wir an den Waggons, die sich noch im Schritt-Tempo vorwärts bewegen. Die Planken fliegen auf die Puffer. Dann sitzen wir beide zwischen den Waggons, während der Schulhof seitlich unseren Blicken entschwindet. Gegen Mitternacht hält der Zug auf offener Strecke kurz an. Wir springen ab, recken und strecken uns und stellen fest, daß wir durchaus nicht die einzigen gewesen sind, die die luftige Reise auf den Waggonpuffern dem Beitritt zur Schörner-Armee vorgezogen haben.

In der Morgendämmerung erreichen wir Ismail, eine kleine Hafenstadt im Donaudelta. Unten am Fluß liegt auf der Uferböschung ein an Land gezogenes Motorboot. Wir schlüpfen unter seine Zeltplanen und machen es uns auf den Lederpolstern bequem, bis eine vom unweit entfernt liegenden Anlegesteg herübertönende Schiffssirene uns weckt. Ein Boot der ehemaligen Donaudampfschiffahrtsgesellschaft gibt sein Abfahrtssignal. Mit dem rumänischen Geld, das uns Freunde in Odessa noch gegeben haben, lösen wir am Bootssteg zwei Fahrkarten. Der Dampfer geht bis Braila, das an der nach Norden ausschwingenden letzten großen Schleife der Donau liegt. Wir haben uns in der Schiffstoilette gewaschen und rasiert und sitzen in der warmen Vormittagssonne auf dem geräumigen Deck. Der Dampfer arbeitet sich gemächlich stromaufwärts. Auf den Uferbänken grasen Rinderherden. Hirten stehen auf ihre hohen Stöcke gestützt und schauen uns nach. Fischreiher gleiten in weiten Bögen über die spiegelnde Wasserfläche. Nichts stört den tiefen Frieden, der auf dem weiten Land liegt. Es ist Ostersonntag.

Die Sonne sinkt schon hinter den westlichen Horizont, als wir in Braila an Land gehen. Im Bahnhof drängen sich hunderte von rumänischen Bauern und Soldaten auf dem Bahnsteig, zwischen ihnen deutsche Wehrmachtsangehörige. Durch Braila geht der von Jaşy und Vaslui kommende Zug nach Bukarest. Alle wollen nach Westen, weg von der Front. Deutsche Feldpolizei kontrolliert die Marschbefehle der Wehrmachtsangehörigen. Wer wie wir keinen hat, wird in den Wartesaal befohlen, um dort für den sofortigen Fronteinsatz registriert zu werden. Es ist mittlerweile Nacht geworden. Der Wartesaal hat mehrere Ein- und Ausgänge, die nicht alle gleichzeitig von der Feldpolizei bewacht werden können. In einem günstigen Augenblick verschwinden wir im Dunkel des wegen der Fliegergefahr unbeleuchteten Bahnhofskomplexes und mischen uns unter die wartenden Bauern. Kurz vor Mitternacht rollt der Zug nach Bukarest ein. Die Waggonfester, Dächer und Plattformen hängen voll mit Trauben von Menschen, die auf der Flucht vor den Russen sind. Es ist aussichtslos, überhaupt an einen Waggon heranzukommen. Schließlich gelingt es uns, zwischen zwei Waggons unter die Puffer zu gelangen und uns von da langsam auf den Kupplungshaken zwischen die bereits dort stehenden Rumänen hinaufzuarbeiten. Mit einem Fuß auf der Waggonkupplung, dem anderen auf einem der Puffer beginnt unsere Reise nach Bukarest. Der Lokomotivführer ist sich offensichtlich der Situation an, auf und zwischen den Waggons bewußt, und so kriecht der Schnellzug im Schneckentempo aus dem Bahnhof hinaus in die Nacht. Gerd gelingt es als erstem, sich zwischen die dicht gedrängten rumänischen Bauern auf die offene Plattform zu zwängen. Erst Stunden später habe auch ich es geschafft. Gegen Mittag hält der Zug plötzlich zwischen Maisfeldern und Wiesen an. Hinter den Äckern erheben sich die Bohrtürme und Raffinierien von Ploeşti (gesprochen: Plo-éscht), dem rumänischen Erdölzentrum. In der Ferne sind Sirenen zu hören. Dann erscheinen am azurblauen Himmel die silbernen Kondensstreifen der amerikanischen und englischen Bombengeschwader, die von Süditalien herüberkommen. Trotz der großen Höhe, in der sie fliegen, können wir deutlich die einzelnen Maschinen ausmachen. Wir beginnen zu zählen und geben es schließlich bei neunhundert auf. Einzelne Flakbatterien eröffnen ein hilfloses Abwehrfeuer. Die rumänischen Bauern, Soldaten und Offiziere verlassen fluchtartig den Zug, um in den Maisfeldern Deckung zu suchen. In das dumpfe Brummen der Flugzeugmotoren mischt sich plötzlich ein immer stärker werdendes Pfeifen. Alle Bomber haben sich gleichzeitig ihrer Last entledigt. Auf Ploeşti legt sich ein riesiger Bombenteppich, über dem eine dunkle Rauchwolke langsam in den Himmel steigt. Allmählich füllt sich der leere Zug wieder. Wir haben im Wageninnern Platz genommen und fahren bis Bukarest Erster Klasse.

Am nächsten Tag bekommen wir heraus, daß sich alle durchgeschlagen haben und unser Fernsprechzug im Bukarester Ortsteil Cotroçeni (gesprochen: Cotrotschén) eine Barackenunterkunft gefunden hat. Mit allen sind wir wieder zusammen.

TURNU SEVERIN

Kurz vor sechs Uhr abends pflegt der Oberleutnant mit dem Spieß (dem Hauptwachtmeister) in Cotroçeni die Mannschaftsbaracke, in der sich auch die Schreibstube befindet, zu verlassen, angeblich um bereits zu dieser Zeit ins Kasino zu gehen, in Wahrheit, weil um sechs Uhr in der Baracke der alliierte Sender eingeschaltet wird. Um sechs kommen die englischen Nachrichten. Tagsüber hören wir an den Klappenschränken der Heeresmission Bukarest die Stabsgespräche mit, am Abend hören wir die Engländer. So sind wir gut informiert. Man hatte uns nach dem Rückzug aus Odessa von Bukarest aus zunächst gruppenweise auf Urlaub geschickt, auf den letzten, wie sich bald herausstellen sollte. Die meisten von uns waren am Rhein und in Hamburg daheim, und die Berichte, die sie von den bombenzerstörten Städten mitbrachten, waren nicht gerade geeignet, unser Vertrauen in die Oberste Kriegsführung und ihre Nachrichtenübermittlung zu festigen. Seitdem wird der englische Sender um sechs Uhr provokatorisch eingeschaltet, und Spieß und Oberleutnant ziehen es vor, nichts zu hören, nichts zu wissen und nichts zu verantworten. So erfahren wir auch am 20. Juli, lange bevor die offizielle Meldung über den deutschen Soldatensender kommt, das Attentat auf Hitler.

Am 2. August läßt mich der Oberleutnant in die Schreibstube rufen: Ich werde als Telephontechniker zu einem kartographischen Stab nach Calimaneşti (gesprochen Calimanéscht) abkommandiert, – nur auf ein paar Wochen, wie er sagt. Diese Trennung von Gerd und meinen anderen Freunden aber sollte uns für vier Jahre auf ganz verschiedene Wege führen.

Calimaneşti ist ein idyllisch gelegener rumänischer Ferienort in den Karpaten hoch über dem Olt, der von Siebenbürgen, von Hermannstadt, herunterkommend hier durch das Gebirge bricht. Bei Turgu Magurele mündet er in die Donau, die dort breit und gemächlich durch die Ebene fließt, nachdem sie sich etwa 250 km weiter westlich im Eisernen Tor durch die Karpaten gezwängt hat. Am Ostausgang des Eisernen Tores liegt ein damals noch bescheidenes kleines Landstädtchen namens Turnu Severin.

Die Calimaneşter Idylle wird am späten Abend des 23. August 1944 jäh und endgültig unterbrochen. Mein Zimmer im Stabsgebäude, einem Sommerhaus des Bukarester Advokatenverbandes, liegt zu ebener Erde. Gegen 11 Uhr abends klopft es an die Tür, die zum Garten geht. Draußen steht ein ›Volksdeutscher‹, den ich schon des öfteren bei Ausbesserungsarbeiten auf der Straße vor unserem Haus gesehen habe. »In Bukarest ist Revolution!« sagt er. »In ganz Rumänien ist Revolution. Ihr müßt fort!« Ich schüttele ihm die Hand, wir wünschen uns gegenseitig alles Gute, dann nehme ich den Telephonhörer ab und drehe die Kurbel. Nach einer Weile meldet sich die Heeresmission Bukarest, aber dort herrscht ein so heilloses Durcheinander, daß es mir nicht gelingt, das Gespräch zu meinem Fernsprechzug nach Cotroçeni durchschalten zu lassen. Plötzlich wird die Verbindung unterbrochen. Offensichtlich hat jemand im Calimaneşter Telephonamt, wo unser Verstärker steht, das Klicken der Relais gehört und den Verstärker abgeschaltet.

Dann wecke ich den Stab. Nach dem Rückzug aus Odessa ist mir klar, worauf es jetzt allein und ausschließlich ankommt: die Stunde zu nutzen und sich so schnell wie möglich nach Norden, nach dem nur 80 km entfernten, an den Nordhängen der Karpaten außerhalb des rumänischen Armeebereichs liegenden Hermannstadt abzusetzen, noch ehe die Situation sich zu unseren Ungunsten entwickelt. Aber der Stab, der seit Beginn des Rußlandfeldzuges in dieser Idylle residiert hat, denkt anders. Man könne doch nicht die wissenschaftliche Arbeit von Jahren, all die sorgfältig entwickelten Generalstabskarten der russischen Territorien mit ihren vielen kleinen Eintragungen und Anmerkungen zurücklassen. Außerdem müßten alle Geheimdokumente verbrannt werden, womit man sich zunächst bis zum Morgengrauen beschäftigt, als gäbe es über die russische Geographie noch irgendwelche Geheimnisse.

Über Calimaneşti geht eine warme dunstverschleierte Augustsonne auf. Die Straße vor dem Haus ist ruhig, nur das Rauschen des Olt hallt von den Talwänden wider. Niemand kann sich entschließen, in den Ort zu gehen, um festzustellen, was tatsächlich los ist. Es war stets meine Aufgabe, jeden Morgen für den Stab die frischen Semmeln zu holen. So nehme ich auch heute meinen Drahtesel und radle in den Ort hinunter. Die Bäckerei liegt am südlichen Ortsausgang. In Calimaneşti ist alles wie sonst. Niemand hält mich auf. Der Bäcker packt mir wie gewöhnlich die warmen Semmeln in die Tüte. Er weiß auch nichts genaues. So radle ich auf die Gruppe rumänischer Soldaten zu, die etwa 200 m südlich des Ortsausgangs an einer eben errichteten Straßenbarriere steht. So viel Rumänisch habe ich mir angeeignet, um aus ihnen herauszubekommen, daß niemand ohne offizielle Genehmigung den Ort verlassen dürfe. Mit den frischen Semmeln bringe ich die Nachricht zum Stab zurück. Hier hat man mittlerweile angefangen, die noch nicht verbrannte wissenschaftliche Arbeit von Jahren in Kisten und Kasten zu verpacken und auf den einzigen, relativ kleinen LKW des Stabes zu verladen. Ich mache den Oberstleutnant, einen freundlichen älteren Herrn, mehr Wissenschaftler als deutscher Offizier, darauf aufmerksam, daß der leichte LKW auf den rumänischen Schaglochstraßen doch besser so wenig Last wie möglich tragen sollte. Meine Worte hätte ich mir ruhig sparen können.

Gegen 11 Uhr kommt eine Abordnung des rumänischen Generalstabs, mit dem wir bislang zusammengearbeitet und in dessen Kantine wir jeden Mittag gegessen haben. Sie erklärt uns, daß aufgrund einer Proklamation des Königs an das rumänische Volk alle deutschen Truppenteile mit ihren Waffen abziehen, daß wir also den Ort verlassen dürfen, jedoch nur in südlicher Richtung. Die Straße nach Norden sei seit dem frühen Morgen von rumänischen Einheiten blockiert. Hätten wir uns noch in der Nacht aufgemacht, wären wir längst in Hermannstadt, im deutschen Armeebereich. Hätte, wäre – wir haben und sind eben nicht. Im frühen Nachmittag des 24. August besteigen wir endlich unseren unter seiner Last tief in den Federn hängenden LKW und verlassen Calimaneşti nach Süden in Richtung Slatina, um dort die nach Westen führende große Straße nach Craiova und Turnu Severin zu gewinnen und auf ihr durchs Eiserne Tor nach Belgrad zu gelangen.

Nach 5 km haben wir die erste Reifenpanne, kurz darauf die zweite. Nachdem die beiden Ersatzreifen montiert sind, muß von jetzt an jeder Schlauch geflickt werden, der die Luft verliert. Das passiert noch dreimal. Mittlerweile ist die Nacht hereingebrochen, in der wir bei Slatina auf eine endlos scheinende, sich nur stockend im Schritt-Tempo nach Westen schiebende Fahrzeugkolonne stoßen. Und wieder wird es Nacht, bis wir vor dem Ortseingang von Turnu Severin endgültig stecken bleiben. Niemand weiß, warum es hier überhaupt nicht mehr weiter geht.

Was wir nicht wissen konnten, und was ich später erfahren habe, waren die Ereignisse, die sich am 23. und 24. August an der Front und in Bukarest abgespielt hatten.

Nach unserem Rückzug aus Odessa am 10. April war die Front am Dnjestr wieder zum Stehen gekommen, wo sie sich stabilisiert hatte. Sie verlief von der Dnjestrmündung am Schwarzen Meer flußaufwärts in nordwestlicher Richtung, bis sie bei Kischinew, der Hauptstadt von Bessarabien (Moldavien) einen scharfen Bogen in west-südwestlicher Richtung machte, dann nördlich von Kischinew und Jaşy (gesprochen: Jasch) vorbeiführte und sich schließlich an die Karpaten anlehnte. Diese Linie wurde von den deutschen und rumänischen Armeen von Mitte

April bis zum 20. August 1944, also gut vier Monate lang, gehalten. Schon im Frühsommer hatte der rumänische Staatschef, Marschall Antonescu, die Räumung des Frontbogens bei Kischinew verlangt, um die Frontlinie zu begradigen und damit zu verkürzen, die Reserven zu entlasten und so eine Abschnürung der dortigen Divisionen durch die Rote Armee zu verhindern. Doch Hitler hatte dies in Anbetracht der seit Mitte April stabilisierten Front verweigert. »Das Schlimmste ist vorüber«, so hatte er Antonescu von seinem Hauptquartier im fernen Ostpreußen aus erklärt: »Ich hatte recht. Im Süden der Front entscheidet sich das Schicksal des Krieges.«

Was dann am 23. und 24. August geschah, verlief alles sehr schnell. Am 20. August begann der Angriff der Roten Armee zwischen den Karpaten und Jaşy, der zum Durchbruch durch die rumänischen und deutschen Linien in südlicher Richtung führte. Am gleichen Tag waren die sowjetischen Streitkräfte von einem Brückenkopf am unteren Dnjestr südlich von Tiraspol in westlicher Richtung vorgestoßen. Bereits am 23. August hatten sich beide Armeen am Pruth zwischen den Orten Leovo und Kagul vereinigt und damit den neunundzwanzig deutschen Divisionen den Rückzug abgeschnitten. Die Rumänen hatten nicht nur keinen Widerstand geleistet, sondern nach geheimen Verhandlungen mit den Russen die Front geöffnet, so daß dort die Rote Armee ungehindert vordringen konnte. Darauf ging jeglicher Widerstand im allgemeinen Chaos unter. Einer der Überlebenden hat mir später im Gefangenenlager Focşani die damalige Situation geschildert: »Im Morgengrauen des 23. August waren die Russen plötzlich überall. Sie kamen von vorn, von den Seiten und von hinten. Jedermann folgte nur noch einer Parole: Rette sich, wer kann!« Einigen wenigen gelang es, sich in die Karpaten durchzuschlagen, die anderen wurden ›aufgerieben‹, wie es im militärischen Fachjargon heißt, oder gefangengenommen.

So ereilte die 8. und die neu aufgestellte 6. Armee das gleiche Schicksal wie die ehemalige in Stalingrad vernichtete 6. Armee. Damals wurde 306000 ›aufgerieben‹ oder gerieten in Gefangenschaft, diesmal sollten es in ganz Rumänien 400000 werden.

Am selben Tag, jenem 23. August, wurde Marschall Antonescu in Bukarest zum König befohlen und verhaftet. Bereits zwanzig Stunden später bat die neu gebildete rumänische Regierung um einen Waffenstillstand. Der kommandierende General der deutschen Luftwaffenmission, Gerstenberg, hielt es in dieser Situation für angebracht, ›seinem‹ Führer telephonisch mitzuteilen, daß es sich bei der rumänischen Ver-

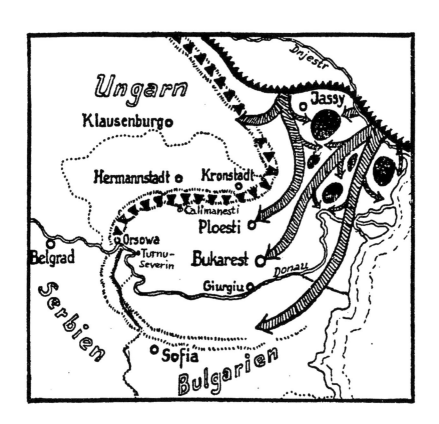

schwörung um eine »ganz kleine Clique« handele, die »vor Angst in die Hosen« mache. Darauf befahl ihm Hitler, ihrem Treiben ein Ende zu bereiten. Zur Unterstützung dieser Aktion, die nie stattgefunden hat, weil sie aus Mangel an kampffähigen Truppen gar nicht stattfinden konnte – in Bukarest befanden sich fast ausschließlich Verwaltungs- und technische Einheiten – ließ Hitler einige Bombenflugzeuge der Luftwaffe von Ungarn aus einen Angriff auf das Zentrum der offenen Stadt Bukarest fliegen. Sie richteten dort zwar nicht viel Schaden an, aber die Erbitterung, die dieser Luftangriff zur Folge hatte, führte umgehend zur Kriegserklärung der rumänischen Regierung an Deutschland und zu dem Befehl an die rumänischen Streitkräfte, nunmehr gemeinsam mit den Russen gegen die Deutschen vorzugehen. Bis dahin hatten wir freien Abzug gehabt. Jetzt standen uns über Nacht die ehemaligen Verbündeten als Feinde gegenüber, die die Straße durch das Eiserne Tor bereits abgeriegelt und besetzt hatten.

Als der Morgen des 26. August dämmert, erkennen wir die Silhouetten rumänischer Infanteristen, die sich während der Nacht in sicherem Abstand rechts und links der Straße eingegraben haben, Gewehre und MGs auf uns gerichtet. Es wird also ernst. Wir setzen unsere Stahlhelme auf, laden die Waffen durch und legen uns in den Straßengraben, um nicht in der Schußlinie der Rumänen zu sein, wenn es losgehen sollte. Einer organisierten Kampftruppe wäre es sicherlich ein Leichtes gewesen, die rumänische Blockade der Straße durch das Eiserne Tor in einem gezielten Angriffsstoß zu durchbrechen. Aber niemand ist da, der das Kommando übernimmt, der die bunt zusammengewürfelten Einheiten unter einen Befehl stellt, als plötzlich am Ortseingang die Salven einer mobilen kleinkalibrigen Flak die Morgenstille zerreißen. Irgendjemand muß einen Feuerbefehl gegeben haben. Sogleich beginnt vorn am Ort eine wilde Schießerei. Die wahrscheinlich frisch ausgehobenen rumänischen Rekruten rechts und links der Straße tun darauf das einzig Vernünftige, was sie in dieser Situation für sich und uns tun können: sie ziehen sich gruppenweise zurück und verschwinden in Richtung der Stadt.

In dem sofort einsetzenden allgemeinen Durcheinander wird jeder Einheit, jeder Gruppe klar, daß sie sich irgendwie allein durchschlagen muß. Im heller werdenden Morgen ist zu erkennen, daß aus einer kurz vor uns rechts an der Straße liegenden Kaserne heftig zurückgeschossen wird. In den dunklen Fensterluken kann man deutlich das Mündungsfeuer der Gewehre erkennen. Links der Straße erstreckt sich gegenüber der Kaserne ein weiträumiger Holzlagerplatz bis hinunter zum

Ufer der Donau, die hier mit einer gewaltigen Strömung aus der Enge des Eisernen Tores herausbricht. Man könnte am Donauufer entlang die Stadt umgehen und bei Einbruch der Dunkelheit das Eiserne Tor erreichen. Dazu müßte man zuerst den offenen Holzlagerplatz überqueren. Auf den ersten fünfzig Metern verdecken hohe Bretterstapel die Sicht von der Kaserne her. So gelangen wir zu viert ungesehen bis zur offenen Mitte des Platzes, über die der Schienenstrang einer für den Transport von Baumstämmen angelegten Lorenbahn läuft. Neben den Schienen liegen einzeln in unregelmäßigen Abständen die abgeladenen Stämme. Wir kriechen die Geleise entlang, hinter jedem Stamm Deckung suchend, und haben uns bereits bis zum letzten vorgearbeitet, als plötzlich aus einem Kasernenfenster das Feuer auf uns eröffnet wird. Die blauen Bohnen singen und zwitschern dicht über unsere Köpfe hinweg, ab und zu auf die Baumrinde aufklatschend. Es sind nur noch etwa zwanzig Meter bis zur Böschung, die zum Donauufer hinunterführt. Dort wären wir außer Sicht.

Nach jedem Feuerstoß nehmen wir das Kasernenfenster für wenige Sekunden unter Beschuß, in der naiven Hoffnung, dort die Gewehre zum Schweigen zu bringen und so den Rücken für den Sprung zur Böschung hinüber frei zu bekommen. Aber die Rumänen können im Schutz der Mauer durchladen, und so bleiben unsere kurzen Feuerstöße völlig wirkungslos. Allmählich wird uns klar, daß wir hier festliegen wie in einer Mausefalle. Über uns steigt die Sonne in den wolkenlosen Augusthimmel. Wir haben keine Ahnung, was mittlerweile auf der Straße vorgegangen ist. Die Situation dort muß sich zugunsten der Rumänen entschieden haben. Denn plötzlich taucht hinter den Bretterstapeln eine von der Kaserne her kommende Patrouille auf. Wenn sie die Lorengeleise hinter uns erreichen, können sie uns wie die Figuren einer Jahrmarktsbude einzeln abknallen. Da springt der vor mir Liegende, ein junger Kerl von höchstens achtzehn Jahren, aus der Deckung heraus und verschießt, völlig ungeschützt im Offenen kniend, sein Magazin auf die Rumänen. Plötzlich reißt es ihm den Kopf nach hinten, eine rote Fontäne schießt seitlich aus seinem Hals, er sinkt lautlos hinten über. Wieder geht ein Feuerstoß über unseren Baumstamm hinweg. In der kurzen Feuerpause, die ihm folgt, springe ich als erster aus der Deckung heraus auf die Böschung zu, im Rücken das Gefühl, die nächste Salve magnetisch auf mich zu ziehen. Die wenigen Sekunden erscheinen mir wie eine Zeitspanne, die sich ins Unendliche ausdehnt. Ich werfe mich über den Böschungsrand den Abhang hinab und sehe hinter mir, wie Stücke aus der Grasnarbe des Böschungsrands von den

Geschossen hochgewirbelt werden. Langsam rolle ich mich ins Donauschilf hinunter. In kurzen Abständen kommen auch die beiden anderen über die Böschung herab. Oben starrt der Tote mit leeren Augen in die weiße Augustsonne.

Was tun? Die Umgehung der Stadt am Donauufer entlang erweist sich als Wunschdenken. Denn flußaufwärts drängen sich die Häuser von Turnu Severin bis dicht ans Ufer heran, das zudem noch mit einer hochaufragenden Betonmauer befestigt ist. Dort ist kein Durchkommen. Auch der Gedanke, über den Strom zu schwimmen und am jenseitigen, jugoslawischen Ufer zu versuchen, durch das Eiserne Tor zu gelangen, ist eine Illusion. Einmal hat die Donau hier eine reißende Strömung mit zahllosen gefährlichen Strudeln, deren Wirbel sich in großen Kreisen an der Wasseroberfläche drehen, so daß eine Überquerung auch für einen guten Schwimmer, der ich war, äußerst gefährlich, wenn nicht überhaupt unmöglich wäre. Und selbst wenn es mir gelänge, würde es die Mitnahme von Waffen und Munition von vornherein ausschließen. Und dann zu versuchen, sich ohne Waffen auf der jugoslawischen Seite des Stromes die 120 km bis zum deutschen Armeebereich durchzuschlagen, wäre ein Risiko, das einem Selbstmord gleichkäme. Denn wir wissen um die Aktivitäten der jugoslawischen Partisaneneinheiten, gegen die ein paar Einzelne, selbst wenn sie Waffen hätten, sich erst gar nicht zur Wehr zu setzen brauchten.

Da wir von unserer niedrig gelegenen Position im Donauschilf nicht ausmachen können, was in der Stadt und auf der Straße vor sich geht, bewegen wir uns vorsichtig flußabwärts, bis sich ein Ausblick öffnet. Von einem hinter der Straße liegenden Hügel aus, auf dem mehrere rumänische MGs stationiert sind, werden das Flußufer und der zwischen der Straße und der Donau liegende Raum immer wieder unter Feuer genommen. Die MG-Garben schlagen jedesmal mit einem klatschenden Geräusch ins Donauschilf.

Als die Sonne im Zenit steht, erkennen wir auf der Straße deutlich größere Gruppen deutscher Soldaten, die die weiße Fahne schwenken. Seit einiger Zeit ist auch das MG-Feuer eingestellt worden. Offensichtlich hat sich die Situation endgültig zugunsten der Rumänen geklärt. So entschließen auch wir uns, ein Taschentuch an die Karabinermündung zu binden und uns mit erhobenen Gewehren langsam zur Straße hin zu bewegen. Alle dort gebliebenen Einheiten und Gruppen haben mittlerweile kapituliert und begonnen, sich ihrer Waffen und Munition zu entledigen. Neben einer Gruppe rumänischer Soldaten türmen sich die bereits übergebenen deutschen Karabiner.

Langsam lege auch ich mein Gewehr zu den übrigen. Alle Gedanken sind von dem Gefühl durchdrungen, daß von diesem Augenblick an alles anders sein wird, daß jeder von uns nicht mehr Subjekt ist, sondern ein Objekt fremden Willens, und daß alles davon abhängen wird, wie dieser fremde Wille seine Objekte behandeln wird.

Zunächst werden wir auf eine Wiese zusammengeholt und gezählt. Dann macht sich der gezählte Haufe unter rumänischer Bewachung auf den Weg in jene Kaserne, die offensichtlich das Zentrum des Widerstands gewesen ist. Auf der Straße bietet sich uns ein Bild des Chaos, wie es seit Stalingrad immer wieder den deutschen Rückzug kennzeichnet: Zerschossene Wehrmachtsfahrzeuge stehen zu hunderten herum. Umgestürzte Munitionskästen und weggeworfene Waffen werden von den Rumänen aufgelesen. Gefangene werden abgeführt. Vom Fahrersitz eines Kübelwagens hängt ein Toter mit ausgestreckten Armen herunter. Aus der offenen Kopfwunde tropft das Blut in regelmäßigen Abständen auf das Schutzblech, wo es die heiße Augustsonne in einen immer größer werdenden schwarzen Fleck verwandelt.

In der Kaserne geht dann alles seinen geordneten Gang. Wir werden in Gruppen eingeteilt, denen in den Gebäuden Unterkünfte zugewiesen werden. Am Abend gibt es Mamaliga, worunter man in Rumänien einen steifen Maisbrei versteht. Auch Brot wird ausgeteilt. Damals war der Agrarstaat Rumänien trotz der Kriegswirtschaft noch ein Land, in dem es für jeden, auch für den Kriegsgefangenen, genug zu essen gab. Erst unter dem neuen Regierungs- und Gesellschaftssystem sollte sich auch das grundlegend ändern.

Am folgenden Vormittag läßt uns der rumänische Lagerkommandant die Gefallenen des gestrigen Tages suchen und auf einem kleinen Friedhof unweit der Kaserne beerdigen. Sogar ein rumänischer Priester ist zugegen, um den Segen über das offene Massengrab zu sprechen. Es sind ›nur‹ siebenundsechzig.

Was mich bei der Rückkehr in die Kaserne überrascht – bei der Einlieferung ist mir das nicht aufgefallen – ist die große Zahl von Frauen und Mädchen, die als Wehrmachtshelferinnen in und bei Bukarest tätig waren und sich ebenfalls vergeblich auf den Weg nach Westen gemacht haben. Wie sich sehr bald zeigt, wird ihr Schicksal nicht beneidenswert sein.

Am 30. August taucht plötzlich ein einzelnes zweimotoriges Heinkelkampfflugzeug über Turnu Severin auf. Als es in niedriger Höhe eine Schleife über der Kaserne macht, wird dem Piloten aus einer Dachluke mit einem weißen Tuch zugewunken. Minuten später stürmt der rumänische Lagerkommandant mit gezogener Pistole, zwei Bewaffneten und dem Dolmetscher die Treppen hinauf und schreit mit zornrotem Gesicht auf die unter dem Dachstuhl Herumsitzenden ein. Der Dolmetscher übersetzt: »Wer hat hier dem deutschen Bombenflugzeug Signale gegeben?« Da sich niemand sogleich dazu bekennt, läßt er den ersten besten herausgreifen und die Treppen hinunterschleifen, um ihn an der Kasernenmauer standrechtlich erschießen zu lassen und damit ein Exempel zu statuieren. Verzweifelt hebt der so plötzlich zum Tode Verdammte bittend beide Arme, als er an uns vorbeigeführt wird, und ruft immer wieder: »Hilft mir denn keiner? Hilft mir denn keiner?«

Es ist alles so schnell geschehen, daß niemand so recht mitbekommen hat, was eigentlich vorgegangen ist. Alle schauen wir, ohne das Ganze richtig zu begreifen, auf den schreienden und gestikulierenden Todeskandidaten, der bereits an der Mauer steht, wo ihm die Augen verbunden werden, – als endlich ein Major und ein Feldwebel sich aus unserer wie gelähmt dastehenden Gruppe lösen, eilig auf den Lagerkommandanten zugehen und beschwichtigend auf ihn einreden. Vor sechs Tagen, so übersetzt ihnen der Dolmetscher, sei auf Bukarest ein deutscher Luftangriff geflogen worden – wir erfahren jetzt zum ersten Mal davon – und er, der Kommandant, verspüre nicht die geringste Lust, die Aufmerksamkeit deutscher Bomberpiloten von Kriegsgefangenen auf Turnu Severin und die Kaserne lenken zu lassen. Schon jetzt wird deutlich, daß sein anfänglicher Zorn und seine Spontanreaktion nur die Masken waren, hinter denen sich seine Angst vor einem möglichen deutschen Bombenangriff versteckt hat.

Nach einem längeren, immer ruhiger werdenden Wortwechsel legt sich mit der Angst auch sein Zorn, bis er schließlich dem Todeskandidaten die Augenbinde wieder abnehmen läßt. Kommandant, Major und Feldwebel legen die Hand zum militärischen Gruß an die Mütze, und der Rumäne kehrt mit den Bewaffneten und dem Dolmetscher wieder in seine Schreibstube zurück.

An der Mauer steht noch immer der Arretierte, der kaum fassen kann, daß der ganze Spuk vorbei ist, und mit aufgerissenen Augen in das Tageslicht blickt, das er Sekunden vorher unter der schwarzen Augenbinde schon aufgegeben hat je wiederzusehen. Langsam löst er sich von der weißen Wand und will auf uns zugehen, als im plötzlich die Knie versagen, und er auf dem Rasen zusammenbricht. Erst jetzt kommt Bewegung in die Herumstehenden. Man hebt ihn auf und trägt ihn zurück in die Kaserne, wo er versucht, über seinen Schock hinwegzukommen.

44

Im Morgengrauen des 5. September dröhnt von der Straße vor der Kaserne her das Rasseln von Panzerketten. Kurz darauf rollen Lastwagenkolonnen vorbei. Die Rote Armee hat Turnu Severin erreicht und dringt durch das Eiserne Tor auf Belgrad und in Richtung Budapest vor. Am anderen Donauufer wird sie von jugoslawischen Partisaneneinheiten mit Salutschüssen begrüßt.

Am 10. September läßt uns der rumänische Lagerkommandant auf dem Kasernenhof antreten und durch den Dolmetscher mitteilen, daß wir in den nächsten Tagen in ein anderes Lager in Rumänien verlegt werden. Kriegsgefangene klammern sich mit Beharrlichkeit an alles, was ihre Situation in ein günstiges Licht rücken, was zu Hoffnungen Anlaß geben könnte. So wiegen wir uns bei dieser Mitteilung in der illusorischen Vorstellung, Kriegsgefangene der Rumänen, unserer ehemaligen Verbündeten, zu bleiben und nicht der Roten Armee übergeben zu werden. Von den Ereignissen, die sich in Bukarest abgespielt haben, wissen wir ja nur etwas über den deutschen Bombenangriff, nichts über die Kriegserklärung der rumänischen Regierung an Deutschland und nichts über die Waffenstillstandsbedingungen der Sowjetunion: In ihnen hatte Stalin die Abtretung Bessarabiens (Moldaviens) und der nördlichen Bukowina, eine Wiedergutmachungssumme von einigen hundert Millionen Dollar und neben ungeheueren Versorgungslasten und Benzinlieferungen aus Ploeşti 750000 männliche Arbeitskräfte im Alter von 16 bis 45 Jahren für den Wiederaufbau zerstörter Gebiete in der Sowjetunion verlangt. Die letzte Bedingung aber war infolge der großen Kriegsverluste und der Weiterbeteiligung Rumäniens am Kampf gegen Hitler und seine Armeen nicht annähernd erfüllbar. So griff Rumänien entgegen dem Völkerrecht und den Versprechungen des Königs in seiner Proklamation vom 23. August auf die deutschen Kriegsgefangenen zurück. Da deren Zahl die festgesetzte Höhe aber nicht erreichte, wurden auch die arbeitsfähigen Männer der deutschen Volksgruppen, der Siebenbürger Sachsen und der Banater Schwaben an die Russen ausgeliefert.

Am 12. September standen wir zum Abmarsch auf dem Kasernenhof, nachdem jeder einzelne ›gefilzt‹, d.h. nach Wertsachen durchsucht worden war, – eine Prozedur, die sich während der nächsten Jahre noch oft wiederholen sollte. Sie voraussehend hatte ich noch am Tage vorher den Film aus meiner Kamera genommen, auf dem als letzte Aufnahme der Augenblick meiner Gefangennahme festgehalten worden war. In ein Stück Wehrmachtsseife eingeknetet, die in der Hitze weich geworden war, konnte ich ihn vier Jahre lang behalten und nach meiner

Heimkehr entwickeln lassen. Die Kamera hatte ich dann in die Latrine geworfen. Meine Taschenuhr versteckte ich, in ein weiches Tuch eingewickelt, unter der Wölbung meines linken Fußes im Strumpf.

Dann wurde jeder von uns vor die Wahl gestellt, entweder seinen Mantel oder seine Wolldecke zu behalten. Die Entscheidung war nicht leicht. Ich entschloß mich für die Decke, da der deutsche Wehrmachtsmantel ohnehin aus relativ dünnem Material gefertigt war.

Endlich setzte sich die aus ca. 800 Mann sowie Frauen und Mädchen bestehende Kolonne in zwei großen Gruppen unter rumänischer Bewachung in Bewegung. Da es nicht in Richtung Bahnhof, sondern zum Ortsausgang hinaus ging, durch den wir gekommen waren, nahmen wir naiverweise an, daß jenes andere ›Lager in Rumänien‹ nicht allzu weit entfernt sein würde.

Auf der Straße kamen uns lange motorisierte Kolonnen der Roten Armee entgegen, ausgerüstet mit brandneuen amerikanischen Jeeps und modernen dreiachsigen LKWs, auf deren Kühlern in großen Blockbuchstaben der Markenname STUDEBAKER stand. Von der Pacht- und Leihhilfe der USA wußten wir damals noch nichts und waren deshalb nicht wenig erstaunt über diese eindrucksvolle maschinelle Ausrüstung. Weniger eindrucksvoll war dagegen die individuelle Ausrüstung der einzelnen Soldaten. Der größte Lederproduzent der Welt, die Sowjetunion, war nicht in der Lage, seine siegreiche Armee mit Lederstiefeln zu versorgen. Was die meisten russischen Soldaten an den Füßen trugen, war zerschlissenes Schuhwerk aus Segeltuch, das schon dem ersten Regen nicht widerstanden hatte.

So spielte sich bereits am Ortsausgang eine Szene ab, die sich auf unserem Marsch noch oft wiederholen sollte: einer der Studebaker hielt plötzlich an, die Soldaten sprangen herunter, griffen wahllos einige Kriegsgefangene aus unserer Kolonne heraus und zogen ihnen die Lederschuhe aus. Ich war einer der ersten.

Andere schauten lachend von ihren hohen Lastwagen auf uns herunter und riefen:

> Nimálo jaitz, nimálo vino,
> Do sswidánja Ukra-ina.
> (Keine Eier mehr und keine Weine,
> Leb wohl, adieu, leb wohl Ukraine.)

Barfuß auf den damals noch ungepflasterten Landstraßen Rumäniens weiterzulaufen, hätte in Kürze eine Tortur werden müssen. Zunächst zog ich mir zwei Paar Wollsocken an, durch die der Schotter nicht mehr so stark zu spüren war. Aber schon nach wenigen Kilometern hatte sich der feine Straßenstaub zwischen die Zehen gesetzt und begonnen, sie wund zu reiben. Also wieder raus aus den Strümpfen. Ich wechselte auf das Grasbankett der Straße hinüber, was der rumänische Begleitposten erlaubte. Das dunkle Gras war nicht nur weicher, sondern auch kühler als die helle festgewalzte Schotterdecke der Straße.

Schon seit längerem marschierte ein älterer Offizier neben mir, der seine Schuhe noch besaß. Er trug Halbschuhe, an denen die Russen offensichtlich kein Interesse gehabt hatten. Seiner Uniform nach zu schließen, war er Marineoffizier. Ich hatte ihn bislang nicht bemerkt, weil ich meine volle Aufmerksamkeit auf jeden meiner Tritte richtete, um Fußverletzungen zu vermeiden. »Du hast deine Decke noch«, sagte er, indem er mich von der Seite anschaute. Ich sah, daß er weder Decke noch Mantel hatte. »Ich habe eine Bastmatte. Wenn wir heut nacht irgendwo auf dem Boden schlafen müssen, könnten wir uns beide auf meine Matte legen und mit deiner Decke zudecken, wenn wir sie quer und nicht längs nehmen.« »Gute Idee«, erwiderte ich. Die Wiesen neben der Straße waren zum Teil feucht, besonders in der Nähe der vielen durchfließenden Bäche und Flüßchen. »Übrigens habe ich hier in meiner Packtasche noch ein Paar alte Gummigaloschen.« Er schaute auf meine nackten Füße. »Sie werden dir zwar viel zu klein sein. Aber wir können sie vorne aufschneiden, dann trittst du wenigstens mit den Fersen auf einem weichen Absatz auf, und deine Füße sind auch besser geschützt.« Er griff in seine Packtasche und zog ein Paar Galoschen ans Tageslicht. Sie hatten den Vorteil, daß sie einen Bügel mit einer verstellbaren Schnalle besaßen, die einen festen Sitz am Fuß garantierten. Natürlich waren sie viel zu klein, ich hatte Schuhgröße 46, die Galoschen 42. Mit einem Messer, das er durch die ›Filzung‹ geschmuggelt hatte, schnitt er kurzerhand vorn beide Kappen ab. Ich zog mir wieder meine Wollsocken an und schlüpfte in die Galoschen. Zwar standen die Zehen vorn weit heraus – die Gummisohlen gingen gerade bis zum Fußballen –, aber durch die Schnallen und über den zwei Paar Socken saßen sie fest am Fuß. Wenn ich auch weiterhin auf der Grasnarbe laufen durfte, kamen durch die Öffnungen auch keine Kieselsteine unter den Fuß – oder doch nur wenige, die man leicht mit einer Schlenkerbewegung wieder herausschütteln konnte. Es ging sich jetzt wirklich gut. Erst eineinviertel Jahr später sollte ich die Galoschen durch festes Schuhwerk ersetzen können. Was wäre geworden, wenn ich sie nicht bekommen hätte? Ich war ihm unendlich dankbar.

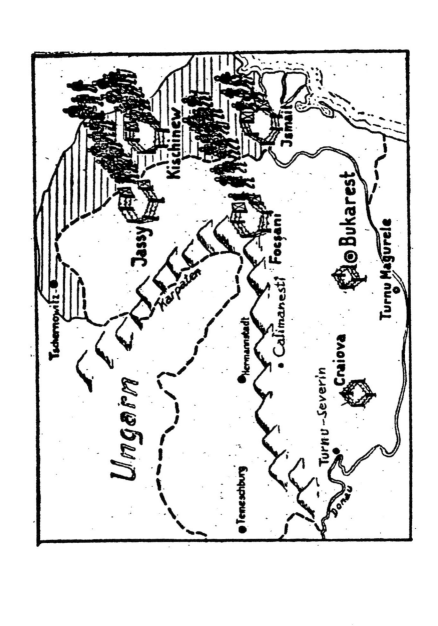

Er erzählte, daß er bei der Heeresmission in Bukarest gewesen sei, wo man offensichtlich auch für Marineoffiziere Verwendung gehabt hatte, und ich erzählte von Calimaneşti und Odessa.

Im frühen Nachmittag wurde eine halbe Stunde Marschpause eingelegt. Dann ging es bis in die Nacht hinein weiter. Verpflegung gab es an diesem ersten Marschtag keine. Unsere Feldflaschen hatte man uns gelassen, und so konnten wir wenigstens ab und zu einen Schluck Wasser trinken. Es gehörte ein hoher Grad an Selbstdisziplin dazu, das bißchen Trinkwasser in der Spätsommerhitze der staubigen Landstraße über den ganzen Tag zu verteilen.

Als die sich ausbreitende Dämmerung eine Bewachung unserer Marschkolonne immer schwieriger machte, schwenkte der verantwortliche Offizier, ein rumänischer Leutnant, hinter einer Brücke auf eine Wiese ein. Es war eine von den feuchten Flußwiesen, und so versuchte jeder sich möglichst nah an die Straßenböschung zu legen, wo sich das Gelände etwas hob. Jetzt bewährte sich die Bastmatte, auf der mein Gefährte und ich, mit angezogenen Knien unter der Decke liegend, in einen Tiefschlaf sanken.

Durch ein paar in die Luft geschossenen Gewehrsalven wurden wir bei Sonnenaufgang geweckt. Am Fluß hätten wir uns gut noch etwas waschen können, aber der Leutnant trieb zur Eile an. Bis Craiova, der nächsten großen Stadt, waren es von Turnu Severin aus etwa 110 km, und er hatte wohl den Befehl, uns in drei Tagen dorthin zu bringen. Da wir in Turnu Severin erst im späten Vormittag abmarschiert waren, hatten wir an diesem Tage nur etwa knapp 30 km hinter uns gebracht. Von nun an waren also täglich jeweils 40 km zu marschieren.

Nach einer guten Stunde bogen wir in einen Seitenweg, an dem zwischen einigen Bauernhäusern ein Brunnen stand. Der Leutnant verfolgte damit eine doppelte Absicht: einmal ließ er uns unsere Feldflaschen mit trinkbarem Wasser auffüllen, zum andern konfrontierte er uns mit vier unweit des Brunnens liegenden Leichen deutscher Soldaten. Es waren, wie uns gesagt wurde, entflohene Kriegsgefangene, die nachts versucht hatten, an den Brunnen heranzukommen und dabei von der roten Miliz, die jetzt die Dörfer regierte, niedergeschossen worden waren.

Wir wußten damals nicht, daß die rumänische Regierung nach dem Bombenangriff auf Bukarest bekanntgegeben hatte, sie würde für jeden auf der Flucht gefangenen oder erschossenen deutschen Soldaten ein Kopfgeld von einer Million Lei bezahlen, eine unwahrscheinliche Summe, aber versprochen wurde sie jedenfalls und reizte vor allem die neu gebildeten roten Milizen, auf versprengte oder flüchtende deutsche Soldaten Jagd zu machen.

Zu fliehen ist nicht nur das in den Genfer und Haager Abkommen garantierte Recht jedes Kriegsgefangenen, es war auch der Gedanke, dem jeder von uns vom ersten Tag der Gefangenschaft an nachhing. Schwer wäre es nicht gewesen, aus der Kaserne in Turnu Severin oder während des Marsches zu entkommen. In der Donauregion aber lebten keine ›Volksdeutschen‹, bei denen man hätte Unterschlupf finden können, und auf die Rumänen wirkte unsere Uniform vorerst wie ein rotes Tuch, wofür die vier Leichen am Brunnen ein eindrucksvolles Beispiel waren. Ohne Zivilkleidung und ein Minimum an rumänischen Sprachkenntnissen, wäre in diesen Tagen eine Flucht ein Risiko gewesen, das keiner eingehen wollte. Und wohin sollte man fliehen? Zwischen dem mehr als 200 km entfernten ›volksdeutschen‹ Siedlungsgebiet in Siebenbürgen, zwischen Hermannstadt oder Eisenmarkt und uns lag die Karpatenwildnis, deren Gipfel bis 2500 m aufragten. Und dann glaubten wir ja immer noch, Kriegsgefangene der Rumänen, unserer ehemaligen Verbündeten, zu sein und zu bleiben. Wozu also eine Flucht aus dem Donaugebiet riskieren, bei der man eher in den Tod als in die Freiheit lief?

Wieder gab es nur eine halbe Stunde Marschpause in der Mittagszeit. Mein Gefährte und ich setzten uns am Straßenrand in den Schatten einer Hecke, die den Garten eines Bauernhäuschens gegen den Staub der Straße schützte. Auf der andern Seite reichten kleine Blumen- und Gemüsebeete, auf denen Tomatenbüsche wuchsen, die voller reifer Zwergtomaten hingen, bis dicht an die Hecke heran. Vorsichtig griffen wir durch die Zweige und taten uns an den Zwergtomaten gut. Da es auch an diesem Tag keine Verpflegung gab, erschienen uns die kleinen Paradiesäpfel, die in dieser Stunde ihren Namen zu Recht trugen, wie ein Gottesgeschenk.

Wieder wurde es Nacht, bevor wir uns hinlegen und unsere todmüden Füße ausstrecken konnten. Diesmal wurden wir in einen an der Straße gelegenen, mit einem hohen Gitter umzäunten Kasernenhof geführt, der offensichtlich das geplante Tagesziel war. Hier gab es wenigstens Wasser zum Trinken und zum Waschen. Über uns stand ein sternklarer Septemberhimmel. Wie schon am Abend vorher zeigte mir mein Begleiter die einzelnen Sternbilder, bevor uns die Augen zufielen. Als Marineoffizier kannte er sich am Himmel aus. Ich habe bis heute keines von ihnen vergessen und erkenne sie noch alle.

Am nächsten Tag lagen wieder 40 km staubige Landstraße vor uns.

Gegen Mittag erschienen aus dem nicht mehr weit entfernten Craiova mehrere Lastwagen, von denen rumänische Soldaten Brotlaibe in unsere Marschkolonne warfen. Für eine ordnungsgemäße Auf- und Verteilung des Brotes war offensichtlich nicht genug Zeit. So versuchte jeder, wenigstens einen Brotkanten an sich zu reißen, ein Bild wie bei der Fütterung hungriger Raubtiere im Zoologischen Garten. Die Brotlieferung war nicht kleinlich bemessen, so daß keiner von uns ganz leer ausging.

Es war schon dunkel, als wir am Ortsrand von Craiova unser Tagesziel, einen von einem eben errichteten Stacheldrahtzaun umschlossenen hügligen Platz erreichten. Noch vor dem Zaun wurden die Offiziere von uns Mannschaften getrennt. Ich konnte meinem Weggefährten gerade noch »Und Dank für die Galoschen« zurufen, als wir schon innerhalb des abgetrennten Raums waren.

Über der Straße befanden sich mehrere mit Stacheldraht eingezäunte Baracken. Dorthin wurden die Frauen und Mädchen gebracht, die in der zweiten großen Gruppe nach uns kamen. Wie in der Kaserne von Turnu Severin gab es wieder Mamaliga und etwas Brot, dazu ein heißes Gesöff, das als Kaffee bezeichnet wurde. Am hinteren Teil des Hügels befand sich eine Latrine, eine frisch ausgehobene Grube mit einem auf zwei Pfosten liegendem Balken darüber. Waschgelegenheit war keine da.

In diesem provisorischen Auffanglager fanden wir bereits mehrere hundert deutsche Kriegsgefangene vor, die auf dem Wege von Bukarest zum Eisernen Tor schon hier zur Kapitulation gezwungen worden waren. Für die Nacht suchte ich mir einen Platz unweit des Stacheldrahts unter Bäumen auf dem dort trockenen Grasboden, wo ich die Bastmatte nicht zu sehr vermißte.

So fiel mein Blick, als ich im frühen Morgengrauen aufwachte, auf die Straße und den gegenüberliegenden Barackenkomplex, in dem die Frauen und Mädchen untergebracht waren. Die Szene, deren Zeugen ich und alle diejenigen in dieser frühen Stunde wurden, die wie ich durch den Stacheldraht blickten, sehe ich noch heute so deutlich vor mir, als hätte sie sich erst gestern abgespielt: Zwei russische Soldaten schleppten eine junge deutsche Luftwaffenhelferin, die sie sich am Abend vorher geholt hatten, in ihre Baracke zurück. Ihr rechter und ihr linker Arm waren um die Nacken ihrer Träger gewinkelt, zwischen deren Schultern sie wie leblos hing. Beide Beine schleiften weit auseinandergespreizt mit den Fußsohlen nach oben über die Straße. Offensichtlich war sie nicht mehr imstande, noch einen einzigen Schritt zu gehen. Vor einer der Baracken ließen die beiden sie auf den Boden gleiten, von wo sie etwas später von anderen Leidensgenossinnen aufgelesen und ins Innere der Baracke getragen wurde. Die beiden Soldaten waren nur die ersten einer ganzen Reihe, in der sich einer nach dem andern seines vergewaltigten Opfers wieder entledigte.

Es ist so viel über diese Vorgänge von deutscher Seite geschrieben und publiziert worden, daß ich es nicht als meine Aufgabe ansehe, dem noch Ausführliches hinzuzufügen. Nur so viel sei hier dazu gesagt: Susan Brownmiller hat in ihrer zum Bestseller gewordenen Studie über die Vergewaltigung unmißverständlich klarstellen können, daß es sich bei diesem Gewaltakt nicht um ein rein sexuelles Vergehen handelt, sondern daß jede Vergewaltigung einer Frau – ganz gleich in welcher Situation sie auch immer geschieht – ein Akt der Erniedrigung, der Diskriminierung ist, in dem der physisch stärkere über die Wehrlos-Schwächere den bestialischen Triumph feiert, die absolute Erniedrigung seines Opfers auch noch körperlich zu genießen. Die vielen deutschen Darstellungen und Berichte vom russischen Vormarsch und den Gewaltakten, die ihn begleitet haben, pochen in der Regel nur darauf, was den Deutschen, vor allem den deutschen Frauen kurz vor und dann nach 1945 angetan worden ist. Sie vergessen dabei zu leicht, was Deutsche vor 1945 anderen angetan haben. Sie vergessen, daß alles, was 1944 und 45 auf dem russischen Vormarsch geschehen ist, eine Vorgeschichte hat, die 1941 begonnen hat. Die furchtbare Rache der Russen für das, was Deutsche in den vier Jahren dieses Eroberungskrieges, dieses Länder- und Menschenraubzuges ihrer Heimat, ihrem ›Mütterchen Rußland‹ zugefügt hatten, suchte sich – wie das so oft in der Geschichte vorgekommen ist – ihre Opfer gerade unter den Unschuldigen, fand in der Vergewaltigung, in der absoluten Erniedrigung der wehrlosen deutschen Frauen und Mädchen für einen Augenblick ihre triumphierende Befriedigung.

Am 21. September ging es in zwei Tagesmärschen weiter zum 42 km entfernten, am Olt gelegenen Slatina, wo uns wieder ein provisorisches Sammellager aufnahm. 100 km flußaufwärts liegt Calimaneşti. Wir waren bis jetzt 152 km der Straße wieder zurückmarschiert, auf der wir am 24. und 25. August in der eitlen Hoffnung nach Westen gefahren waren, aus Rumänien zu entkommen, bevor die Rote Armee es ganz besetzt hatte. Die meiste Zeit ungewaschen und seit Turnu Severin unrasiert, die Mehrzahl ohne Schuhe, die Füße in Lumpen gewickelt, boten wir äußerlich genau das Bild, das uns Jahre zuvor in den deutschen Wochenschauen von russischen Kriegsgefangenen als sichtbares Beispiel ›slawischen Untermenschentums‹ vermittelt worden war. Und der äußere Zustand entsprach dem inneren. Seit dem Augenblick der Gefangennahme, in dem die äußere Ordnung, die eingedrillte soldatische Disziplin und Unterordnung schlagartig aufgehört hatte zu existieren, blieb jedem von uns nur noch das, was man innere Disziplin nennt, jener mit äußerster Willenskraft immer wieder erneut geführte Kampf gegen die Gefahr des Sich-Gehen-Lassens, gegen stumpfe Passivität und gegen die drohende Verwahrlosung.

Als einige Offiziere, die in Slatina noch nicht – wie in Craiova – von den Mannschaften getrennt worden waren, versuchten, in den zerlumpten Haufen wieder etwas äußere soldatische Disziplin zu bringen, wurden sie lauthals ausgelacht. Ein Hauptmann, der sich daraufhin mit dem Argument Autorität zu verschaffen suchte, »Aber seid doch vernünftig. Ordnung muß doch sein, wenn ihr hier durchkommen wollt«, wurde in zynischer Weise beschimpft. Das Argument der Vernünftigkeit aus dem Munde derer, die vor der Gefangennahme blindlings jeden Befehl ›ihres‹ Führers bis zuletzt ausgeführt und ihre Leute zu hunderten und tausenden sinn- und zwecklos ins Verderben geschickt hatten, wurde als eine Zumutung an den gesunden Menschenverstand empfunden.

Nach acht Tagen Rast begann der Marsch zum 80 km entfernten Pitești (gesprochen: Pitéscht), das es in zwei Tagen zu erreichen galt. Tagesmärsche von 40 und mehr Kilometern sind für eine trainierte Infanteriekompanie eine zwar anstrengende, aber normale Marschleistung, vorausgesetzt, daß die nötigen Marschpausen eingehalten und eine der Leistung entsprechende Verpflegung sowie genug Trinkwasser ausgeteilt werden. Mit Ausnahme der letzten Kilometer vor Craiova gab es während der Tagesmärsche weder Verpflegung noch Trinkwasser und nur eine Marschpause von ca. einer halben Stunde. Auch hatte ein großer Teil von uns nur noch Fußlappen oder irgendwelche Lumpen an den Füßen, nachdem die Stiefel weggenommen worden waren.

Anstrengende Fußmärsche gewohnte Infanteristen waren so gut wie keine in der Kolonne. Was sich bis Turnu Severin oder Craiova abgesetzt hatte, war ein zusammengewürfelter Haufe von marschungewohnten Angehörigen der technischen und Verwaltungseinheiten sowie einiger Flak-Batterien, die bei Bukarest oder Ploești stationiert gewesen waren. Mir selbst halfen zwar meine Dreiviertel-Galoschen, vor allem aber kam mir jetzt das harte Marschtraining zugute, das ich bereits als Junge auf den vielen Fahrten unserer Jungvolkschar gehabt hatte, auf denen für uns schon als Zwölfjährige Tagesmärsche von 30

Kilometern mit relativ schwerem Gepäck eine Selbstverständlichkeit gewesen waren.

Es war also kein Wunder, wenn sich nach 152 Kilometern Marsch unter heißer Sonne, auf staubigen Landstraßen bei verschiedenen die ersten Zeichen von Erschöpfung und Fußbeschwerden zeigten. Die Gruppe derer, die, nur noch vorwärts humpelnd, erschöpft oder mit Fußverletzungen ans Ende der Kolonne geraten waren, welche sich dadurch mehr und mehr in die Länge zog, wurde immer größer. Unsere rumänischen Begleitsoldaten lösten das Problem auf eine einfache Weise. Als an einer Biegung der Straße ein Bauer mit einem Pferdekarren auftauchte, hielten sie ihn auf den Befehl eines Unteroffiziers an und zerrten ihn kurzerhand von seinem Wagen herunter. Einer der Soldaten schwang sich auf das Kutschbrett, nahm die Zügel auf, die aus einfachen Stricken bestanden, wendete den Wagen, und wer nicht mehr weiter konnte, wurde auf das Gefährt gepackt. Bald war es brechend voll.

Am Straßenrand blieb der verzweifelt protestierende Bauer mit leeren Händen zurück. Wer die Verhältnisse auf dem rumänischen Land, überhaupt im Balkan und am Mittelmeer kennt, weiß, daß ein Paar Maulesel oder Panjepferde mit einem Wagen für einen Bauern nicht nur ein Vermögen bedeuten, sondern die Basis seiner ganzen armseligen Existenz ausmachen. Mir tat der arme Kerl am Straßenrand, der um alles gebracht worden war, was seine kleine Landwirtschaft noch aufrecht erhalten konnte, mehr leid als diejenigen, denen mit dieser brutalen Maßnahme geholfen worden war, und ich dachte nur: Wie gehen Soldaten der rumänischen Armee bloß mit ihren eigenen Landsleuten um?

In der Gruppe, in welcher ich mich innerhalb der Kolonne fortbewegte, hatte sich einer – sein Familienname war Christ – durch das nächtliche Liegen auf feuchtem Boden eine Nierenbeckenentzündung geholt, die ihm jetzt bei jedem Schritt furchtbare Schmerzen bereitete. Abwechselnd legten zwei von uns seine Arme um unsere Nacken und schleppten ihn so von Kilometerstein zu Kilometerstein, wo ihn jeweils zwei andere übernahmen. Er war bereits im Fieberdelirium und redete laut stöhnend wirres Zeug vor sich hin. Mit unserer Last gerieten wir mehr und mehr ans Ende der Kolonne, wo schließlich ein rumänischer Unteroffizier sich seiner erbarmte und uns erlaubte, ihn auf den bereits überfüllten Pferdewagen zu laden. Einige Wochen später habe ich ihn im Lager wiedergesehen. Er hatte den Marsch überstanden und war wieder genesen.

54

Für uns galt es jetzt, so schnell wie möglich wieder an die Spitze der Kolonne zu kommen; denn von den uns laufend begegnenden russischen Nachschubeinheiten wurden vor allem die in der Mitte und am Ende der auseinandergezogenen Kolonne Marschierenden immer wieder nach Uhren, Eheringen und anderen Wertsachen durchsucht. Außerdem wurden natürlich Lederstiefel gebraucht. Die Russen benutzten dabei Spazierstöcke, mit deren runder Krücke sie einzelne Kriegsgefangene an den Beinen aus der Kolonne herausfischten, neben die Straße zogen und sie dort ›filzten‹.

Wieder im vorderen Teil der Kolonne angelangt begegneten wir an einer Straßenkreuzung einem Panzerwagen, dessen Mannschaft gerade eine Pause eingelegt hatte. An der Stirnseite des T 34 lehnte ein in russischer Panzergrenadieruniform gekleideter Sergeant, der uns als wir an ihm vorbeikamen, zu unserer Überraschung in reinem Hochdeutsch anredete: »Das habt ihr davon, daß ihr euerm Hitler nachgelaufen seid wie eine Hammelherde. Jetzt dürft ihr seine Suppe auslöffeln!« Er war einer der wenigen ausgewählten deutschen Emigranten, die zur Fronttruppe gehören und mit der Waffe gegen die deutsche Armee kämpfen durften. Später sollten wir in den Lagern noch anderen Emigranten begegnen. Sie aber kamen aus der Etappe, vom Nationalkomitee Freies Deutschland, das 1943 gegründet worden war, und wurden zur ›Umerziehung‹ der Kriegsgefangenen in die Arbeitslager geschickt.

Am Ende des zweiten Tages erreichten wir bei Sonnenuntergang den Stadtrand von Pitești. Diesmal war es eine sandige trockene Wiese, auf der wir, umstellt von unseren rumänischen Wachtposten, unsere müden Beine ausstrecken konnten. Wieder gab es Mamaliga und Trinkwasser. Auf dem weichen sandigen Boden rollten wir uns bald zum Schlaf zusammen. Es waren genau 232 Kilometer, die wir bis jetzt von Turnu Severin aus hinter uns gebracht hatten.

Leider lag die Wiese keine 100 Meter von der großen Durchgangsstraße, auf der wir gekommen waren, entfernt. Jede vorbeifahrende russische Lastwagenkolonne, in deren Scheinwerferlicht wir gerieten, hielt an und die Suche nach Uhren, Eheringen und brauchbarem Lederschuhwerk ging auch hier weiter. Zur Ehre des rumänischen Leutnants, der uns bis Pitești geführt hatte, muß gesagt werden, daß er sich persönlich diesen Übergriffen von Angehörigen der russischen Etappeneinheiten widersetzte. Immer wieder eilte er von einer Seite der Wiese zur anderen, um seine Kriegsgefangenen vor den Marodeuren zu schützen, wobei er seine Pistole zog und, um sich Autorität zu verschaffen, ab und zu in die Luft schoß. Erstaunlicherweise hatte er in den meisten Fällen damit Erfolg. So war diese Nacht erfüllt von ständigen Übergriffen, Pistolenschüssen und dem Geschimpfe abgewiesener Russen.

Zwei Tage später ging es zu unserer Überraschung zum gleichfalls am Stadtrand gelegenen Bahnhof, auf dem ein Transportzug mit Güterwagen auf uns wartete. Wir hatten keine Ahnung, wohin und wie weit es noch gehen sollte, als der Zug sich langsam in Bewegung setzte. Nach vier Tagen kamen wir an unserem Ziel an. Die Sonne ging bereits unter. Entlang des Abstellgleises, auf das die Lok die Güterwaggons schob, lief eine breite, unasphaltierte Landstraße, hinter der im schwächer werdenden Tageslicht ein großer Lagerkomplex sichtbar wurde. Das ›Lager in Rumänien‹, von dem der Kommandant in Turnu Severin gesprochen hatte, war erreicht. 340 Kilometer Fußmarsch waren uns durch den Eisenbahntransport erspart geblieben. Draußen vor den Waggons aber standen jetzt keine rumänischen Wachtposten mehr, sondern russische.

Nachdem wir neben den Waggons Aufstellung genommen hatten, überprüfte der rumänische Leutnant zusammen mit einem Offizier der Roten Armee unsere Zahl. Dann übergab er uns den Russen. Erst in diesem Augenblick wurde uns voll bewußt, daß wir keine Kriegsgefangenen unserer ehemaligen rumänischen Verbündeten mehr waren, sondern der Sowjetunion.

Der erste Gedanke, der mir und wahrscheinlich vielen anderen durch den Kopf ging, war: Von hier aus wird es auf eine lange Reise gehen, wahrscheinlich irgendwohin ins Innere Rußlands, weit weg von West- und Mitteleuropa. Und mein zweiter Gedanke war: Was mag uns dort erwarten? Ich erinnerte mich plötzlich daran, was mein Vater einmal während eines meiner Rußlandurlaube berichtet hatte. Als ich ihm von meinen russischen Freunden in Odessa, von ihrer Datscha in Bolschói Fontán und ihrer Gastfreundschaft erzählte, sagte er plötzlich: »Hier ganz in der Nähe von Bielefeld haben wir auch Russen. In Stukenbrock« – das ist ein kleines Nest zwischen Bielefeld und Paderborn – »gibt es ein russisches Kriegsgefangenenlager.« Lange bevor Raíssa Gorbatschowa an den Gräbern von Stukenbrock einen Kranz niederlegte, hatte ich von diesem Lager gewußt. »Einer meiner Angestellten«, fuhr mein Vater fort, »ist in Stukenbrock zu Hause. Schon in der Frühe, so hat er mir erzählt, wenn die armen Kerle ihre Wassersuppe empfangen, bekommen sie zugleich eine Tracht Prügel, und die bleibt nicht die einzige am Tage. Wer am Lager vorbeikommt, kann die ausgemergelten Gestalten sehen, wie sie sich in Lumpen gehüllt nur noch mühsam hinter dem Stacheldrahtzaun dahinschleppen. Die hungern und prügeln sie dort zu Tode.«[1] »Was immer dir in Rußland auch zustoßen mag«, sagte meine Mutter daraufhin, »eines hoffe ich, daß du nie in russische Kriegsgefangenschaft gerätst.« Sie zog in diesem Augenblick instinktiv eine Parallele zwischen der Situation der russischen Kriegsgefangenen in Stukenbrock und derjenigen der deutschen in russischen Lagern. Jeder Satz dieses kurzen Gesprächs kam mir jetzt wieder ins Gedächtnis. Dann mußte ich an die Odessaer Juden denken und an die Frage, die ich mir schon damals gestellt hatte: Was wird einmal mit uns geschehen, wenn dieser Krieg verloren geht? Jetzt war es soweit, jetzt war es fünf Minuten nach Zwölf!

1 Am 8. September 1941 hatte der für die Lager mit russischen Kriegsgefangenen verantwortliche General Reinicke – wohlgemerkt ein General der Wehrmacht, nicht der Waffen-SS – folgende Anordnungen für deren Behandlung erlassen: »... Der bolschewistische Soldat hat jeden Anspruch auf Behandlung als ehrenhafter Soldat nach dem Genfer Abkommen verloren ... Rücksichtsloses und energisches Durchgreifen bei den geringsten Anzeichen von Widersetzlichkeit, insbesondere gegenüber bolschewistischen Hetzern, ist daher zu befehlen. Widersetzlichkeit, aktiver oder passiver Widerstand muß sofort mit der Waffe (Bajonett, Kolben und Schußwaffe) restlos beseitigt werden ... Waffengebrauch gegenüber Kriegsgefangenen gilt in der Regel als rechtmäßig ...«.
Von den 5,735 Millionen russischen Kriegsgefangenen sind in deutschen Lagern 3,3 Millionen gestorben oder erschossen worden.

FOCȘANI

Ordnung und Disziplin

»Unteroffiziere und Feldwebel vortreten!« Wir hatten auf dem Lagerplatz Aufstellung genommen und der russische Kommandant, die Mütze tief in die Stirn gezogen, beide Arme über der Brust gekreuzt, gab durch den Dolmetscher seinen ersten Befehl. Kein Mensch rührte sich. Offensichtlich glaubten die Angesprochenen, daß sie als ehemalige Vorgesetzte in Hitlers Armee jetzt in russischem Gewahrsam ausgesiebt werden sollten, um möglicherweise einer ›Sonderbehandlung‹ unterworfen zu werden. Saß uns doch allen in den Knochen, was man in den deutschen Ostarmeen die ›Russenangst‹ nannte, – die Angst vor dem, was wir Deutsche nach dem Rückzug aus den eroberten sowjetischen Territorien und nach allem, was dort passiert war, als Kriegsgefangene von den Russen zu erwarten hatten. Aus deutscher Sicht war diese Angst so unbegründet nicht.

Kommandant und Dolmetscher schienen die Reaktion erwartet zu haben. Auch der Grund, warum unsere Unteroffiziere und Feldwebel – viele hatten ihre Rangabzeichen von der Uniform abgetrennt, um für Mannschaftsdienstgrade genommen zu werden – dem Befehl nicht folgten, schien beiden aus früheren Erfahrungen mit eben angekommenen deutschen Kriegsgefangenen nicht unbekannt zu sein. Mit ironischem Lächeln ließ uns der Kommandant durch den Dolmetscher wissen, daß dieses Lager wie jedes sowjetische Kriegsgefangenenlager seine Lagerordnung habe. Für jede Unterkunft brauche man Barackenälteste. Ebenso benötige man Verantwortliche für die zu bildenden Arbeitskommandos, die innerhalb und außerhalb des Lagers eingesetzt würden, etc. etc. Man sei der Meinung, daß diejenigen, die vorher das Kommando gehabt hätten, sich auch jetzt am besten dafür eignen würden, Verantwortung zu übernehmen. Schließlich seien sie ja dazu ausgebildet worden, Ordnung und Disziplin unter den Mannschaften herzustellen und aufrecht zu erhalten. Deshalb benötige man sie jetzt. Und er fügte lachend hinzu: »Niemand braucht hier Angst zu haben, es geschieht ihm irgendetwas nur wegen seines Dienstgrades.«

Zögernd traten die ersten Unteroffiziere und Feldwebel vor. In wenigen Minuten waren wir in größere Gruppen eingeteilt, jede wurde einem Unteroffizier oder Feldwebel unterstellt, und diesem die Unterkunft in einer bestimmten Baracke zugewiesen. Es sollte eine Zeit dauern, bis wir das ›System‹ zu verstehen begannen, unter dem wir uns hier als Kriegsgefangene befanden. Eines war mir jedoch bereits auf dem Lagerplatz klar geworden: Dieses ›System‹ war von anderer Art als jenes, dem die russischen Kriegsgefangenen in Stukenbrock ausgesetzt waren.

Der Weg zur Baracke führte zunächst am Stacheldrahtzaun des Lagers entlang. Schon auf dem kurzen Marsch vom Bahngeleise zum Lagertor war der Zaun das erste gewesen, was mir an diesem Lager besonders aufgefallen war. In den rumänischen Behelfs- und Auffanglagern waren wir zwar ebenfalls von Stacheldrahtzäunen umgeben gewesen. Im Grunde aber waren es nicht diese lächerlichen Zäune und die Wachmannschaften, sondern die Angst vor den roten Milizen gewesen, die uns in diesen Lagern zurückgehalten hatte. Verglichen mit den rumänischen war der Stacheldrahtzaun, der das Durchgangslager Focşani umschloß, ein bis ins letzte durchdachtes technisches Meisterwerk, das Ergebnis der jahrzehntelangen Erfahrung eines ›Systems‹, zu dessen Praxis es gehörte, größere Menschenmassen in Lagern abzusondern. Diese Erfahrung kam ihm jetzt bei der Handhabung der über 3 Millionen deutschen Kriegsgefangenen, die vor der Roten Armee kapituliert hatten und noch kapitulieren würden, zugute.

Außen bildeten diagonal verzweigte Stacheldrähte eine schräge Ebene, die von ein Meter hohen Pfosten ausgehend zu einem etwa drei Meter hohen Stacheldrahtzaun emporstieg. Dahinter befand sich im Abstand von zwei Metern ein zweiter ebenfalls drei Meter hoher Stacheldrahtzaun. Der sandige Boden dazwischen war sorgfältig geharkt, so daß dort jeder Fußtritt sichtbar geworden wäre. Von dem zweiten Zaun senkte sich ins Lagerinnere wieder eine schräge Ebene aus diagonal verzweigten Stacheldrähten, die dort ebenfalls auf einer Reihe von ein Meter hohen Pfosten befestigt waren. An den vier Lagerecken erhoben sich Wachtürme, auf deren überdachten Plattformen Tag und Nacht Posten mit Scheinwerfern und Maschinenpistolen standen. Niemandem war es möglich, von außen oder von innen auch nur an die beiden Hauptzäune heranzukommen, geschweige denn durch diese zur Perfektion entwickelte Konstruktion hindurchzuschlüpfen.

Die uns zugewiesene Baracke hatte an beiden Längsseiten zweistöckige Holzpritschen, die untere Bretterlage 40 cm über dem Fußboden die obere in etwa 1,70 m Höhe. Auch die Mitte der Baracke nahm eine Doppelreihe von zweistöckigen Pritschen ein. Durch dieses Arrangement konnten etwa 350 bis 400 Kriegsgefangene untergebracht werden, in den 12 Baracken des Lagers also bis zu 4800. Für die nächsten zwölf Monate sollten diese nackten Holzplanken in einer Breite von 40 cm meine Wohn- und Schlafstelle sein. Im vorderen und hinteren Teil der Baracke verbreitete bei eintretender Dunkelheit je eine 40 Watt Birne ein spärliches Licht.

Es gab zwar, wie wir bei unserer Einweisung erlebt hatten, eine russische Lagerleitung. Die Verantwortung für Ordnung und Disziplin aber hatte sie an ein aus Ungarn und Slowaken bestehendes Kriegsgefangenenkommando delegiert. Die Ungarn waren nur für ihre Leute verantwortlich, die Slowaken für alle übrigen. Woher sie kamen, wurde uns nie so recht klar. Wahrscheinlich hatten sie auf deutscher oder ungarischer Seite gegen die Rote Armee gekämpft.

Jetzt versuchten sie, sich bei den Russen unentbehrlich zu machen, was ihnen bei der sprachlichen Verwandtschaft des Slowakischen und Russischen nicht allzu schwer fiel, – für uns deutsche Kriegsgefangene eine nicht gerade vorteilhafte Situation.

Pro Tag gab es morgens und abends einen Liter Wassersuppe und etwa 450 Gramm nasses schwarzes Brot. Die satten Tage, die wir bei den Rumänen in Turnu Severin gehabt hatten, waren endgültig vorbei. Von jetzt ab sollte der Hunger unser täglicher und nächtlicher Begleiter werden, – bis zum Tage unserer Entlassung. Am 12. Oktober ordneten die russischen Ärzte an, daß Kriegsgefangene für die innerhalb des Lagers anfallenden Arbeiten nur noch zwei Stunden pro Tag zu beschäftigen waren. Die Mangelernährung auf den Transporten nach Focşani und im Lager zeigte ihre ersten Folgen: eine langsam fortschreitende körperliche Entkräftung. In die sowjetischen Arbeitslager aber sollten wir ja gesund und arbeitsfähig geschickt werden.

Kriegsgefangene haben einen Instinkt dafür, wo und wie sie das ›System‹ unterlaufen können. Zum Empfang der Wassersuppe wurden die Insassen jeder Baracke vom Barackenältesten an die Lagerküche geführt. Wer die heiße Brühe in wenigen Minuten auslöffeln konnte, ohne sich dabei Lippen, Zunge und Magen zu verbrennen, der konnte sich, soweit er nicht dabei erwischt wurde, unter die Insassen einer anderen Baracke mischen und so einen weiteren Schlag Suppe ergattern. Wenn er nicht dabei erwischt wurde, – Barackenälteste und Insassen paßten natürlich auf wie die Luchse. Denn an der Küche gab es jedesmal Ärger, wenn mehr Barackeninsassen als gemeldet am Ausgabeschalter vorbeizogen. Trotzdem gelang es mir ab und zu, mich rechtzeitig in eine der Nachbarbaracken einzuschmuggeln.

Wasser gab es pro Tag einen Kochgeschirrdeckel voll, das ist etwa ein halber Liter, den jeder ausschließlich zum Trinken benutzte. Sich selbst und seine Wäsche zu waschen, war bei dieser Ration schlechthin unmöglich. Ich hatte noch eine zweite Garnitur Unterwäsche im Brotbeutel behalten und wechselte sie jede Woche ungewaschen. Beide Garnituren waren mittlerweile grau geworden. Einmal in der Woche ging es in die Entlausungsbaracke, eine Prozedur, die nicht nur den Läusen zusetzte, sondern von Woche zu Woche mehr und mehr auch unserer Wäsche und Uniform. Nach Abgabe der Kleidung wurden wir von den slowakischen Aufsehern regelmäßig ›gefilzt‹, wobei auch meine Uhr, die ich bis dahin durchgeschmuggelt hatte, in die Hände der ›Filzer‹ geriet.

Woher die Läuse kamen, wußte niemand zu sagen. Tatsache war, daß das ganze Lager verlaust war. Morgens wurde von den Barackenältesten jeweils eine Stunde Läuseknacken angeordnet. Am Anfang zählten wir sie noch und kamen auf 200, manchmal 300. Später zählten wir sie nicht mehr.

Wenn die russischen Ärzte angeordnet hatten, daß Kriegsgefangene nicht mehr als zwei Stunden am Tage arbeiten durften, so galt dieser Befehl nur für Beschäftigungen innerhalb des Lagers, nicht für die Arbeitskommandos, die nach Focşani geschickt wurden. Denn dort gab es nicht nur Arbeit, sondern in der Regel dafür auch etwas Zusätzliches zu essen. Das wußten die Ärzte so gut wie die Kriegsgefangenen. So standen täglich in der Früh größere Gruppen am Lagertor und warteten darauf, für irgendwelche Arbeit in Focşani gebraucht zu werden und dabei auch etwas Besseres zu essen zu bekommen als die Wassersuppe und das bißchen schwarzes nasses Lagerbrot.

Zwei Tage nach dem Befehl der russischen Ärzte stand auch ich inmitten einer Gruppe aus unserer Baracke am Tor. Schon des öfteren hatte ich mich dorthin gestellt, aber es wollte nie klappen. Zu viele drängten sich nach der Gelegenheit. Außerdem bildeten die ehemaligen Angehörigen der gleichen Wehrmachtseinheit Gruppen, die jeden nicht dazu Gehörigen ausschlossen. Als einzelner hatte man da so gut wie keine Chance.

Um dieses Handicap auszuschließen, hatte am 14. Oktober einer unserer Barackenältesten eine Gruppe um sich versammelt. So gelang es ihm und uns, endlich auch einmal nach Focşani zu kommen. Voller Erwartung zogen wir, begleitet von vier russischen Posten, los. In der unweit des Lagers gelegenen Kaserne händigte man uns Reisigbesen, Schaufeln und einen zweirädrigen Kübelkarren aus. »Ihr macht heute die Straßenreinigung!« erklärte uns der dort stationierte Dolmetscher.

Über den Häusern und Gärten Focşanis stand die Oktobersonne im dunkelblauen Himmel, und von den Karpaten wehte eine warme Brise herüber, als wir anfingen, die Gehsteige zu kehren und den angesammelten Dreck aus den Rinnsteinen zu schaufeln, damit das Regenwasser wieder in die Kanalgitter fließen konnte. Und dann kamen die ersten Rumänen aus ihren Häusern heraus, – mit Brot, Mamaliga, Äpfeln, Birnen und Weintrauben in den Händen. »Hier eßt nur! Eßt nur!« riefen sie auf rumänisch und steckten uns die Gaben zu. Endlich konnten wir uns wieder einmal richtig satt essen und noch dazu mit dem wunderbaren weißen rumänischen Brot und dem herrlichen Obst. Solche Dinge sollte ich bis zu meiner Entlassung nicht mehr zu Gesicht bekommen.

Uns fiel auf, daß die Rumänen unsere russischen Begleitposten, vier blutjunge Burschen, völlig ignorierten. Es hatte offensichtlich nur einer kurzen Zeitspanne bedurft, bis das stalinistische ›System‹, das mit der Roten Armee in Rumänien seinen Einzug gehalten hatte, bei der Bevölkerung bereits so verhaßt geworden war, wie es später überall in Osteuropa verhaßt werden sollte. Offensichtlich waren unsere vier Begleitposten erst kürzlich eingezogene Rekruten, die noch wenig Erfahrung mit der Bewachung deutscher Kriegsgefangener hatten. Sie hielten sich in Distanz und forderten von uns im Angesicht der sie ignorierenden Rumänen für sich auch keinen Teil des so reichlich verteilten Brotes und Obstes. Andere Begleitposten – das hatten wir von verschiedenen Arbeitskommandos gehört – verhielten sich in einer solchen Situation anders. »Komm mit, Albert!« sagte mein Barackenältester, der wußte, daß ich mich auf Russisch ausdrücken konnte, nach einer Weile. »Auch die Posten sollen ihren Teil haben. Für ihr ›System‹ können die ja schließlich nichts!« Wir gingen von einem zum anderen. »Posháluista, kúschatje!« (Bitte, eßt!) sagte ich, während wir ihnen von dem Brot, der Mamaliga und dem Obst reichten. Sie nahmen alles anstandslos und dankend an. Die feindselige Haltung der Rumänen schienen sie bereits gewöhnt zu sein und hatten deswegen erst gar nicht versucht, auch für sich etwas zu bekommen. Erst später erfuhr ich, daß ihre Rationen zwar besser waren als unsere, aber nichtsdestotrotz für diese jungen Burschen eine ziemlich kärgliche und eintönige Verpflegung darstellten.

Als wir am Abend ins Lager zurückkehrten, schleppten wir zu viert meine auseinandergefaltete Wolldecke voll von all den guten Dingen bis ans Lagertor. Wir hatten nicht gewußt, daß es verboten war, Gegenstände irgendwelcher Art – und darunter fielen auch Lebensmittel – mit ins Lager zu nehmen. Das galt für alle Lager in der Sowjetunion. Von

Arbeitskommandos mitgebrachte Lebensmittel kamen auf diese Weise der Lagerleitung zugute, die am Tor jeden ›filzte‹. Bevor uns alles abgenommen wurde, warfen wir noch so viel Brot und Obst über den Stacheldrahtzaun ins Lagerinnere, wie uns die wenigen Sekunden erlaubten, die wir vor der ›Filzung‹ noch hatten. Die ausgehungerten Mitgefangenen fielen gierig darüber her, sich gegenseitig die Brotstücke aus den Händen reißend.

Fast jede Woche erreichten Eisenbahntransporte das Lager, die vollgeladen waren mit deutschen und ungarischen Kriegsgefangenen aus dem Frontgebiet, das sich mittlerweile jenseits der Karpaten vor Budapest befand. Und laufend gingen Transporte zu den Arbeitslagern in der Sowjetunion ab. Immer wieder wurde uns versichert, daß die Verhältnisse in den Arbeitslagern um vieles besser seien als hier im Lager Focşani, dessen Zustände typisch für ein Durchgangslager seien. Trotzdem setzte sich in so manchem von uns der Gedanke fest: ›Rumänien ist noch nicht Rußland, nicht Sibirien, die Karpaten sind noch nicht der Ural. Von hier aus wird es vielleicht eher möglich sein, wieder nach Hause zu kommen. Also versuche, dich hier zu halten, so lange es geht.‹

Ich war nun schon mehrere Wochen im Lager und hatte herausbekommen, wie man auch in diesem Punkt das ›System‹ unterlaufen konnte. Die Baracken, deren Insassen zum Transport nach Rußland ›dran‹ waren, wurden in einer bestimmten Reihenfolge geleert und mit Neuangekommenen wieder gefüllt. Wer sich unauffällig unter die Neuangekommenen mischte, entging für eine kurze Weile dem Transport nach Rußland. Und wem das oft genug gelang, der konnte sich Wochen, ja vielleicht Monate im Lager halten. Mir gelang es.

Es war kurz nach meinem 22. Geburtstag, Mitte Oktober, als die meisten Angehörigen unseres Fernsprechzuges aus Bukarest durch das Lager kamen. Von ihnen erfuhr ich, daß Gerd und drei weitere Freunde von mir, George Niebuhr, Helmut Jäger und Heinz Lenz, es verstanden hatten, im rumänischen Lager in Bukarest zu bleiben. Ihre Geschichte erfuhr ich erst drei Jahre später:

Einer der vier, Helmut Jäger, hatte sechs Wochen vor der Gefangennahme eine Rumänin namens Eta kennen gelernt, und als der Fernsprechzug ins Bukarester Lager einzog, stand Eta am Lagertor. Sie hatte einen Internationalen Rot-Kreuz-Ausweis und sich gleich nach der Kapitulation Rumäniens freiwillig als Krankenschwester für das rumänische Kriegsgefangenenlager gemeldet. Kaum hatten die vier das Lagertor passiert, als Eta sie aussonderte und kurzerhand als Pseudokranke auf die Syphilis-Station legte. Dort waren sie vor dem Transport nach Rußland sicher. Als alle gesunden und arbeitsfähigen Lagerinsassen nach Focşani abtransportiert waren, wurden die verbliebenen ›Kranken‹ in ein rumänisches Lager im 41 km südöstlich von Bukarest gelegenen Budeşti (gesprochen: Budéscht) überführt, in dem vorher russische Kriegsgefangene untergebracht waren. Und schließlich kamen sie von dort in das 51 km nordwestlich von Bukarest gelegene rumänische Lager in Titu. Dort befanden sich auf besondere Anweisung hoher rumänischer Regierungsstellen bereits der Prinz zu Hohenzollern und der Krupp-Erbe von Bohlen und Halbach, ersterer als Herr Hohm registriert, letztere als Herr Bohlen.

Zwei Jahre später lösten die Rumänen das Lager in Titu auf und schickten ihre Kriegsgefangenen in die Heimat. Nur Heinz Lenz war nicht dabei. Er hatte im Lager ein Verhältnis mit einer deutschen Rot-Kreuz-Schwester angefangen, das nicht ohne Folgen geblieben war. Die rumänische Lagerleitung verzieh ihm nicht, daß er sich als Kriegsgefangener ein Recht angemaßt hatte, welches sie sich selbst nicht zugestanden hatten und schickten ihn in Begleitung einer Wache nach Focşani. Heinz Lenz konnte sich in einem unbewachten Augenblick seines Begleiters entledigen und meldete sich schnurstracks bei der nächsten rumänischen Ortskommandantur, wo er vorgab, aus dem Lager in Titu entflohen zu sein, seine Flucht aber jetzt als aussichtslos aufgegeben habe. Darauf schickte man ihn, wieder mit einem bewaffneten Begleiter, nach Titu zurück. Doch dort war man mit seiner Rückkehr keineswegs einverstanden und schob ihn zum zweiten Mal, wieder in Begleitung eines Soldaten, nach Focşani ab. Als der Zug nachts in Karpatennähe auf offener Strecke eine Weile anhalten mußte, gelang es ihm auch diesmal, seinem Bewacher zu entkommen. Das Glück wollte es, daß er nach mehreren Nachtmärschen – tagsüber schlief er in Maisfeldern – am Karpatenrand auf ein Mönchskloster stieß. Der gute rheinische Katholik Heinz Lenz bat um Aufnahme als Laienbruder. Die guten griechisch-orthodoxen Mönche gewährten ihm die Bitte. Zwei Jahre später machte er sich in seiner Laienbruderkutte und versehen mit rumänischen Ausweispapieren zu Fuß auf den Weg nach Deutschland. Von Kloster zu Kloster pilgernd durchquerte er Siebenbürgen, das Banat, die ungarische Pußta, Österreich, Bayern und Württemberg, bis er schließlich im Frühjahr 1948 in Bonn am Rhein ankam. Seit längerer Zeit hatte er immer stärker werdende Rückenschmerzen verspürt. Nach der Einlieferung ins Bonner Krankenhaus eröffneten ihm die Ärzte, daß er Knochentuberkulose in den Rückenwirbeln habe. Es dauerte Jahre, bis er ausgeheilt war.

Der rumänische Entlassungszug, der im Spätsommer 1946 Titu verlassen hatte und in dem sich auch meine drei Freunde sowie die ›Herren Hohm und Bohlen‹ befanden, ging nur bis Bukarest. Dort wurden alle von einem russischen Transportkommando übernommen. Die Rotarmisten verhielten sich äußerst korrekt. Bei längeren Aufenthalten erlaubten sie den Kriegsgefangenen sogar, den Zug zu verlassen, so daß diese sich die Beine vertreten oder frisches Trinkwasser besorgen konnten. Die Fahrt ging zunächst durch Ungarn und die Tschechoslowakei, wo die Begleitposten die Kriegsgefangenen vor möglichen Ausschreitungen der Zivilbevölkerung warnten und sie aufforderten, in den Güterwaggons zu bleiben. Dann fuhren sie durch Sachsen. Auf die Frage, wohin es denn gehe, erwiderte der russische Transportoffizier: zum russischen Entlassungslager in Frankfurt an der Oder! Es wäre von jetzt an ein leichtes gewesen, auf einem der Bahnhöfe, auf dem der Zug hielt und sie die Waggons verlassen durften, sich heimlich davon zu machen und sich auf eigene Faust nach Westdeutschland durchzuschlagen. Aber keiner nahm diese Möglichkeit wahr. Sie fuhren ja ihrer Entlassung entgegen. Erst in Frankfurt an der Oder erkannten sie, was sie hätten tun sollen. Denn dort wurden alle aus dem Lager Titu von den Rumänen entlassenen deutschen Kriegsgefangenen auf ihre Arbeitsfähigkeit in der Sowjetunion untersucht.

Einer der rumänischen Ärzte im Lager Titu, der etwas Ähnliches befürchtet zu haben schien, hatte Gerd, George und Helmut eine Belladonna-Lösung mitgegeben, bei deren richtiger Anwendung sie die Chance hätten, arbeitsunfähig geschrieben zu werden. Das Mittel wirkte tatsächlich. Alle drei wurden nach Hause entlassen. Auch dem Prinzen zu Hohenzollern gelang es irgendwie, unerkannt dem Transport ins russische Arbeitslager zu entgehen. Dagegen mußte jemand den Krupperben von Bohlen und Halbach verpfiffen haben. Denn die Russen wußten plötzlich von seiner wahren Identität und schickten ihn als Kriegsverbrecher mit einem Großteil der als arbeitsfähig deklarierten, aus Titu Entlassenen in die Sowjetunion.

1955, neun Jahre später, holte ihn Konrad Adenauer mit den anderen 9200 dort noch verbliebenen deutschen Kriegsgefangenen und Zivilinternierten nach Hause zurück.

Im Lager Focşani war in der zweiten Oktoberhälfte des Jahres 1944 der Herbst eingezogen. Von den Karpaten wehte ein naßkalter Wind herunter, den man bis auf die Haut spürte. Nach dem Empfang der Wassersuppe am frühen Morgen mußten wir jeden Tag stundenlang vor der Baracke in Wind und Regen stehen, bis das tägliche Putzritual, das Schrubben des Fußbodens, beendet war. Auch das gehörte zur Ordnung und Disziplin des Lagers.

Die Sattelkammer der Diphterie

»Klassítscheskaja diphtería, klassítscheskaja diphtería!« Die russische Ärztin zeigte ihren Begleitern, vier Medizinstudenten, den weißen Rachenbogen, das klassische Symptom der Diphterie, im weit geöffneten Mund meines vor ihr stehenden Pritschennachbarn.

Am 21. Oktober hatte ich mich mit 40 Grad Fieber, starken Halsschmerzen und Schluckbeschwerden im Krankenrevier des Lagers gemeldet und war noch am gleichen Tag in das etwa ein Kilometer entfernte Hospital geschickt worden. Diagnose: Diphterie.

Das zum Durchgangslager gehörige Hospital war in einer rumänischen Kavalleriekaserne untergebracht. Die ehemaligen Mannschaftsräume, die Stallungen und die Reithalle beherbergten jetzt mehr als tausend Kranke. Von den Sattelkammern am Eingang der Reitbahn war die eine mit Sanitätern, die andere mit Diphteriekranken belegt. Auf der einstöckigen, mit etwas Stroh bestreuten Holzpritsche lagen neun Kranke. Ich kam als zehnter. Unweit des einzigen Fensters, durch das ein trübes Licht fiel, fand ich noch einen Platz auf der Pritsche. Mein Blick fiel auf die Ahornbäume, die jenseits des Kasernenhofs an der Mauer standen. Langsam glitten die braunen Blätter zur Erde. Wie es jetzt wohl zu Hause aussehen mag? Irgendwelche Nachrichten aus Deutschland waren bisher nicht bis ins Lager gedrungen. Das Tageslicht verlosch. Durch die Stille, die hier wie in allen Hospitälern herrschte, tönte das schwere Atmen der nach Luft ringenden Diphteriekranken.

»Hier, gurgle damit!« Der Sanitäter stand mit einem Becher lilafarbener Flüssigkeit und einem Eimer vor mir. Ich rutschte an das Fußende der Pritsche und setzte mich vor den Eimer. »Was ist denn das?« fragte ich. »Kaliumpermanganat«, sagte er gelangweilt. Die Frage schien ihm nicht zum ersten Mal gestellt worden zu sein. Ich erinnerte mich an unsern Chemieunterricht im Bielefelder Gymnasium, wo wir die schillernden Kaliumpermanganatkörner mit Wasser vermischt hatten, was eine Desinfektionslösung von relativ schwacher Wirkung ergab. Etwas später kam der deutsche Arzt. Wie uns der Sanitäter später sagte, war Dr. Ruge Universitätsprofessor und eine Kapazität auf seinem Gebiet. Alles, was er hier tun konnte, war, uns einen feuchten Halswickel umzulegen und den Rachen mit Jod auszupinseln. Für Kranke, die deutliche Anzeichen von Herzschwäche zeigten, hatte er sogar Kampferspritzen. Das war die Therapie gegen Diphterie.

Die erste Nacht verlief ruhig, auch der erste Vormittag, der nur durch die tägliche Visite der russischen Ärztin unterbrochen wurde. Diese Visite bestand aus zwei Teilen, einer Kontrolle des Fußbodens, den der Sanitäter allmorgentlich gründlich zu schrubben hatte, und der noch naß sein mußte, wenn die Ärztin kam, und einer Diagnose des Schweregrades der Diphterie bei den einzelnen Kranken. Als sie, begleitet von den vier Studenten, dem neben mir Liegenden in den Schlund schaute, konnte sie eine klassische Diphterie diagnostizieren.

Im Oktober sind die Tage schon kurz und die Nächte lang. In der zweiten Nacht wurde ich plötzlich von meinem Pritschennachbarn geweckt. Er hielt ein Taschentuch, in das sein Namenszug eingestickt war, und sein Soldbuch in der Hand. »Hier, nimm das bitte und schick es meiner Mutter, wenn du nach Haus kommst!« In seiner Stimme war eine große Unruhe. In meiner ersten Reaktion beging ich den Fehler, den wohl viele in einer solchen Situation machen: ich versuchte, ihn zu beruhigen. Aber seine Unruhe wurde nur noch größer und seine Bitte dringender. Langsam begann ich zu begreifen, daß Sterbende wissen, wann der Tod zu ihnen kommt, und nahm das Taschentuch mit dem von seiner Mutter eingestickten Namenszug und das Soldbuch an mich. »Ich schick das deiner Mutter, ganz sicher. Sie kriegt das von mir, wenn ich nach Hause komme.« Im schwachen Lampenlicht, das von der Decke fiel, sah ich, wie sich sein Gesicht entspannte. Die Unruhe wich einem Lächeln, mit dem er mich dankbar anschaute. Ich legte meinen Arm um seine Schultern, – so schliefen wir beide für ein paar Stunden wieder ein.

Es mochte gegen fünf Uhr morgens gewesen sein, als ich durch eine heftige Bewegung des Todkranken geweckt wurde. Er saß, mühsam nach Atem ringend, kerzengerade neben mir auf der Pritsche. Plötzlich warf er beide Arme in die Höhe, sprang von der Pritsche herunter und schlug kopfüber auf den Holzfußboden. »Sani, Sani«, schrie ich noch ganz schlaftrunken und rutschte auf der Pritsche nach vorn. Noch eh der Sanitäter kam, noch eh ich irgendetwas tun konnte, war der Tod eingetreten. Der Diphterietod ist ein Erstickungstod.

Die Szene wiederholte sich im dämmernden Licht des heraufkommenden Tages noch zweimal. Bei der Visite der russischen Ärztin am nächsten Morgen waren wir noch sieben, fünf Tage später noch zwei. Das Taschentuch und das Soldbuch des neben mir Gestorbenen wurden mir später bei einer der Routine-Filzungen im Lager weggenommen. Seinen Namen und Heimatort habe ich dreieinhalb Jahre später bei meiner Entlassung im Lager Friedland angegeben.

Am 26. Oktober fühlte ich mich schon etwas besser. Ich konnte wieder ganz gut schlucken, auch beim Atmen hatte ich im Hals wieder ein freieres Gefühl. Zwei Tage später sagte die Ärztin auf russisch: »Die beiden kommen in den Rekonvaleszentensaal. Wir brauchen hier die Plätze für Neuzugänge.«

Klassifiziert als Rekonvaleszenten kamen wir auf die Anginastation. Im Gegensatz zu der Sattelkammer der Diphterie mit ihrem einzigen kleinen Nordfenster, besaß sie, die im Gebäude gegenüber lag, mehrere große Südfenster. Zwar hatte der Krankensaal keine Tür zum offenen Treppenhaus und auch keinen Ofen. Aber die 118 Kranken und die Südfenster mit ihrem Glashauseffekt hielten die Raumtemperatur auf einer erträglichen Höhe. Bis in den November hinein hatten wir noch viele Sonnentage. Es tat gut, in der warmen Mittagssonne hinter den hohen Fenstern zu sitzen und die Wärme durch die schäbig gewordene Kleidung auf der Haut zu spüren.

Am 2. November war die übliche Grieß- oder Mehlsuppe plötzlich mit Milch gekocht und auf dem Kanten Brot lag ein Stückchen Butter. Gegen 10 Uhr kam eine Kommission, die zu überprüfen hatte, ob die Kriegsgefangenen ›nach Vorschrift‹ behandelt und verpflegt wurden. Solche Kommissionen gehörten zum ›System‹, das mit Recht keinem seiner Untertanen traute. Die Absicht war natürlich, diese Kommissionen unangemeldet, überraschend auftauchen zu lassen. Nur dann konnten sie Unterschleif und Schluderei aufdecken und abstellen. Ein einziges Mal – es war 2 Jahre später im Arbeitslager – erlebte ich, daß es einer Kommission gelungen war, ohne Vorwarnung aufzutauchen: die Wirkung war entsprechend. In allen anderen Fällen war es stets auf verschiedenen Kanälen durchgesickert, wo und wann eine Kommission erscheinen würde. So auch in unserem Fall.

Da sie bereits am Nachmittag das Hospital wieder verließ, war die Abendsuppe wieder der gleiche dünne Wasserbrei wie an den Tagen vorher. Nur wußten wir jetzt, was uns als kranken Kriegsgefangenen ›nach Vorschrift‹ eigentlich zustand und auch von oben geliefert wurde, aber seinen Weg nicht in unsere, sondern in andere Töpfe fand.

Am 9. November – es war der Geburtstag meiner Mutter – wurde ich ins Lager entlassen. Noch Wochen später spürte ich eine Nachwirkung, die man als postdiphterische Lähmung des Rachens bezeichnet. Jedesmal wenn ich meine Wassersuppe zu löffeln versuchte, wurde sie bei jedem Schluck durch die Nase wieder nach außen befördert statt durch den Schlund in den Magen. So mußte ich noch wochenlang beim Auslöffeln der Suppe den Kopf nach hinten legen und mir die Nase zuhalten, um das warme Suppenwasser in den Magen und nicht in die Nase zu bekommen.

Dezember 1944

Jeder Kriegsgefangene versucht vom ersten Tage an, den er hinter Stacheldraht verbringt, sich ein Bild des ›Systems‹ zu machen, das sein von der Welt ausgeschlossenes Dasein von nun an bestimmt. Je genauer dieses Bild ist, desto besser kann er seine Überlebenschancen einschätzen und wahrnehmen.

Nach einem Vierteljahr in Focşani war mir das ›System‹, dem wir in diesem Durchgangslager unterstanden, doch soweit durchsichtig geworden, daß ich mir eine ungefähre Vorstellung davon bilden konnte, was wir jetzt und in Zukunft von den Russen zu erwarten hatten und was nicht. Eines war mir ja schon bei der Einlieferung in dieses Lager klar geworden: mit dem ›System‹, dem die russischen Kriegsgefangenen in Stukenbrock ausgesetzt waren, hatte dasjenige in Focşani nichts gemeinsam. Wären auch wir dem ausgeliefert gewesen, so hätte wohl kaum einer von uns die Heimat wiedergesehen. Vom ersten Tage an wurden wir hier und später in den Arbeitslagern weder zu bloßen Objekten der Menschenverachtung noch waren wir der letztlich verständlichen Rache der Russen ausgesetzt, wie es im Gegensatz zu uns die deutsche Zivilbevölkerung beim und nach dem Einmarsch der Roten Armee von Ostpreußen bis Schlesien war. Unsere Situation unterschied sich auch grundsätzlich von derjenigen der sog. ›politischen Gefangenen‹ sowohl in den russischen Gulags als auch in den ehemaligen, 1945 umfunktionierten Konzentrationslagern und Gestapo-Gefängnissen der Sowjetischen Besatzungszone, der späteren DDR, für die der Name Bautzen zum Symbol geworden ist. Deshalb sei bereits an dieser Stelle eine allgemeine Betrachtung über unsere Behandlung durch die Russen eingeschoben, bei der ich natürlich nur für mich sprechen kann und über die Lager, in denen ich selbst gewesen bin.

Es war ganz offensichtlich, daß wir Kriegsgefangene nach bestimmten, von oben gegebenen Richtlinien zu behandeln waren, die die Lagerleitungen und Wachmannschaften zu befolgen hatten. Ausdruck dessen waren schon die Ordnung und Disziplin, denen wir vom ersten Tage an unterstanden, und die unseren Tagesablauf bis ins letzte Detail regelten. Diese Richtlinien kamen weiterhin in der Einrichtung von Entlausungsanstalten, Krankenbaracken und Hospitälern zum Ausdruck, die zu den Lagern gehörten. Sicherlich, in den letzteren fehlte es hinten und vorne an Medikamenten und Verbandsmaterial. Ein Pritschennachbar aus meiner Baracke, der mit einem Arbeitskommando mehrere Tage im Lazarett der Roten Armee in Focșani gewesen war, berichtete, daß es dort auch nicht viel besser bestellt gewesen sei. Auf jeden Fall waren alle diese sanitären Einrichtungen da und – das kann ich hier vorgreifend sagen – sie wurden in unserem Arbeitslager in Ahtme geradezu vorbildlich geführt. Einfach zugrundegehen lassen wollte man uns hier sicherlich nicht.

Die Richtlinien, die unsere Behandlung vorschrieben, waren einmal von Stalins Absicht bestimmt, die 3,06 Millionen deutschen Kriegsgefangenen, die in ihrer Hauptmasse nach dem 8. Mai 1945 die sowjetischen Arbeitslager füllten, für den Wiederaufbau des zerstörten Landes zu verwenden. So, wie wir nicht gewußt hatten, daß Stalin die Auslieferung aller deutschen Kriegsgefangenen aus rumänischen Lagern gefordert hatte, so konnten wir damals auch nicht wissen, daß Stalin nicht vorhatte, uns nach Kriegsende in die Heimat zu entlassen, wie das die Genfer Konvention vorschrieb, sondern daß er uns für die kommenden Jahre zum Wiederaufbau der von der Wehrmacht zerstörten sowjetischen Anlagen und Einrichtungen zurückbehalten würde. Denn irgendwelche Reparationen aus den Westzonen, vor allem aus dem Ruhrgebiet, auf die er gehofft hatte, waren von den westlichen Siegermächten abgelehnt worden. Zum andern wurden diese Richtlinien von einer politisch-pädagogischen Absicht mitbestimmt. Im Glauben an die marxistische Doktrin von der Erziehbarkeit des Menschen durch Milieu und Schulung sollten wir in der Sowjetunion ›umerzogen‹ werden. Klar wurden mir diese Zusammenhänge natürlich erst im Laufe der kommenden Jahre.

Wenn trotzdem 1,094 Millionen deutsche Kriegsgefangene, in den Lagern gestorben sind, wenn die arbeitsunfähig Gewordenen, die von 1945 an jährlich im Spätsommer in die Heimat zurückgeschickt wurden, dort nur noch als Elendsgestalten ankamen, und wenn schließlich die abgezehrten Heimkehrer, die vier, fünf oder noch mehr Jahre in sowjetischen Arbeitslagern zugebracht hatten, nur Negatives von dem zu berichten wußten, was ihnen dort widerfahren war, so lagen die Gründe dafür sicherlich nicht in der von oben angeordneten Behandlungsweise von uns Kriegsgefangenen oder in den Bestimmungen, nach denen die Lager organisiert und geführt wurden, weshalb eine Richtigstellung der Tatbestände hier angebracht ist.

Dieses ganz und gar negative Bild entstand nicht zuletzt dadurch, daß die Menschen in der Heimat und die aus der Sowjetunion zurückgekehrten Kriegsgefangenen die Heimkehrer aus den Lagern der Amerikaner, Engländer und Franzosen und deren Berichte von den dortigen Lebensbedingungen mit den Zuständen verglichen, die in den sowjetischen Lagern herrschten. Aber dieser Vergleich geht von vornherein von falschen Voraussetzungen aus. Der einzig angemessene Vergleich, der sich anbietet, ist der zwischen den allgemeinen Zuständen *in* und *außerhalb* der Kriegsgefangenenlager in der Sowjetunion.

Das, was uns Deutschen an Entbehrung, Arbeitslast, Hunger und Elend zugemutet wurde, war der Masse der sowjetischen Bevölkerung unter Stalin seit Jahrzehnten zugemutet worden, – wohlgemerkt nur der Masse! Ende der dreißiger Jahre wurde die allgemeine Versorgungslage zwar besser, aber dann kam der Krieg. Und seine Hinterlassenschaft waren zerstörte Industrien und niedergebrannte Dörfer und Kolchosen, – ein verheertes Land, in dem ein großer Teil der Bevölkerung von Kohl, Hirse und Kartoffeln lebte, in Lumpen gekleidet war und in Elendsquartieren hauste. In keinem Land der Welt hat es der Kriegsgefangene besser als das Gros der Zivilbevölkerung. Wir deutsche Kriegsgefangene teilten lediglich mit ihr die gleiche Misere des russischen Kriegs- und Nachkriegsalltags, die gleichen Entbehrungen, die gleiche Armut und das gleiche Elend, das auch ihr zugemutet wurde. An dieser Zumutung sind über eine Million von uns zugrunde gegangen trotz unseres Trainings in der Hitlerjugend und Wehrmacht, das uns alle »flink wie Windhunde, zäh wie Leder und hart wie Kruppstahl« machen sollte.

Daß unser Lager (und die Arbeitslager für die Kriegsgefangenen überhaupt) ein Spiegel der allgemeinen Verhältnisse in der Sowjetunion waren, ist mir in den folgenden Jahren immer deutlicher geworden. Hier wie dort hatte die schon ohnehin karge Versorgung, die oben geplant und organisiert war, ein ›System‹ von Privilegien und der damit stets verbundenen Korruption zu passieren, so daß von dem, was oben angeordnet war, schließlich nur noch ein Teil unten bei der Menge der Kriegsgefangenen (wie bei der Masse der Sowjetbürger) ankam. Das war und ist auch heute noch von den verschiedenen Ursachen der Misere des russischen Alltags die gravierendste.

So zweigten sich bereits auf dem Transport zum Lager die Verantwortlichen ihren Teil von der uns zustehenden Verpflegung ab. Im Lager nahmen sich dann die Privilegierten, die Lagerleitung, die Küchenbullen, die Barackenältesten und was sonst zur Lagerhierarchie gehörte, einen weiteren Anteil für sich, – so daß der gewöhnliche Kriegsgefangene nur zu oft morgens und abends bloß noch in eine dünne Wassersuppe starren konnte und dem Nährwert des hauptsächlich durch seine Feuchtigkeit 450 g schwer gewordenen Brotkantens mit Recht mißtraute.

Damals wußten wir noch nicht, daß diese von oben nach unten gehende Abstufung von größeren und kleineren Privilegien bis hinab zu der Masse, die keine Privilegien hatte, keineswegs nur die Verwaltung der Kriegsgefangenenlager charakterisierte, sondern das Wesen der Sowjetgesellschaft überhaupt (des ›real existierenden Sozialismus‹, wie man heute sagt,) ausmachte.

Die russische Sprache bezeichnet mit der ihr eigenen Genialität diejenigen, die dieses ›System‹ verwalten und erhalten, und die das ›System‹ dafür wiederum ernährt und erhält, als Apparatschiks. Daß wir als Kriegsgefangene trotzdem in der Sowjetunion immer wieder Männern und Frauen begegnet sind, die in diesem korrupten ›System‹ nicht vergessen hatten, daß sie noch Menschen waren, war zumindest für mich, der ich in den Lagern nie zu den Privilegierten gehörte, die große Überlebenschance.

Der Winter 1944/45 war selbst im südöstlich der Karpaten gelegenen Teil Rumäniens ungewöhnlich streng. Nach dem stundenlangen Stehen in meinen Dreiviertel-Gummigaloschen auf dem durchfrorenen Boden vor der Baracke während des allmorgentlichen Putzrituals hatte ich bereits nach wenigen Tagen Erfrierungen ersten Grades an beiden Füßen. Mit einigen Stücken Dachpappe, die ich von der Außenverkleidung der Baracke gerissen hatte, und etwas Draht gelang es mir, einen notdürftigen Kälteschutz um die Galoschen zu befestigen. Der erleichterte zwar nicht gerade das Gehen, aber der Bodenfrost drang nicht mehr so schnell auf die Fußsohlen und Zehen durch.

Seit Anfang Dezember kamen aus der beginnenden Schlacht um Budapest immer mehr Kriegsgefangenentransporte nach Focşani. Nicht alle konnten umgehend in russische Arbeitslager weitergeschickt werden, so daß das Durchgangslager zeitweise überfüllt war. Als Folge davon wurden die Verpflegungszuteilungen gestreckt. Es gab weniger von dem nassen schwarzen Brot, und die Wassersuppen in der Früh und am Abend bestanden nur noch aus ausgekochten erfrorenen roten Beten. Die deutschen Ärzte empfahlen uns, nur das heiße Suppenwasser zu trinken und die roten Beten wegzukippen, um Durchfälle zu vermeiden, – ein Ratschlag, den die unter immer größer werdendem Hunger leidenden Kriegsgefangenen nur in den Wind schlagen konnten.

Täglich standen bis in den späten Vormittag hinein Gruppen von Kriegsgefangenen am Lagertor, die darauf hofften, mit einem der wenigen Arbeitskommandos, die jeden Tag aus Focșani angefordert wurden, irgendwohin geschickt zu werden, wo es nicht nur Arbeit, sondern in den meisten Fällen auch etwas Zusätzliches zu essen gab, und seien es nur ein paar gekochte Kartoffeln, ein Stück Brot oder ein Schlag heiße sämige Suppe.

Über die zugige Verladerampe des Bahnhofs von Focșani ging der Nordwind, der am Ostrand der Karpaten entlang seinen Weg nach Süden suchte. Vor uns standen zwei offene Güterwaggons mit gehobelten Brettern, die abzuladen waren. Es war mir gelungen, mit einem Arbeitskommando an den Bahnhof geschickt zu werden. Der russische Posten, der uns am Lagertor in Empfang genommen hatte, war einer jener älteren gemütlichen Zeitgenossen, die das Etappendasein entschieden der Front vorzogen. Da es seine Aufgabe war, uns nicht aus den Augen zu lassen, solange wir uns außerhalb des Lagers befanden, konnten auch wir uns immer dann im Wartesaal wieder aufwärmen, wenn es ihm auf der windigen Rampe zu kalt wurde. Auch war er nicht einer jener Antreiber, die mit ihrem ständigen ›dawei, dawei!‹ (los, los!) zu den Hetzhunden des stalinistischen ›Systems‹ gehörten.

Neben dem Wartesaal lag das Verpflegungsmagazin. In keiner Armee der Welt haben Verwalter von Lebensmitteldepots jemals Hunger gelitten. Auch hier pflegten die für das Magazin verantwortlichen Russen sich von den Vorräten, die täglich über die Rampe gingen, ihren Teil abzuzweigen, und was dann bei ihren Mahlzeiten übrig blieb, bekamen die Wachtposten der Arbeitskommandos, die in der Regel auch ihren Kriegsgefangenen etwas zukommen ließen. So kamen auch wir sechs gegen Mittag in den Genuß der erhofften heißen sämigen Suppe und eines Stücks Brot.

Meine Wolldecke, die mir sonst so gute Dienste leistete, erwies sich im schneidenden Nordwind als dürftiger Windschutz, auch war sie beim Abladen der Bretter hinderlich. Immer wieder rutschte sie mir von den Schultern, und die Kälte drang ungehindert durch die in den Entlausungsöfen schäbig gewordene Uniform auf Haut und Knochen.

Bei einbrechender Dunkelheit hatten wir unsere Waggons abgeladen, die Bretter hinter der Rampe aufgestapelt, und waren eben im Begriff abzumarschieren, als einem jungen Russen, der die Geleise entlang gekommen war, meine Decke ins Auge fiel. »Was tut der Plenni mit einer so schönen Decke?« sagte er auf Russisch zu unserem Wachtposten. (woijénno plenni ist das russische Wort für Kriegsgefangener.) Und schon griff er zu, um mir die Decke von der Schulter zu ziehen, während ich sie mit beiden Händen verzweifelt festzuhalten versuchte. Unserem Wachtposten, der einen kurzen Blick auf meine mit Dachpappe umwickelten Gummigaloschen und die schäbig gewordene Uniformjacke geworfen hatte, mußte so etwas wie ›Die Wolldecke ist das einzig Brauchbare, was dieser Plenni noch hat‹ durch den Kopf gegangen sein, denn er streckte energisch seinen Arm zwischen mich und den jungen Russen und sagte in ruhigem, aber bestimmtem Ton: »Laß ihm die Decke!« Der andere schaute ihn verdutzt an, fluchte halblaut vor sich hin und trollte sich von dannen. »Sspaßíbo, sspaßíbo, towárischtsch!« (Vielen Dank, Genosse!) sagte ich zutiefst erleichtert. »Du sprichst Russisch?« »Ich habe etwas Russisch gelernt.« »Es wird ein kalter Winter werden dieses Jahr«, meinte er, »da wirst du die Wolldecke brauchen.«

Der Nagel des Überlebens

Auf den verschneiten Wiesen und Feldern hinter dem in der rumänischen Kavalleriekaserne untergebrachten Kriegsgefangenenhospital waren lange, tiefe Gruben ausgehoben: die Massengräber für die Gestorbenen. Mit elf anderen Genesenden schleppte ich durch den bis zu den Knien reichenden Schnee, der in der Februarsonne glänzte, die Toten des gestrigen Tages und der vergangenen Nacht auf alten Wehrmachtstragbahren aus der Typhusabteilung hinaus zu den Massengräbern. Die Tragbahren mußten am Grubenrand so gekippt werden, daß die Toten nebeneinander zu liegen kamen, damit kein Raum unnötig verschwendet wurde. Über der gestrigen ›Lage‹ war gerade noch genug Platz für die heutige. Bis zum Mittag nahm das Massengrab 52 Tote aus den verschiedenen Stationen des Hospitals auf. Am darauf folgenden Tage waren es 49 und am dritten 51. »Die Durchschnittsrate«, sagte der uns begleitende Sanitäter auf meine Frage, »liegt jetzt im Winter bei 45 bis 55 Toten pro Tag, im Sommer und Herbst waren es etwas weniger und im Frühjahr und Sommer werden es wohl auch wieder weniger sein.« In den 14 Monaten, die das Durchgangslager Focşani und sein Hospital bestanden haben, sind dort nach Schätzung deutscher Ärzte etwa 21000 Kriegsgefangene gestorben. Meines Wissens wurde offiziell kein Name registriert. In einzelnen Fällen merkten sich Mitgefangene Namen und Anschrift der Familien.

Kurz nach den Weihnachtstagen 1944, die im Lager so gut wie unbemerkt vorbeigegangen waren – das ›System‹ feierte nur den Neujahrstag – wurde ich von heftigem Durchfall geplagt. Auch war meine Stirn naß und heiß von Fieber. Die deutschen Lagerärzte hatten mit ihrem Ratschlag leider nicht unrecht gehabt. Nur war das, was seit Anfang des Winters im Lager grassierte, keine Durchfallepidemie mehr, sondern Typhus. Wem die Suppe aus dem Darm wieder herauslief, kaum daß er sie gegessen hatte, und wer das bißchen nasses Brot, das es einmal täglich gab, auch nicht mehr halten und verdauen konnte, der näherte sich in kurzer Zeit einem Zustand, in dem er sich nur noch mit Mühe auf den Beinen halten konnte.

Als ich in der Krankenbaracke nach stundenlangem Warten – vor dem Untersuchungsraum standen Dutzende Durchfallkranker in einer langen Schlange – endlich vor den diagnostizierenden deutschen Arzt kam, schaute er mich prüfend von oben bis unten an: »Wenn du so weitermachst, wirst du das Gras bald von unten wachsen sehen«, sagte er, – als ob es von mir abhinge, so weiterzumachen oder nicht. Den Kasernenhofton hatte er hier so wenig abgelegt wie die Rangabzeichen auf seiner maßgeschneiderten, fleckenlosen Uniform. Nach einem kurzen Blick auf das Fieberthermometer wandte er sich an den wartenden Sanitäter: »Typhusverdacht. Geht mit ins Hospital!« Der Sanitäter nahm mich zu einer Gruppe Kranker hinüber, die in der Ecke des anschließenden Raumes eng nebeneinander lagen. Nach etwa einer Stunde öffnete sich die Tür und zwei russische Posten kamen herein, um uns abzuholen.

Eine kurze Tauwetterperiode hatte Wege und Straßen aufgeweicht, und wir Typhuskranke schleppten uns mit letzter Kraft durch den knöcheltiefen Schneematsch zum Hospital. Die übliche Filzung fand noch auf dem offenen Hof statt, wo wir etwa eine Stunde in der Nässe standen. Dann nahm uns ein großer leerer Raum auf, dessen trockener Holzfußboden uns endlich erlaubte uns auszustrecken. Obwohl auch hier das tägliche Putzritual herrschte, waren große Flächen des Fußbodens mit eingetrocknetem Kot verschmiert: Typhuskranke schwereren Grades können ihren Stuhlgang nicht mehr kontrollieren.

Noch am selben Abend ging es in die Aufnahmestation, eine Halle mit gepflastertem Fußboden, die früher wohl als Pferdeputzraum gedient hatte. Hierher wurden alle Durchfall-, Typhus- und Ruhrkranken zur Verteilung auf die einzelnen Stationen gebracht. Über den Steinfliesen waren die üblichen zweistöckigen Holzpritschen aufgestellt, auf deren unterer Etage uns Neuankömmlingen unsere Plätze zugewiesen wurden.

Der dunkle Raum war kalt, was besonders auf den unteren Pritschen zu spüren war. Ich legte meine Decke quer, so daß mein rechter und linker Pritschennachbar sich auch zudecken und wir uns gegenseitig wärmen konnten, wenn wir drei uns auf die Seite legten und so eng wie möglich zusammenrückten. Noch in der ersten Nacht starb der eine nach einem heftigen Fieberanfall, am folgenden Nachmittag der andere. Beide hatten offensichtlich Fleckfieber gehabt, die schwerste Form des Typhus, die von Läusen übertragen wird.

Die Sanitäter in der Aufnahmestation waren hauptsächlich damit beschäftigt, die Suppe und das Brot auszuteilen und danach die Gestorbenen von den Pritschen zu ziehen und hinaus in den Vorraum zu tragen, wo sie neben die Kübel gelegt wurden, in die wir unsere Notdurft zu verrichten hatten. Es mußte stündlich Platz für Neuankömmlinge geschaffen werden. Erst nach zwei Wochen schickte mich der diagnostizierende deutsche Arzt in die große allgemeine Typhusabteilung, die sich in der Reithalle der ehemaligen Kavalleriekaserne befand.

Aus dem Pfosten, der in der Mitte der Halle die zweistöckige Holzpritsche trug, ragte auf halber Höhe zwischen der unteren und der oberen Pritsche ein schwerer Nagel etwa 12 cm weit aus dem Holz heraus. Wer auf die obere Pritsche wollte, mußte auf den unteren Pritschenrand steigen, sich von dort mit dem rechten Fuß abdrücken, um mit dem linken auf den Nagel zu kommen, von dem er sich dann auf die obere Pritsche schwingen konnte. Der Nagel war durch die häufige Benutzung leicht nach unten gebogen, so daß es einiges Geschick erforderte, nicht abzugleiten und sich dabei vielleicht noch die Wade an dem scharfkantigen Nagelkopf aufzureißen.

Durch die hohen, von der halben Höhe der Seitenwände bis zum Dachstuhl reichenden Fenster der Reithalle fielen die Strahlen der niedrig stehenden Wintersonne in breiten Lichtbalken auf die oberen Pritschen, auf denen es nicht nur hell, sondern auch angenehm warm war. Da die Gänge zwischen den Pritschen ziemlich eng waren, gelangte kein Sonnenstrahl auf die unteren Pritschen, deren Halbdunkel auch die Kälte hielt, die sich in der Reithalle in Bodennähe ausbreitete. Aus dem Schatten der unteren Pritschen schauten mich blasse, graue Gesichter ausdruckslos an. Da oben in Sonne und Wärme wartete das Leben, hier unten in Kälte und Halbdunkel der Tod.

Ich blickte auf den leicht nach unten gebogenen Nagel und hatte in diesem Augenblick nur den einen Gedanken, den ich vom ersten Tag meiner Einlieferung in das Durchgangslager Focșani an gehabt hatte: den Gefallen hier zu sterben, tue ich euch nicht! Ich schaute auf die grauen Gesichter im Halbdunkel der unteren Pritschen. Dann setzte ich vorsichtig den rechten Fuß auf die Pritschenkante, umklammerte mit beiden Händen fest die obere und machte unter Anspannung meiner ganzen Willens- und Muskelkraft den ersten Versuch hinaufzukommen. Nach drei vergeblichen Versuchen lehnte ich mich mit vor Schwäche zitternden Armen und Beinen an den Pfosten. Eine Weile stand ich so in dem eisigen Bewußtsein: da mußt du hinaufkommen, wenn du hier wieder herauskommen willst. – Ich maß mit den Augen den Abstand zwischen dem oberen und dem unteren Pritschenrand und dem Nagel. So groß war dieser Abstand gar nicht. Wahrscheinlich war es mehr eine Sache der Geschicklichkeit als der bloßen Kraft, da hinaufzukommen. Vielleicht hinderte mich auch die Angst, von dem Nagel abzurutschen und mich dabei in gefährlicher Weise zu verletzen, daran, den richtigen Schwung zu nehmen, der notwendig war, um wenigstens mit dem Oberkörper auf die obere Pritsche zu gelangen. Einmal so weit gekommen würde ich mich schon Stück für Stück ganz hinaufziehen können.

Wieder trat ich mit dem rechten Fuß auf die untere Pritschenkante und umfaßte mit beiden Händen die obere. Denke ganz bewußt nicht an die Möglichkeit des Abrutschens, sondern nur an das Hinaufkommen, sagte ich mir und holte tief Atem. Den vierten Versuch brauchte ich nicht zu wiederholen. Mit dem Oberkörper auf der Pritschenkante liegend, zog und rollte ich mich langsam auf die Bretterlage. Als ich mich aufrichtete, spürte ich die Wärme der Mittagssonne bis auf die Haut. »Na, hast du's auch geschafft?« sagte mein Pritschennachbar, der etwa zwei Meter von mir entfernt in der Sonne lag, – so viel Platz war hier oben.

Es war mir sehr wohl bewußt, daß ich von nun an jedesmal, wenn sich mein Darm meldete und mich auf die im Vorraum der Reithalle stehenden Kübel trieb, über den schiefen Nagel hinunter und wieder herauf mußte. Aber es war mir zugleich auch klar, daß, wenn ich es immer wieder schaffen würde, dieser Ab- und Aufstieg, diese ständige Körper- und Willensleistung meine große Überlebenschance bedeutete. Für die da unten in Kälte und Halbdunkel, die nur noch aus ihren Pritschen herauskrochen, um sich noch solange zu den Kotkübeln und wieder zurück zu schleppen, bis sie auch dafür keine Körper- und Willenskraft mehr hatten, gab es kaum eine.

Ich legte meine Decke auf die sonnenwarmen Bretter, streckte mich auf der wollenen Unterlage aus und schaute den großen weißen Wolkentürmen nach, die durch das Stück blauer Himmel zogen, das die hohen und weiten Fenster umrahmten.

Die Verpflegung in der Typhusstation war um vieles besser als im Lager. Die russischen und deutschen Ärzte hielten ein Auge auf das, was in die Küche geliefert, dort ausgeteilt und von den Sanitätern den Kranken an die Pritschen gebracht wurde.

In der zweiten Woche ließen das Fieber, die Durchfälle und die sie begleitenden Kopf- und Bauchschmerzen nach, obwohl es keinerlei medikamentöse Behandlung gab. Aber es dauerte noch einen Monat, bis ich so weit zu Kräften gekommen war, daß mir der Ab- und Aufstieg über den schiefen Nagel wieder so wenig ausmachte wie einem Gesunden. So konnte ich Ende Februar 1945 die Chance wahrnehmen, zusätzliches Essen durch anfallende leichtere Arbeiten zu bekommen. Dazu gehörten zunächst das Abholen der Brotrationen und der Suppenkessel von der Küche und das Ausleeren der Abortkübel in die vor der Reithalle ausgeschachtete Latrinengrube. Für diese Hilfsdienste gab es mittags und abends einen Extraschlag der breiigen Suppe. In Anbetracht der täglichen hohen Todesrate blieben für die Ärzte und Sanitäter immer genug Brot und für die Helfer genug Suppe übrig.

Und dann sagte der Chefsanitäter eines Morgens zu mir: »Heute kannst du mithelfen die Toten hinaustragen.« Drei Tage hintereinander zog ich zusammen mit elf anderen Genesenden und den Sanitätern die zwanzig bis dreißig in der Nacht Gestorbenen von den Pritschen. Wir legten sie nebeneinander auf die Steinfliesen der Vorhalle, wo die Sanitäter sie auszogen. Sie kamen alle von den unteren Pritschen. Bis zum Mittag hatten wir die zu bloßen Gerippen abgemagerten nackten Toten – die meisten von ihnen waren junge Burschen von 18 bis 20 Jahren – durch den Schnee auf das große Feld hinter dem Kasernenkomplex geschleppt und in einem der Massengräber beerdigt. Am vierten Tag löste uns eine andere Gruppe Genesender ab.

Als die Vorfrühlingssonne den Schnee auf den Wiesen, Feldern und Straßen zu schmelzen begann, wurde ich aus dem Hospital entlassen. Zum letzten Mal kletterte ich von meiner Pritsche hinunter in den Gang. Ein paar Sekunden lang stand ich noch vor dem Holzpfosten und blickte auf den leicht nach unten gebogenen schweren Nagel, über den ich all die Tage und Nächte hinunter- und wieder hinaufgestiegen war, hinauf in die Sonne, in die Wärme, in die Wiedergenesung. Dann schloß sich das Tor der Reithalle hinter mir. Eine Stunde später nahm mich das Lager wieder auf.

Dort wurde ich in die OK-Baracke eingewiesen. Als OK wurden die Kriegsgefangenen klassifiziert, die noch nicht oder nicht mehr voll arbeitsfähig waren. Hier konnte ich mich mehrere Wochen halten, während aus den anderen Lagerbaracken laufend die Transportzüge nach Rußland aufgefüllt wurden.

»Im schönsten Wiesengrunde ...«

»Ich singe dir jetzt ein musikalisches Thema vor, und du versuchst, es mir nachzusingen!« Vor mir stand in der Aprilsonne des rumänischen Frühlings Toni Mundt, – hochgewachsen, breitschultrig, mit einem runden Gesicht, das von einem energischen Kinn getragen wurde. Im Privatberuf war er Chorleiter gewesen und schon bald, nachdem er ins Lager gekommen war, hatte er den Entschluß gefaßt, zusammen mit einem Kollegen eine Chorgruppe aufzustellen. Versuchen konnte man so etwas ja mal. Hatten doch die ungarischen Kriegsgefangenen im Lager bereits einen Chor und sogar ein Blasorchester zusammengestellt.

Gleich nachdem ich davon gehört hatte, war ich zu ihm gegangen. Zwar war mir keineswegs das gegeben, was man eine schöne Singstimme nennt, aber seit meinem 7. Lebensjahr hatte ich Klavierunterricht gehabt: ich war tonfest, – und das war es vor allem, worauf es Toni Mundt bei der Auswahl seiner Kandidaten ankam. Das musikalische Thema, das er mir vorsang, war das Schicksalsmotiv aus Bizet's Oper Carmen. Er wollte hören, ob ich die chromatischen Tonstufen dieses Motivs genau traf. Ich kannte die Oper natürlich, in deren Vorspiel das Thema gleich nach dem Toreromarsch aufklingt, und hatte deshalb keine Schwierigkeiten mit den chromatischen Tonstufen.

In zwei Tagen hatte Toni Mundt seine sechzehnköpfige Chorgruppe beisammen. Er besaß die seltene Gabe des absoluten Gehörs und so ging sein Ehrgeiz dahin, die Gruppe ohne irgendwelches Notenmaterial im vierstimmigen Chorsatz singen zu lassen. Meine Stimme stufte er als zweiten Tenor ein. Die sowjetische Lagerleitung war von der Idee angetan, – kein Wunder bei der sprichwörtlichen Liebe der Russen zur Volksmusik, zur Musik überhaupt.

Für jedes Mitglied einer der Musikgruppen bedeutete die Zugehörigkeit natürlich zunächst, noch ein paar Wochen oder Monate in Rumänien bleiben zu können. Für mich bedeutet sie außerdem, nicht mehr nur auf mich ganz allein angewiesen zu sein, sondern zu einer Gruppe zu gehören. Dem einzelnen Lagerinsassen wurde sehr bald klar, daß

alle begehrten Posten wie Küchenbullen oder Hilfskräfte im Krankenrevier und alle ›guten‹ Arbeitskommandos außerhalb des Lagers mit
leichter Arbeit und sicherer Aussicht, etwas Zusätzliches zu essen zu
bekommen, immer unter den Mitgliedern von ›Gruppen‹ verteilt wurden. In der Regel bestanden sie aus ehemaligen Angehörigen der gleichen Kompanie, die sich als ›alte Kameraden‹ auf diese Weise gegenseitig halfen, während die Einzelnen das Nachsehen hatten.

Endlich gehörte auch ich, wenn auch nur zeitweilig, zu einer solchen
Gruppe, selbst wenn die unsrige vorerst noch keine Beziehungen im
Lager hatte. Die sollten nicht allzu lange auf sich warten lassen.

Zunächst einmal wurden wir in ein eben eingerichtetes Nebenlager
gebracht, das sich im Rohbau einer nicht mehr fertiggestellten, auf der
anderen Straßenseite gelegenen Fabrik befand. In dem luftigen Beton-
und Ziegelbau war es heller und sauberer als in den engen vollge-
pferchten Baracken des Hauptlagers. Vor uns waren bereits der ungarische Chor und das Blasorchester eingezogen. Außerdem residierte hier
die aus Moskau eingeschleuste Kader-Gruppe, welche sich ANTIFA –
antifaschistische Aktivisten – nannte. Es waren Altkommunisten aus
Deutschland, die bereits Anfang der 30er Jahre in die Sowjetunion
emigriert waren, die Stalinschen ›Säuberungen‹ überstanden hatten,
danach in Moskau geschult und zur Umerziehung der deutschen
Kriegsgefangenen in die Lager geschickt worden waren. (Vom ›Nationalkomitee Freies Deutschland‹ wußten wir damals noch nichts.)

Zu dieser Kader-Gruppe hatten sich drei Kriegsgefangene gesellt,
deren abenteuerliche Geschichte ein typisches Beispiel für die Methoden und Maßnahmen des Nazi-Regimes in den letzten Kriegsmonaten
war. Die Drei – alle Anfang bis Mitte Fünfzig – kamen aus dem Konzentrationslager Dachau, in das sie bereits 1934 als aktive Mitglieder
der KPD eingeliefert worden waren. Zehn Jahre lang hatten sie dort als
Barackenälteste überleben können, als ihnen Ende November 1944
plötzlich die Möglichkeit gegeben wurde, aus dem Lager herauszukommen, – unter einer Bedingung: wenn sie als Soldaten mit der Waffe
in der Hand die bedrohte deutsche Heimat verteidigten. Auf diese ab-
surde Weise erfuhren sie zum ersten Mal etwas von der tatsächlichen
Situation an den Fronten. »Das Vaterland ist in Gefahr. Wir brauchen
jetzt jeden patriotisch gesinnten Mann, um Deutschland zu schützen«,
hatte der Lagerleiter, ein SS-Offizier, verkündet. »Selbst 16- und
60jährige haben sich freiwillig zu den Fahnen gemeldet. Nun wird auch
euch die Gelegenheit gegeben, eure vaterländische Pflicht zu erfüllen.«

»Wir haben da nicht lange überlegt«, erzählte der älteste der Drei.

»Denn das war doch unsere letzte und wahrscheinlich einzige Möglichkeit, vor dem Kriegsende noch lebend aus dem Lager herauszukommen. Was werden die wohl mit uns machen, wenn erst die Alliierten im Anmarsch sind? Da ist es schon besser, wir ziehen die Wehrmachtsuniform an und lassen uns an die Front schicken, wo wir bei der ersten Gelegenheit sowieso zu den Amerikanern oder Russen überlaufen.«

Er holte tief Atem. »Aber es sind keine Wehrmachtsuniformen gewesen, in die sie uns gesteckt haben, sondern die gleichen Monturen, die sie selbst getragen haben: die Uniformen der Waffen-SS. Noch in der gleichen Nacht haben sie uns in die Slowakei transportiert. Wir haben das auf den Bahnhofsschildern lesen können, vor denen der Zug ab und zu gehalten hat. Nachdem sie uns ausgeladen haben, sind wir sofort in die vorderste Linie geschickt worden, nämlich dorthin, wo die Einheiten der Waffen-SS bereits begonnen haben, sich langsam zurückzuziehen. Die brauchen uns hier also nur noch als Puffer zwischen den Russen und der Waffen-SS, – da haben sie sich aber geschnitten, haben wir zueinander gesagt. Gewehre und Munition haben sie uns dann erst kurz vor dem erwarteten Angriff der Russen in die Hände gedrückt, obwohl doch keiner von uns eine Ahnung gehabt hat, wie man damit in Schnee, Regen und Matsch umgeht. Na ja, – das war dann auch nicht mehr nötig.

Im Morgengrauen ist die erste russische Angriffswelle plötzlich vor uns aufgetaucht. Es ist uns natürlich klar gewesen, daß die gewußt haben, daß ihnen gegenüber nicht die Wehrmacht, sondern die Waffen-SS steht. So haben wir beim Anblick der Rotarmisten sofort die Waffen und die Munition weggeworfen und sind mit erhobenen Armen, in der Hand ein weißes Taschentuch, den Russen entgegengelaufen. ›Nix SS, nix SS, – Kommunisten, Kommunisten!‹ haben wir geschrien. Hat doch keiner von uns ein Wort Russisch gekonnt. Die Rotarmisten haben nur gelacht, als sie uns in unseren Uniformen gesehen haben. Die ersten von uns sind gleich mit dem Kolben niedergemacht worden, uns drei haben sie aufgegriffen und vor einen Offizier geführt, den sie Towarischtsch (Genosse) Kommissar angeredet haben. Wieder haben wir beteuert: ›Nix SS, Kommunisten, Konzentrationslager Dachau!‹ Der hat einen Augenblick gestutzt und uns dann die Uniformjacken ausziehen und die Hemdsärmel hochkrempeln lassen. Bei jedem von uns hat er lange die Innenseite des rechten und des linken Oberarms inspiziert. Dabei hat er mit seinem Daumen die Haut gespannt, um eventuelle Narben oder Verletzungen erkennen zu können. Aber unsere Haut war glatt wie ein Kinderpopo. Wir haben überhaupt nicht gewußt, was er sucht. Woher hätten wir denn auch wissen sollen, daß alle Angehörigen der Waffen-SS auf der Innenseite des Oberarms ihre Blutgruppe eintätowiert bekommen haben. Nun, – wir haben dort keine Tätowierung gehabt. Und das hat uns wohl das Leben gerettet. Denn der Kommissar hat zuerst den Kopf geschüttelt und dann einen Rotarmisten angewiesen, uns nach hinten zu einem Dolmetscher zu bringen. Dem haben wir schließlich die ganze Geschichte erzählen können, und der hat den Russen alles übersetzt. So sind wir aus dem Konzentrationslager Dachau am Ende hierher ins Kriegsgefangenenlager Focşani gekommen.«

Der Leiter der ANTIFA hatte die Geschichte natürlich in langen Gesprächen nachgeprüft. Dabei war so mancher Name eines Altkommunisten gefallen, den auch er gekannt hatte, worauf er die Drei unter seine Fittiche genommen hatte.

Das von uns seit langem erwartete Kriegsende am 8. Mai 1945 wurde von den russischen Posten auf den Wachttürmen der Lager mit einer wilden Knallerei – sie verschossen ihre Magazine in die Luft – begrüßt. Für uns war es ein Tag wie jeder andere. Denn daß das Kriegsende die baldige Entlassung aller deutschen Kriegsgefangenen zur Folge haben würde, erschien uns in Anbetracht der Massentransporte, die wir nach Rußland hatten abfahren sehen, als völlig unwahrscheinlich, und unsere Zukunft noch ungewisser als zuvor.

Am Nachmittag rief der ANTIFA-Leiter unsere Gruppe in seine Unterkunft. Es war dies die erste persönliche Begegnung mit der ANTI-FA, – es sollte nicht die letzte sein. Was er uns an diesem denkwürdigen Tage im einzelnen erzählt hat, ist mir nicht in Erinnerung geblieben. Nur seine These, auf die es ihm letztlich ankam, habe ich Wort für Wort im Gedächtnis behalten. Denn sie war die Essenz alles dessen, was er über Hitler, seinen Krieg, das Kriegsende und die nun folgende Nachkriegsepoche zu sagen hatte. »Was, glaubt ihr, war die historische Funktion Hitlers und seines Krieges im 20. Jahrhundert?« Mit dieser rhetorischen Frage leitete er den Schluß seiner Ansprache ein und schaute uns erwartungsvoll an. Niemand reagierte. »Wenn ihr geglaubt habt, daß mit dem heutigen Tage der Friede in Europa und in der Welt wiederhergestellt sei, und wir von nun an alle in eine friedliche Zukunft gehen werden, so habt ihr euch geirrt. Im dialektischen Prozeß der Geschichte war es die historische Funktion Hitlers und seines Krieges, den wahren Konflikt aufzudecken, der unsere Welt spaltet. Und der besteht nicht zwischen den Alliierten, den Amerikanern, Engländern, Franzosen und Russen auf der einen Seite und den Faschisten auf der anderen, sondern zwischen Kommunismus und Kapitalismus, zwischen der progressiven Sowjetunion und den reaktionären Vereinigten Staaten, England und Frankreich. Um den Sieg in diesem Kampf geht es in unserem Jahrhundert. Hitler war nur der Katalysator, der mit seinem verlorenen Krieg erst den Blick auf die wahren Frontlinien geöffnet hat.«

Er lehnte sich auf seiner Holzbank zurück und blickte aus dem Fenster. Keiner von uns sagte ein Wort. Das war also die Botschaft, die dieser Antifaschist für den 8. Mai aus Moskau mitgebracht hatte. Und die Aufgabe der ANTIFA in den Lagern war, uns nach fast 7 Jahren Krieg zu Kämpfern an der kommunistischen Front gegen den Kapitalismus umzuerziehen. Während der sterbende Roosevelt in Yalta noch der Illusion nachgegangen hatte, mit dem gemeinsamen Sieg über Hitler den ersten großen Schritt zur Versöhnung der USA mit der Sowjetunion, des Kapitalismus mit dem Kommunismus, getan zu haben, hatte Stalin längst seine ›Kalten Krieger‹ ihre neuen Stellungen beziehen lassen, war der Kalte Krieg in Moskau bereits geplant und organisiert.

Damals war uns das natürlich noch alles verborgen. Die Schlußthese unseres Antifaschisten hatte lediglich einen nicht geringen Grad von Verblüffung bewirkt. Denn das allerletzte, worauf wir am 8. Mai 1945 gewartet hatten, war der Aufruf zu neuem Kampf an neuen Fronten.

Am nächsten Tag besprach Toni Mundt mit uns sein Liederprogramm. Es mußten Lieder sein, von denen er – und wo nötig auch der eine oder der andere von uns – noch alle Strophen im Kopf hatte. Bis zum Nachmittag kamen die ersten vier zusammen: Franz Schuberts ›Am Brunnen vor dem Tore, da steht ein Lindenbaum‹, ›Das Wandern ist des Müllers Lust‹, ›In einem kühlen Grunde, da geht ein Mühlenrad‹, und ›Im schönsten Wiesengrunde ist meiner Heimat Haus‹. Und alle waren vierstimmig zu singen. So zog im Mai 1945 die deutsche Spätromantik ins Lager Focşani ein.

Kriegsgefangene – man kann wohl sagen alle Gefangenen – leben in zwei Welten: in der Welt der von Stacheldraht umzäunten Gegenwart und in der vergangenen und zukünftigen Welt der Freiheit, die für uns identisch war mit der Heimat, dem Einmal-zu-Hause-gewesensein und dem Wieder-zu-Hause-sein-dürfen. Mit Schubert und den Volksliedern stand diese gestrige und morgige Welt plötzlich unmittelbar neben unserem aus Hunger, Durst, Schmutz, Läusen und Ungewißheit bestehenden Dasein. Der Dirigent des im Raum neben uns einquartierten ungarischen Blasorchesters hatte ausgerechnet die von Franz Liszt arrangierte Klavier- bzw. Orchesterfassung von Schuberts ›Leise flehen meine Lieder durch die Nacht zu dir‹ als Premierennummer ausgewählt. Am Abend, wenn wir auf unseren Holzpritschen auf den Schlaf warteten, trugen die Trompeten zum Abschluß des Tages die wehmütige Schubertmelodie zu uns herüber, und die Gedanken gingen wie auf gläsernen Brücken hinüber in jene andere Welt, die es einmal gegeben hatte, und die wiederzusehen unsere ganze Hoffnung war.

Ein paar Tage später kam plötzlich der ANTIFA-Leiter zu uns. Wenn wir geglaubt hatten, daß im Sowjet-System Kunst und Kultur eine Sache derjenigen war, die etwas davon verstanden, so sollten wir jetzt eines besseren belehrt werden. Er hörte eine Weile aufmerksam zu, wie Toni Mundt mit uns Schuberts Melodie vierstimmig einübte. Als er die erste Pause einlegte, ergriff der ANTIFA-Leiter das Wort: »Das klingt alles sehr schön, was ihr da singt«, meinte er anerkennend. »Aber was eurem Programm fehlt, ist die politische Aussage.« Er nahm zwei bedruckte Blätter aus seiner Jackentasche, entfaltete zuerst das eine und schaute uns bedeutsam an. »Ich habe hier zwei deutsche Übersetzungen von sowjetischen Liedern. Die Noten der Melodien sind auch dabei. Das eine ist das berühmte Lied über Stalin und das andere das großartige Lied des sowjetischen Arbeiters und Bauern.« Wir schauten ihn interessiert an. »Also zuerst das Lied über Stalin:

>Es schwingt über Gipfel und Täler und Auen
mit Schwingen des Adlers ein herrliches Lied,
das Lied über Stalin, dem alle vertrauen,
zu dem wir in Liebe und Freundschaft erglüht.<«

Er hatte die Verse mit erhobener, von innerer Erregung vibrierender Stimme vorgetragen etwa in der Art, wie wir in der Hitlerjugend zur Wintersonnenwende Gedichte auf den Führer oder zum Heldengedenktag Verse auf die Gefallenen des Ersten Weltkriegs gesprochen hatten. Man konnte deutlich sehen, wie ihm seine zu Stalin erglühte Liebe und Freundschaft bis in die Halsschlagader hinauf klopfte.

»Die deutsche Übersetzung des russischen Textes«, fügte er erklärend hinzu, »ist von dem großen deutschen Dichter Erich Weinert, der bis jetzt in der Emigration in Moskau leben mußte.« Was für ein grauenhafter Edelkitsch – fuhr es mir durch den Kopf –, der uns hier zugemutet wurde. Ich mußte unwillkürlich an die Führergedichte Heinrich Anackers denken, die im Lesebuch des Deutschunterrichts unseres Bielefelder Gymnasiums gestanden hatten, und die in genau dem gleichen Ton die gleiche liebedienerische, geistlose Verherrlichung des Diktators feierten. Eine Strophe fiel mir noch ein:

84

›Ob wir ruhn, ob wir zu Vieren
hinter Fahnen stolz marschieren –
Immer schlägt das Herz uns gleich
für den Führer, für das Reich.‹
Erich Weinerts Text war zwar nur eine Übersetzung. Aber was war
denn so groß an diesem deutschen Dichter, der in Moskau während der
›Säuberung‹ als Heinrich Anacker Stalins sein Leben fristen durfte? In
meinen Gedanken wurde ich von unserem ANTIFA-Leiter unterbrochen, der mittlerweile das zweite Blatt entfaltet hatte und zu lesen begann: »Und jetzt das Lied des sowjetischen Arbeiters und Bauern!«
Wieder tönte seine von innerer Erregung vibrierende Stimme durch den
Raum:
›Vom Amur bis zu der Beresina,
von der Taiga bis zum Kaukusus
schreitet frei der Mensch mit stolzer Miene,
ist das Leben Wohlstand und Genuß!‹
Sichtlich bewegt von seinem lyrisch-politischen Vortrag blickte er in
die Runde. Dann erhob er sich, reichte Toni Mundt die beiden Blätter
und verließ den Raum in dem Bewußtsein, diesen von der Nazi-Propa-
ganda indoktrinierten faschistischen Kriegsgefangenen zum ersten Mal
eine Ahnung von dem, was große politische Dichtung ist, vermittelt zu
haben.
Ich blickte zu Toni Mundt hinüber, der kein Wort gesagt und keine
Miene verzogen hatte. Er steckte die beiden Blätter langsam in seine
Uniformjacke und sagte: »So, – noch einmal die zweite, dritte und
vierte Stimme. Das Schubertlied sollten wir heute noch schaffen.« Am
nächsten Tag kam er zu mir: »Albert, du kannst doch russisch schreiben
und lesen. Ich habe heute morgen von der russischen Lagerleitung ein
Soldatenliederbuch der Roten Armee bekommen. Da steht auch die sowjetische Nationalhymne drin, – eine schöne, sehr gut durchkompo-
nierte Melodie. Wir wollen ja auch vor den Russen singen, und da brauchen wir den russischen Text in lateinischer Schrift. Kannst du uns das
umschreiben?« Natürlich konnte ich. »Außerdem habe ich noch den
russischen Text der alten Volksballade von Stenka Rasin bekommen.
Den möchte ich auch in lateinischer Umschrift. Wenn wir die beiden
auf russisch einüben, dann können wir wenigstens eins dieser beiden
politischen Lieder – er klopfte auf seine Jackentasche – am besten dieses Amur- und Beresina-Lied dazunehmen.« Von dem herrlichen Lied
über Stalin sagte er nichts. Ich verstand ihn gut. Es kam jetzt vor allem
darauf an, diplomatisch vorzugehen, und die Idee, die sowjetische Na-

tionalhymne in der Originalsprache vor den Russen zu singen, war ohne Zweifel ein geschickter diplomatischer Kunstgriff, das mußte man ihm lassen. Daß auch die Internationale zu unserem Programm gehörte, war eine Selbstverständlichkeit.

Anfang Juni kam der Leiter des ungarischen Chors zu uns herüber: wir und seine Ungarn sollten am folgenden Wochenende vor der russischen Lagerleitung singen, und zwar drüben in der russischen Kaserne, wo auch die Ärzte und Ärztinnen des Hospitals sowie die dort stationierten Armeeoffiziere zugegen sein würden.

Es war ein heißer Sommertag, als wir zusammen mit dem ungarischen Chor zur etwa 3 km entfernten Kaserne zogen. Die Russen hatten dort für ihre eigenen Zwecke eine kleine Bühne gezimmert mit einer hölzernen Schallmuschel an der Rückseite. Vor der Bühne saßen die russische Lagerleitung, die Ärzteschaft und eine Reihe von Offizieren, – Mannschaften sah ich keine.

Zuerst traten die Ungarn auf. Die meisten ungarischen Volkslieder werden bekanntlich nicht nur gesungen, sondern auch getanzt. Auch wenn die russischen Volkslieder einen völlig anderen Rhythmus haben als die ungarischen, ist vielen mit diesen doch gemeinsam, daß sie ebenfalls gesungen und getanzt werden können. So hatte der ungarische Chor von Anfang an eine begeistert mitgehende Zuhörerschaft.

Dann traten wir auf die Bühne. Sei es, daß es der Kontrast unserer elegischen Melodien zu den ungarischen Rhythmen war, sei es, daß die Russen den wehmütigen Klang unserer Volkslieder nicht so recht in Verbindung bringen konnten mit ihrer Vorstellung von den faschistischen Kriegsgefangenen, die als Soldaten ganze andere Lieder gesungen hatten, – unser Gesang kam bei der russischen Zuhörerschaft nicht so recht an. Beim dritten Lied – es war ›Im schönsten Wiesengrunde ...‹ – wurde Toni Mundt sichtbar nervös. Schon nach der zweiten Strophe winkte er ab und sagte kurz: »Stenka Rasin!« Die erste Strophe dieser auch bei uns populären russischen Volksballade sangen wir im Chor, selbstredend auf russisch. Von der zweiten Strophe ab sang Toni Mundt, der eine schöne Tenorstimme hatte, solo, und wir begleiteten ihn vierstimmig, indem wir, mit dem Zeigefinger im Mund, die Bewegung der Hand auf der Balaleika nachahmten. Die Russen waren amüsiert und ein breites Lächeln ging über ihre Gesichter. Der Beifall war lang und anerkennend, desgleichen nach dem Amur- und Beresinalied, auch wenn wir das auf deutsch sangen. Und dann kam die sowjetische Nationalhymne als Abschluß des gesamten Programms, wieder auf russisch. Alle Anwesenden erhoben sich. Die feierliche, zwischen Dur und

Moll wechselnde Melodie hallte von den Kasernenwänden wider. Wir hatten unsere Zuhörerschaft bis zum letzten Anwesenden gewonnen. Der ranghöchste Offizier der Kasernenbesatzung schüttelte Toni Mundt anerkennend die Hand und rief spontan auf russisch: »Alle rüber zur Küche, die Ungarn und die Deutschen!« Dort wies er den Küchenbullen an, zwei große Eimer Kascha – das ist ein dicker Hirsebrei, der hier noch Gemüse und Fleischbrocken enthielt – herauszurücken. Erst später ist mir klar geworden, daß wir an diesem Tage Offiziersverpflegung, nicht etwa Mannschaftskost bekommen haben. »Kúschatje, kúschatje!« rief der Offizier lachend und kehrte zu seinen Leuten zurück. In einem Nebenraum der russischen Küche auf dem Fußboden sitzend löffelten wir von der Kascha in uns hinein, was nur hineinging, bis uns die Bäuche weh taten. »Na –«, sagte Toni Mundt lachend und wusch seinen Löffel unter dem Wasserhahn ab. »Ist unser Leben heute etwa nicht Wohlstand und Genuß?«

Odobeşti (gesprochen: Odobéscht)

Schon seit meiner Entlassung aus dem Hospital hatte die monatelange Mangelernährung bei mir ihre typischen Folgen gezeigt: beide Beine waren dick angeschwollen, das gestaute Gewebewasser reichte bis über die Knie herauf und die aufgedunsene Haut war in fünfmarkstückgroßen wässrigen Hungerödemen aufgebrochen, die bis auf den Knochen durchgingen. Die Ärzte in der Krankenbaracke nannten das ›dystrophische Piudermie‹, – ein fortgeschrittener Grad von Unterernährung und Vitaminmangel, der den Russen seit Jahrzehnten wohlbekannt war.

Obwohl der Krieg schon fast drei Monate vorbei war, kamen immer noch tausende deutscher Kriegsgefangener aus den Auffanglagern in Ungarn, der Tschechoslowakei und Österreich durch Focşani. Ende Juli begannen die Russen damit, diejenigen auszusondern und in einer Baracke zusammenzulegen, die aufgrund einer Verwundung oder Krankheit als arbeitsunfähig klassifiziert wurden, während die ankommenden Arbeitsfähigen oft schon nach wenigen Tagen in das Innere der Sowjetunion weitertransportiert wurden. Erst Anfang August ließ der Zustrom deutlich nach, und es konnte uns nicht länger verborgen bleiben, daß das Durchgangslager Focşani in absehbarer Zeit seine Funktion erfüllt haben und aufgelöst werden würde. Was werden sie dann mit den ausgesonderten Arbeitsunfähigen machen? Haben sie sie zurückgehalten, um sie vielleicht nach Hause zu schicken? Da bei Kriegsgefangenen der Wunsch stets der Vater des Gedankens ist, stiegen Erwartung und Hoffnung der Ausgesonderten von Tag zu Tag höher.

Auch unsere Chorgruppe mußte jetzt ihr Quartier im anderen Lager aufgeben und in eine der Baracken umziehen, deren Insassen für einen der nächsten Transporte in die russischen Arbeitslager bestimmt waren. Das Gefühl, nicht mehr nur auf mich allein angewiesen zu sein, sondern endlich einer Gruppe anzugehören, die etwas Gemeinsames verband, stellte mich vor eine schwierige Entscheidung. Sollte ich auch weiter versuchen, mich in Focşani zu halten in der Ungewißheit, ob jener erhoffte Heimattransport doch noch zusammengestellt würde oder auch nicht – mit meinen offenen Beinen gelänge mir das wahrscheinlich –, oder sollte ich diesen Versuch aufgeben und mich mit der Chorgruppe ins Innere der Sowjetunion schicken lassen?

Die Entscheidung wurde mir abgenommen, noch ehe ich sie zu treffen brauchte. Bevor unsere Baracke zum Abtransport aufgerufen wurde, nahm mich der russische Arzt, der alle Insassen auf ihren Gesundheitszustand und d.h. auf ihre Transport- und Arbeitsfähigkeit untersuchte, wegen meiner offenen, wassergeschwollenen Beine aus der Gruppe heraus und schickte mich und ein paar andere in die OK-Baracke. Das war die Unterkunft für die Arbeitsunfähigen. Ich hatte gerade noch Zeit, Toni Mundt und der Gruppe »Macht's gut!« zuzurufen, als unser Häuflein sich schon zur OK-Baracke in Bewegung setzte. Zwei Stunden später öffnete sich das Lagertor und die Chorgruppe marschierte inmitten einer längeren Kolonne auf den Transportzug zu, der jenseits des Stacheldrahts wartete.

In wenigen Tagen füllte sich die OK-Baracke wieder, als eines Morgens – es war der 8. August – ein russischer Offizier in der offenen Tür stand und durch den Dolmetscher verkünden ließ, daß wir noch am selben Tage in das am Fuße der Karpaten bei Odobeşti gelegene Erholungslager geschickt würden. Überraschungen waren wir bei den Russen gewöhnt, und sofort nach dieser Bekanntgabe verbreitete sich das Gerücht, daß in dem Erholungslager ein Entlassungszug in die Heimat zusammengestellt werden sollte.

Odobeşti ist ein nur 15 km von Focşani entfernt gelegener Ort am Flüßchen Milcovul, das von den Karpaten herunterkommt. Die Abendsonne stand bereits über den Berggipfeln, als wir uns nach einem vierstündigen Fußmarsch dem Erholungslager näherten.

»Nach Ostland geht unser Ritt,
hoch wehet das Banner im Winde,

die Rosse, sie traben geschwinde,
auf, Bruder, die Kräfte gespannt:
wir reiten in neues Land.«

Wir trauten unseren Ohren nicht, unseren Augen mußten wir trauen: eine lange Kolonne fünfzehn- bis sechzehnjähriger Kinder in Uniform marschierte vor der Verwaltungsbaracke in einem großen Kreis herum, und zweihundert junge Kehlen schmetterten eines der in der Hitlerjugend vielgesungenen Ostlandlieder in den leuchtenden Abendhimmel. Im Mittelpunkt des Kreises stand, leicht angetrunken, der russische Lagerkommandant. Allabendlich, so erfuhren wir später, ließ er die zweihundert Kinder, die schon seit längerem im Erholungslager waren, vor seine Baracke kommen, um sich von ihnen deutsche Lieder vorsingen zu lassen. Er hatte offensichtlich keine Ahnung, was die Kinder da sangen. Da er kein Wort deutsch verstand, war ihm das wohl auch völlig egal. Wenn sich die Zweihundert dann müde gesungen hatten, hob er beide Arme und rief: »Kúschatje, kúschatje!«, worauf er sich, vom reichlichen Wodkagenuß leicht schwankend, an die Spitze der Kolonne setzte und die Kinder zur Küche führte. Dort bekamen sie auf seine besondere Anordnung allabendlich ihren Extraschlag von der guten, kräftigen Lagersuppe, die hier mehr Brei als Suppe war. Und wehe den Küchenbullen, wenn sie nicht genug für die Kinder übrig behalten hatten, – sie hatten stets genug!

Was mochte wohl durch den Kopf dieses russischen Lagerkommandanten gegangen sein, als er jene Kinder auf der Verladerampe in Empfang zu nehmen hatte, in ihren viel zu großen Uniformen, die den meisten wie Säcke von den mageren, schmalen Schultern herabhingen, und mit ihren hungrigen Augen, aus denen nur zu deutlich sprach, daß sie nicht erst in den Auffanglagern unterernährt worden waren? Alle Kinder singen gern, mochte er sich wohl gedacht haben, die deutschen ebenso wie die russischen. Warum sie nicht singen lassen? Das wäre doch eine willkommene Unterbrechung dieses öden Odobeștier Lageralltags. Und welcher Russe liebt nicht Musik und Gesang?

So kam es, daß die Kinder dem Lagerkommandanten allabendlich die Langeweile seines Daseins vertreiben durften, und er dafür jedem von ihnen einen Extraschlag Suppe zukommen ließ. Auf diese Weise kriegte Hitlers letztes Aufgebot in Odobești auch wieder etwas Fleisch auf die mageren Rippen. In den wenigen Wochen ihrer militärischen Ausbildung hatten diese Kinder kaum die Zeit gehabt, auch noch Soldatenlieder zu lernen. Die einzigen, die sie kannten und nach denen sie marschieren konnten, waren die Lieder, die sie in der Hitlerjugend gesungen hatten. So bekam der russische Lagerkommandant, ohne es zu wissen, den ganzen Zyklus zu hören vom Ritt nach Ostland bis zu Hans Baumanns vielgesungenem:

»Es zittern die morschen Knochen
der Welt vor dem großen Krieg.
Wir haben den Schrecken gebrochen,
für uns war's ein großer Sieg.
Wir werden weiter marschieren,
wenn alles in Scherben fällt.
Denn heute gehört uns Deutschland
und morgen die ganze Welt.«

(Als Sechzehnjähriger hatte Hans Baumann dieses Lied gedichtet und komponiert. Nach 1933 war dann der Refrainschluß »Denn heute gehört uns Deutschland und morgen die ganze Welt« selbst den Parteigenossen zu provokatorisch erschienen, worauf er in den Liederbüchern zu »Denn heute da hört uns Deutschland ...« geändert wurde. In der Hitlerjugend aber wurde weiter »Denn heute gehört uns Deutschland und morgen die ganze Welt« gesungen, denn ihr gefiel die provokatorische Verszeile viel besser als die geglättete.) Aber auch alte Landsknechts- und Wandervogellieder sowie einige aus dem Ersten Weltkrieg, die Aufnahme in die Liederbücher der Hitlerjugend gefunden hatten, gehörten zum Repertoire der Kinder.

Durch den Westteil des Lagers plätscherte das Flüßchen Milcovul, in dem wir baden durften und ich endlich auch meine nur noch aus grau gewordenen, zusammengebundenen Fetzen bestehende Unterwäsche waschen konnte. Die bessere Verpflegung und das tägliche Bad im frischen Gebirgswasser ließen die kleineren offenen Stellen an meinen Beinen sowie die Wundflächen auf beiden Hüften langsam abheilen. Denn das monatelange allnächtliche Liegen auf den rohen Brettern der Pritschen hatte zusammen mit der Mangelernährung bei vielen von uns die Haut auf den Hüften in handtellergroße nässende Wundflächen verwandelt. Auch die Krätze, mit der all jene von uns behaftet waren, die sich über den Sommer in Focșani hatten halten können, widerstand dem klaren Flußwasser nicht und heilte langsam ab.

Zu meiner Überraschung befand sich in unserer Baracke auch ein Norweger, mit dem ich mich rasch anfreundete. Olaf Oland stammte aus Oslo und sprach fließend Deutsch. Es wurde mir nie so ganz klar, wie er eigentlich hierher gekommen war. Die Geschichte, die er mir erzählte, bestand mehr aus Andeutungen als aus Fakten. Er sei als Zivilist gleich nach Kriegsende in Polen gewesen und dort bei einer Razzia der

Roten Armee aufgegriffen und zusammen mit deutschen Kriegsgefangenen nach Focşani geschickt worden. Wie dem auch immer gewesen sein mag, ich fragte nicht weiter nach. Erwähnen möchte ich ihn hier, weil ich ihm eine Belehrung verdanke, die ich nicht mehr vergessen sollte. Denn sie hat mir die Augen für etwas geöffnet, was viele Ausländer als typisch deutsch bezeichnen, und was nicht nur den Skandinaviern, sondern auch den Angelsachsen, den Engländern und Amerikanern, wesensfremd ist. (Ausnahmen gibt es natürlich überall.)

Eine besondere Schwierigkeit bereitete uns die tägliche Verteilung der Brotrationen. In Focşani und Odobeşti wurde das Brot in runden Laiben ins Lager geliefert und ungeteilt in die Baracken geholt. Dort aber gab es keine Waagen. Die Brotlaibe mußten nach Augenmaß in 450 g Portionen geschnitten werden. Dazu wurden den Barackenältesten einige Messer anvertraut. Für den Brotschneider war es eine undankbare Aufgabe. Denn die Mitgefangenen bestanden darauf, daß er sich stets das letzte Stück nehmen mußte, da nur so gewährleistet sei, daß alle Brotportionen annähernd gleich groß ausfielen. Um ihn herum saßen bei der Schneide- und Verteilungszeremonie die hungrigen Mitgefangenen im Kreis, jede Bewegung mit Argusaugen verfolgend und mit kritischen Bemerkungen kommentierend. In vielen Baracken teilten sich deshalb mehrere in die undankbare Aufgabe.

Da ich ein besonders gutes Augenmaß hatte, war ich wie schon so oft vorher in Focşani wieder einmal gebeten worden, das Brot zu teilen. Eines Tages blieb es aus und wurde erst am folgenden Tage nachgeliefert, was meine Arbeit verdoppelte. Olaf schaute mir eine Weile zu, wie ich mit pedantischer Genauigkeit einen runden Laib nach dem andern in Portionen teilte, bis er schließlich mit einem Blick auf die Menge der noch zu teilenden Brote sagte: »Kann ich dir nicht helfen? Dann brauchst du das nicht alles allein zu machen!« »Nein, nein«, erwiderte ich eilig. »Laß nur. Ich kann das schon selber.«

Er blickte mich mit einem ironischen Lächeln in den Augenwinkeln an. »Typisch deutsch«, sagte er. »Du bist auch nicht anders als die übrigen. Wenn ihr Deutsche eine Funktion habt, identifiziert ihr euch sofort mit ihr. Dann habt ihr nicht nur eine, sondern seid eine Funktion und als Menschen nicht mehr ansprechbar. Genau so ist es, wenn ihr eine Uniform anzieht. Dann zieht ihr vorher den Menschen aus und hängt ihn in den Kleiderschrank. Herumlaufen tun dann nur noch funktionierende deutsche Uniformträger!«

Das saß! Ich war zutiefst beschämt. Wie recht er doch hatte. Er führte mir etwas vor Augen, was mir noch nie aufgefallen war. »Hier«, sagte ich. »Nimm die Laibe von da drüben und hilf sie mir teilen!« Jetzt lächelte er ohne jenen ironischen Ausdruck in den Augenwinkeln. Schweigend beendeten wir die leidige Aufgabe zusammen. Wozu Freunde doch gut sind, dachte ich.

Alle paar Tage nahmen die russischen und ungarischen Lagerärzte Untersuchungen auf Transport- und Arbeitsfähigkeit vor. Außerdem stellten sie eine Entlassungsliste zusammen, in die auch mein Name eingetragen wurde. Die ungarischen Ärzte meinten, daß wir von hier aus bald nach Hause geschickt würden! Das schien uns glaubhaft; denn am 28. August wurden die ungarischen Kriegsgefangenen entlassen. Drei Tage später aber hieß es plötzlich: »Das Erholungslager wird in den nächsten Tagen an die Rumänen übergeben. Alle deutschen Kriegsgefangenen kommen zurück nach Focşani. Die erste Gruppe marschiert bereits heute Nachmittag ab, die übrigen morgen und übermorgen.«

Am Nachmittag sagte ich Olaf, der zu einer anderen Kolonne eingeteilt war, Lebewohl – was aus ihm geworden ist, weiß ich nicht – und reihte mich in den Marschblock vor dem Lagertor ein. Auch die Kinder blieben an diesem Tage noch in Odobeşti zurück. Es ging schon auf den Abend zu, als das Tor sich endlich öffnete und wir uns langsam in Bewegung setzten. Noch einmal warf ich einen Blick zurück auf das Erholungslager: Vor der Verwaltungsbaracke zogen die Kinder bereits ihre Kreise. Aus der offenen Tür trat – vom reichlichen Wodkagenuß leicht schwankend – der russische Lagerkommandant, worauf die Kinder ihr erstes Lied anstimmten. An diesem Tag erklang keine N.S.-Heroik, sondern der schon in der Bündischen Jugend beliebte Text aus dem ›Wanderer zwischen beiden Welten‹ von Walter Flex, der im Ersten Weltkrieg auf der baltischen Insel Ösel gefallen war:

»Wildgänse rauschen durch die Nacht
mit schrillem Schrei nach Norden –
Unstete Fahrt! Habt acht, habt acht!
Die Welt ist voller Morden.«

Während wir auf der staubigen Landstraße wieder in Richtung Focşani marschierten, trug der Karpatenwind, der über das Lager wehte, noch eine Weile die hellen Kinderstimmen zu uns herüber:

»Rausch' zu, fahr' zu, du graues Heer!
Rauscht zu, fahrt zu nach Norden!
Fahrt ihr nach Süden übers Meer –
Was ist aus uns geworden!«

Ein Zug fährt ab

In Focşani kam ich mit meinen offenen Beinen, die in Odobeşti zwar angefangen hatten zu heilen, aber doch noch einige große offene Stellen hatten, die die Verbände in wenigen Tagen durchnäßten, wieder in die OK-Baracke. Hier lernte ich Hans Dopheide kennen, der wie ich aus Bielefeld stammte, und die gleiche Heimatstadt verbindet Kriegsgefangene oft in besonderer Weise.

Der Sommer reicht in Rumänien bis weit in den September hinein. Über den Teerdächern der Baracken und den Lagerstraßen, deren Staub sich auf unsere Gesichter und zerschlissenen Uniformen legte, brütete die Nachsommerhitze. Pro Tag gab es nur dreimal einen halben Trinkbecher Wasser, so daß wir uns nicht einmal waschen konnten und in Kürze völlig verschmutzt waren. Wie schön hatten wir es doch in Odobeşti gehabt! Ich erzählte Hans Dopheide von dem Flüßchen Milcovul, in dem wir täglich hatten baden können und dem guten Essen. Hier gab es wieder nur die übliche Wassersuppe.

Gleich in den ersten Tagen, die ich wieder in Focşani war, kursierte erneut das Gerücht, daß ein Entlassungszug für arbeitsunfähige Kriegsgefangene zusammengestellt werde. Nur war es diesmal kein Gerücht! In der Krankenbaracke hatten die deutschen Lagerärzte davon gesprochen und mit den Untersuchungen auf Arbeitsunfähigkeit begonnen. Mit meinen immer noch offenen Beinen wurde auch ich wieder auf die Liste gesetzt und zusammen mit Hans Dopheide in die Entlassungsbaracke verlegt. Hans, der schon den ganzen August über hier im Lager gewesen war, versicherte mir, daß auf den Geleisen jenseits der am Lager vorbeiführenden Straße schon seit über einer Woche ein Transportzug stehe, dessen Güterwaggons von Kriegsgefangenen für die Heimfahrt vorbereitet würden. Woher er denn das so genau wisse? »Transportzüge in die Sowjetunion stehen da nicht wochenlang«, antwortete er. »Die gehen immer schon nach ein paar Tagen ab.«

Also wurde es doch wahr. Für die arbeitsunfähigen Kriegsgefangenen stand die Entlassung in die Heimat bevor. Es schien nicht umsonst gewesen zu sein, daß es mir gelungen war, mich fast ein Jahr lang in Focşani zu halten. Und die seit einem Jahr genährte Hoffnung, nicht ins Innere Rußlands geschickt zu werden, sondern noch von hier, noch von Rumänien aus, nach Hause zu kommen, schien sich jetzt endlich zu erfüllen.

In den Wochen und Monaten nach dem 8. Mai 1945 war es uns längst klar geworden, daß die deutschen Kriegsgefangenen, die arbeitsfähig waren, nicht in die Heimat entlassen werden würden, daß nur Kranke, Schwerverwundete und Invaliden, die als arbeitsunfähig angesehen wurden, die Möglichkeit hatten, nach Hause zu kommen. Da drüben auf den Geleisen wartete also die erste und einzige Chance auf uns, nicht nach Rußland geschickt zu werden.

In diesen Tagen und Nächten des Wartens und der großen Hoffnung hatte ich einen eigenartigen Traum. Es gibt Träume, von denen man nur eine Szene, ein Bruchstück oder gar nur die besondere Stimmung erinnert, die dem Traum eigen war. Aber es gibt auch Träume, die nach dem Aufwachen so glasklar vor unserem inneren Auge stehen, als seien sie die Wirklichkeit selbst. Mein Traum war von dieser Art. Das Eigenartige an ihm aber war nicht, daß ich ihn bis ins kleinste Detail beim Aufwachen erinnerte und auch noch heute, da ich ihn niederschreibe, alles so deutlich sehe wie damals. Das besondere an diesem Traum war, daß ich ihn unverändert drei Nächte nacheinander träumte:

Auf einer langen, immer geradeaus laufenden ungepflasterten Landstraße sehe ich mich in einer Kolonne graugekleideter Kriegsgefangener mitmarschieren. Vereinzelt stehen rechts und links an den Böschungen der Straßengräben Büsche im herbstlich braunen Laub. Dahinter breiten sich Äcker aus, die an Wälder grenzen. In der Ferne verliert sich die Straße zwischen den Feldern, über denen ein wolkenverhangener Himmel steht. Und ich marschiere und marschiere diese staubige Straße entlang in dem dunklen Gefühl, noch einen weiten Weg vor mir zu haben.

Die Psychologie sagt uns, daß unsere Traumbilder ein tieferes Wissen von dem haben, was mit uns war und was mit uns ist. Dieser Traum hat gewußt, was auf mich zukommen wird.

Am 6. September war es wieder an der Zeit, meine Verbände wechseln zu lassen. Alle vier bis fünf Tage durfte ich dazu ins Krankenrevier. Für ein öfteres Wechseln, was nötig gewesen wäre, reichte das noch aus deutschen Wehrmachtsbeständen stammende Verbandsmaterial nicht aus. Auch an diesem Tage waren die Verbände wieder völlig durchweicht, und der penetrante Eitergeruch begann meine Barackennachbarn bereits zu belästigen. Normalerweise dauerten das Warten im Krankenrevier, der Verbandswechsel und die Ödembehandlung – auf die offenen Stellen wurde ein gelbliches Pulver gestreut – nicht länger als eine gute Stunde. An diesem Tage schlichen die Minuten und Stunden dahin. Vielleicht waren mehr Kranke gekommen oder die Ärzte hatten später angefangen oder ein paar schwierige Fälle waren zu behandeln. Was ich nicht wußte – nur mein Traum hatte es gewußt – war, daß mit mir das Schicksal auf der Wartebank saß.

Endlich kam die Reihe an mich. Als ich nach dem Verbandswechsel aus der Krankenbaracke trat, stand die Sonne schon hoch am Himmel. Es mußte bald auf zwölf Uhr gehen. Uhren besaßen wir nicht mehr, der Sonnenstand war unsere einzige Zeitorientierung.

In diesem Augenblick sehe ich auf der Straße, die jenseits des Lagerzauns dicht am Krankenrevier vorbeiführt, eine Kolonne von Kriegsgefangenen sich auf die wartenden Waggons zu bewegen. Kein Zweifel, – dort außerhalb des Stacheldrahts marschieren die Insassen der Entlassungsbaracke. Ganz vorn erkenne ich Hans Dopheide. »Hans«, rufe ich, so laut ich kann. Er blickt zu mir herüber und winkt mit beiden Armen. »Sag meinen Eltern, daß du mich hier getroffen hast. Sag ihnen aber, daß es mir gut geht und nichts davon, wie es hier wirklich ist.« »Mach ich, mach ich«, ruft er zurück, und schon wendet sich die Kolonne nach rechts auf die Waggons zu, vor die sich gerade eine Lok spannt.

Langsam gehe ich über den Lagerplatz zurück in meine Baracke. In dem leer gewordenen Raum lege ich mich auf die Holzpritsche. Durch die Stille, die von der Decke heruntersinkt, trägt der Wind von den Geleisen herüber den Pfiff der Lokomotive, die unter Dampf steht.

Vier Wochen später konnte Hans Dopheide meinen Eltern mitteilen, daß ich noch am Leben sei und es mir den Umständen entsprechend gut gehe.

Fahrt ins Ungewisse

Etwa Mitte September – das Durchgangslager Focşani war mittlerweile fast leer geworden, nur zwei Baracken waren noch belegt – ereignete sich ein Vorfall, der bezeichnend war für die Atmosphäre dieser letzten Tage, in denen das Lager noch bestand, und für den inneren Zustand der dort verbliebenen Kriegsgefangenen.

Dazu muß hier etwas nachgetragen werden, was bisher noch nicht erwähnt worden ist: Es waren nicht nur meine beiden längeren Aufenthalte im Hospital, die Zugehörigkeit zur Chorgruppe und schließlich meine ›dystrophische Piudermie‹, die es mir ermöglicht hatten, mich ein Jahr lang im Durchgangslager zu halten. Die Russen schickten nach dem 8. Mai 1945 Kriegsgefangene nicht mehr barfuß auf den Transport in die sowjetischen Arbeitslager. Ohne Schuhe aber waren seitdem noch viele Hunderte nach Focşani gekommen.

Deshalb hatte man eine Schusterwerkstatt eingerichtet, in der unbrauchbar gewordenes Schuhzeug der Roten und der deutschen Armee auf eine einfache Weise wieder brauchbar gemacht wurde. Das Oberleder – ganz gleich aus was für einem Material es auch immer bestand – wurde von den verschlissenen Sohlen abgetrennt, wenn nötig geflickt und dann auf Holzsohlen genagelt, wodurch die Schuhe etwas kleiner wurden. Wer ohne Schuhe kam, dem wurden oft schon gleich nach seiner Ankunft diese Pantinen verpaßt. Ich hatte Schuhgröße 46, mir paßten keine. So blieben mir auch noch nach zwölf Monaten nur meine Dreiviertel-Gummigaloschen, aus denen die nackten Zehen und der bloße Fußballen vorne herausschauten, – so blieb ich auch noch mit meinen fast abgeheilten Beinen in Focşani.

Ende September wurden wir aus unserer Baracke in den Versammlungsraum geholt, der früher auch unserer Chorgruppe zum Üben und zum Vortrag zur Verfügung gestanden hatte. Warum wir dorthin gebracht worden waren, wurde uns nicht gesagt. Es ist für das Verständnis des Folgenden wichtig zu wissen, daß ich der einzige Altgefangene in unserer Baracke war. Alle anderen befanden sich erst seit ein paar Wochen oder Monaten im Durchgangslager. Sie hatten also keine oder doch nur kaum Erfahrung mit dem ›System‹ machen können, dem sie hier unterstanden. So saß den meisten noch die ›Russenangst‹ in den Knochen, jene Angst vor dem, was sie als Kriegsgefangene von den Russen zu erwarten hatten. Sie mußte nicht erst von der Propaganda eingeimpft werden. Jeder hatte sie vom Beginn des Rußlandfeldzuges an gehabt.

Der Versammlungsraum war völlig ausgeräumt, das Podium und die Bänke waren entfernt worden. Nachdem wir etwa eine halbe Stunde oder länger in dem leeren Raum mit der Frage allein gelassen worden waren, was wir hier eigentlich sollten, öffnete sich plötzlich die Tür. Herein kamen ein russischer Offizier und vier Rotarmisten, die Maschinenpistolen auf den Hüften. Hinter ihnen tauchte noch ein unbewaffneter Uniformierter auf.

Das Ungewöhnliche an diesem Auftritt war nicht, daß die vier Rotarmisten bewaffnet waren – alle russischen Soldaten trugen stets ihre Waffen mit sich. Aber bislang hatten sie sich als Bewacher oder als Begleiter der Arbeitskommandos immer nur außerhalb des Stacheldrahts aufgehalten. Ins Lager war keiner hereingekommen. Die einzigen Russen, die ihren Dienst innerhalb des Stacheldrahts taten, waren die Offiziere der Lagerleitung und die Ärzte.

Jetzt trat der unbewaffnete Uniformierte – es war der Dolmetscher – vor und rief laut schallend durch den Raum: »Alles hinten an die

Wand!« Langsam wichen wir zurück, während sich die vier Soldaten an der gegenüberliegenden Wand neben der Tür aufstellten, die Maschinenpistolen auf uns gerichtet. Eine eisige Stille breitete sich aus. Jeder von uns spürte nur noch das Klopfen seines Herzens, als von irgendwoher eine Stimme in gepreßtem Ton sagte: »Die lösen das Lager auf und wissen nicht, was sie mit uns machen sollen. Die knallen uns hier einfach ab!« Obwohl diese Sätze mehr geflüstert als gesprochen worden waren, schien sie doch jeder gehört zu haben.

Im nachhinein ist es leicht zu sagen: »Daß die Russen hier eine ganz andere Absicht verfolgten, hättet ihr euch doch denken können.« Ebenso leicht ist es zu meinen, daß gerade ich als Altgefangener mit meiner Erfahrung des ›Systems‹ in jenem Augenblick eigentlich gegen die Wirkung dieser Sätze hätte gefeit sein müssen. Aber *in* einer solchen Situation ist das ganz anders. Überraschungen waren wir von den Russen gewöhnt, und mit Maschinenpistolen bewaffneten Rotarmisten hatten wir innerhalb des Lagers und noch viel weniger innerhalb einer Baracke niemals gegenüber gestanden. Für einen Augenblick sah ich das Gesicht meiner Mutter vor mir: Wenn die uns hier erschießen, wird sie nie erfahren, was mit mir geschehen ist, konnte ich gerade noch denken, als die Stimme des Dolmetschers schon wieder durch den Raum schallte: »Einzeln vortreten!« Keiner rührte sich. »Einzeln vortreten!« wiederholte er, jetzt sichtlich ungeduldig geworden. Als sich immer noch niemand rührte, sprang plötzlich einer der Rotarmisten auf uns zu: »Tschto takoije?« (Was ist mit euch los?) schimpfte er und zerrte den ersten besten am Arm vorwärts. An der Tür angekommen, riß er ihm beide Arme hoch. Polternd fielen ein paar Holzpantinen auf den Bretterboden. »Anziehen! Schuhe anziehen! Sofort!« schrie ihm der Dolmetscher ins Gesicht, während der Rotarmist ihn packte und vor die Tür auf den Lagerplatz stieß.

Schlagartig löste sich der Bann, der auf uns gelegen hatte: Die suchen nach versteckten Schuhen! Die brauchen noch ein paar Dutzend Kriegsgefangene für ihren Transport, der noch nicht voll ist! Jetzt erklärte sich auch die Anwesenheit des russischen Offiziers und der vier bewaffneten Rotarmisten. Sie gehörten zur Begleitmannschaft des vor dem Lager wartenden Transportzugs und holten sich, um die Güterwaggons voll zu kriegen, einfach die noch fehlenden Kriegsgefangenen persönlich aus dem Lager. Und damit ihnen keiner auskam, waren wir in die leere Baracke geholt worden. Wer da geglaubt hatte, mit einem so plumpen Trick – mit unter der Jacke versteckten Holzpantinen – die Russen hinters Licht führen zu können, hatte sich geirrt.

Nachdem wir einzeln an dem Offizier vorbeigezogen und nach versteckten Schuhen ›gefilzt‹ worden waren, wurden alle, die ihre Pantinen unter der Jacke verborgen hatten, von den fünf Runsen direkt von der Baracke zum Transportzug gebracht. Eine halbe Stunde später sahen wir ihn davon fahren. Die wenigen, denen wie mir keine Schuhe gepaßt hatten, kamen zurück in eine der beiden Baracken, die noch belegt waren.

Ein paar Tage später wurde bekannt gegeben, daß ein Transportzug in eine der von der Roten Armee besetzten deutschen Ostprovinzen zusammengestellt würde. Es werde sich dort um Aufräumungsarbeiten, also um leichtere Tätigkeiten handeln, die alle noch in Focşani Gebliebenen, auch die bedingt arbeitsfähig Geschriebenen, leisten könnten. Von dort werde es dann bald nach Hause gehen, – skoro domói, zwei russische Wörter, die wir noch oft hören sollten. Damals hatten wir noch nicht gelernt, jenes skoro domói nicht eher zu glauben, als bis wir den Beweis vor Augen hatten.

Am 1. Oktober war es soweit. Am Lagertor schaute der russische Arzt nur flüchtig die Reihen durch. Da es angeblich zu leichterer Arbeit und dann bald nach Hause gehen sollte, wurde auch auf vorhandene oder mangelhafte Fußbekleidung nicht mehr geachtet. Von der Verladerampe schaute ich noch einmal zurück auf das Lager, in dem ich mich zwölf Monate lang in der Hoffnung hatte halten können: Rumänien ist noch nicht Rußland, die Karpaten sind noch nicht der Ural. Von hier aus kommst du vielleicht eher nach Hause als von einem Arbeitslager im Innern der Sowjetunion, – eine Hoffnung, die sich Anfang September beinahe erfüllt hätte. Auch jetzt hatte ich sie noch nicht aufgegeben. Klammerten wir uns doch alle an jene vagen Aussagen über das Ziel unseres Transports und an jenes skoro domói. Noch ein letzter Blick auf die Wachttürme und das ›Kunstwerk‹ aus Stacheldraht, die das Lager umgaben, auf den jetzt wie ausgestorben wirkenden staubigen Lagerplatz und auf die niedrigen, dunklen Baracken, die ihn einrahmten, dann stiegen wir in die Güterwaggons. In jeden Waggon kamen fünfzig Mann. Wir hatten gerade noch so viel Platz, daß wir uns ausstrecken konnten. An der Waggontür blieb ein kleiner Raum für zwei Abortkübel ausgespart. Wenn der Zug auf freier Strecke hielt – und er hielt oft und lange – öffneten die Posten auf Verlangen die Tür und erlaubten uns, die Kübel auf den Bahndamm auszuleeren. Während der Fahrt gab es einmal täglich ein teeähnliches Getränk, einen Schlag heiße Suppe und das übliche Stück nasses schwarzes Brot.

Am 5. Oktober las ich auf einem Stationsschild, vor dem der Zug wieder einmal längere Zeit hielt, den Ortsnamen Kasátin. Ich kannte den Bahnhof von einem meiner Urlaubsfahrten. Da drüben auf dem ersten Bahnsteig hatte ich bei Regen und Wind im April 1943 gestanden und auf den Anschluß-Urlauberzug nach Warschau und Berlin gewartet. Normalerweise waren wir von Odessa aus über Rumänien und Ungarn auf Urlaub gefahren. Nur einmal, in jenem April, wurde ich aus irgendeinem, mir unverständlichen organisatorischen Grund über Kasátin geschickt, einen Eisenbahnknotenpunkt südwestlich von Kiew, in dem sich die von Odessa kommende, nach Norden gehende Hauptstrecke mit der nach Warschau führenden Ost-West-Verbindung kreuzt, die von Rostow herkommt, das an der Mündung des Don ins Asowsche Meer liegt.

Aber unser Transportzug fuhr lediglich 200 km in westlicher Richtung. In Rowno bog er nach Norden ab. Wir merkten das nicht nur am Sonnenstand, sondern auch daran, daß es von Tag zu Tag und von Nacht zu Nacht fühlbar kälter in den Waggons wurde. Öfen waren in Focşani, wo es bei unserer Abfahrt noch spätsommerlich warm gewesen war, nicht aufgestellt worden. Da wir in den überfüllten Waggons sowieso eng wie die Büchsenheringe nebeneinanderlagen, war die zunehmende Kälte noch zu ertragen.

Am 14. Oktober wurden die Waggontüren aufgerissen und die Begleitmannschaften schrien: »Dawei, dawei! Sschaditije!« (Los, los! Runter von den Waggons!) Wir waren am Ziel. Der Zug stand vor einem kleinen Stationsgebäude. Über die Geleise trieb der Wind die ersten Schneeflocken. Offensichtlich waren wir hier irgendwo hoch im Norden. JÕHVI stand auf dem Bahnhofsschild in kyrillischen und in lateinischen Buchstaben. Ein deutscher Ortsname ist das nicht, aber auch kein russischer, dachte ich. Und wieso steht er da in kyrillischer und in lateinischer Schrift?

Vom Bahnhof ging es nicht in die nördlich der Geleise gelegene Ortschaft hinein, sondern zunächst auf dem Kopfsteinpflaster einer breiten Überlandstraße in südlicher Richtung. Nach mehreren Kilometern bog unsere Kolonne auf eine nach Osten führende ungepflasterte Nebenstraße ab. Das Schneetreiben mußte erst vor kurzem eingesetzt haben, denn die Straße und die Felder waren noch nicht weiß. Nur die Pfützen in den Schlaglöchern hatten bereits eine dünne Eisschicht, und die Frostkälte stieg während des Marsches langsam von meinen ungeschützten Füßen hinauf in die Waden und Knie. Rechts und links der Straße standen an den Böschungen der Gräben vereinzelt Büsche, die

Zweige noch mit herbstlich braunem Laub bedeckt. Dahinter breiteten sich Äcker aus, die in der Ferne an Wälder grenzten.

Wir waren bereits eine Weile marschiert, als mir plötzlich jene Straße aus meinem Traum vor Augen stand, den ich Anfang September in Focşani drei Nächte hintereinander unverändert geträumt hatte. Ich will hier keineswegs behaupten, daß ich mich nun leibhaftig auf jener Straße befand, auf der ich mich im Traum hatte marschieren sehen. Doch konnte ich mich des Eindrucks nicht erwehren, daß sie jener im Traum ähnlich war, und das dunkle Gefühl, noch einen weiten Weg vor mir zu haben, das ich auf der Straße im Traum gehabt hatte, stieg in diesem Augenblick wieder in mir auf und wurde zu der Gewißheit: von hier kommst du so bald nicht mehr weg.

Nach einer guten Stunde Fußmarsch tauchte in der Ferne ein riesiger Fabrikschornstein auf, dann ein mächtiges Betongebäude, das sich später als Förderhalle herausstellen sollte, und schließlich eine Ansammlung von Verwaltungs- und Wirtschaftsgebäuden. Nach zweieinhalb Stunden hatten wir den Komplex erreicht. Es war die östliche Schachtanlage des estnischen Ölschiefergebiets, die sich etwa 40 km nördlich des Peipussees inmitten von Wäldern und Sümpfen befand. Der Ort, den diese Gebäudegruppe bildete, hieß Ahtme.

AHTME

Lager I

Zum Ölschieferschacht gehörten zwei Kriegsgefangenenlager mit insgesamt vier- bis fünftausend Insassen. Das erste befand sich östlich, das zweite, dem noch ein Lazarett angeschlossen war, südlich des Schachts. Unser Transport kam ins Lager I.

Der Stacheldrahtzaun, der es umgab, war wie der in Focşani ein ›Kunstwerk‹, das auch hier die jahrzehntelange Erfahrung des ›Systems‹ mit der Absonderung von Menschengruppen verriet. Als wir durch das Tor marschierten, fiel uns als erstes ein großes Transparent auf, das fast die ganze Außenseite der neben dem Tor gelegenen Verwaltungsbaracke unterhalb der Fenster bedeckte. Darauf stand in Blockbuchstaben auf weißem Grund: »Als Knechte der Kriegsverbrecher zogt ihr aus. Als Helden der Wiedergutmachung werdet ihr heimkehren.« Nach der üblichen Filzung wurden wir auf die Baracken verteilt. Statt hölzerner Pritschen fanden wir hier roh gezimmerte zweistöckige Betten mit Strohsäcken vor. Jeweils vier Betten standen zusammen, dazwischen war ein schmaler Gang.

Da es bereits bei unserer Ankunft am Bahnhof Jöhvi zu schneien begonnen hatte, bekamen wir nach und nach Winterbekleidung. Die Stükke waren z.T. von Einheiten der Roten Armee, z.T. von zivilen Arbeitsbrigaden abgelegt worden. So schäbig und reparaturbedürftig ein Großteil der Wattejacken und -hosen auch war, die wir jetzt gegen unsere verschlissenen Uniformen austauschen konnten, sie hielten uns in den kommenden Wochen und Monaten warm. Dazu gab es Handschuhe und Wintermützen mit Ohrenklappen. Nach einem und einem Viertel Jahr Kriegsgefangenschaft bekam auch ich endlich wieder festes Schuhwerk. In meiner Schuhgröße gab es im Magazin nur ein einziges Paar Schnürstiefel, das sogar noch Ledersohlen hatte, und in das wir uns zu zweit teilen mußten. Das sollte sich in den folgenden Wochen als Vorteil erweisen. Endlich bekamen wir auch Unterwäsche, die jeden Samstag gewechselt und gewaschen wurde. Zwischen den estnischen Sümpfen gelegen hatte das Lager genug Wasser, so daß wir uns täglich vor und nach der Arbeit in mehreren Waschanlagen reinigen konnten. Die Verpflegung war in der ersten Zeit etwas besser als in Focşani. Statt 450 g gab es hier im Arbeitslager 600 g des gleichen schwarzen nassen Brotes, dazu 17 g – das ist ein gestrichener Suppenlöffel – Zukker und eine gestrichene Streichholzschachtel voll Machorka-Tabak, der aus den kleingeschnittenen Stengeln der Tabakpflanze, nicht aus Blättern besteht, sowie morgens und abends einen Liter Suppe, die mal etwas dicker, mal dünner war, je nachdem, wieviel von der uns zustehenden Verpflegung vorher schon für die Privilegierten abgezweigt worden war. Wie bei den Russen wurde auch bei uns mittags nicht gegessen. So war der erste Eindruck im großen und ganzen gesehen eher positiv.

Die Aufschrift des Transparents an der Verwaltungsbaracke »Als Knechte der Kriegsverbrecher zogt ihr aus. Als Helden der Wiedergutmachung werdet ihr heimkehren« war eine klare Aussage über den Zweck, den wir hier zu erfüllen und die Arbeitsleistung, auf die wir uns einzustellen hatten. Leichtere Tätigkeiten für bedingt arbeitsfähig Geschriebene waren hier offensichtlich gar nicht vorgesehen.

Fürs erste ließ man uns jedoch in Ruhe, ohne uns dafür eine Erklärung zu geben. Nur ab und zu gingen ein paar Arbeitskommandos in die umliegenden Wälder, um Holz für die Küche und die Baracken zu schlagen. Man schien sich mit unserem auf dem Transparent angekündigten Arbeitseinsatz Zeit zu lassen.

Erst Mitte November änderte sich das. Zum Schacht waren es von beiden Lagern aus nicht mehr als zwanzig Minuten. Aber wir marschierten nicht zur Arbeit in das Ölschieferbergwerk. Stattdessen ging es täglich in der Früh achteinhalb Kilometer auf der ungepflasterten Landstraße, die wir gekommen waren, nach Jöhvi und am Nachmittag die achteinhalb Kilometer wieder zurück. Vor dem Abmarsch gab es morgens um sechs Uhr den Liter Wassersuppe und 300 g von dem schwarzen nassen Brot und nach zwölf Stunden um sechs Uhr abends wieder die Wassersuppe und 300 g Brot, dazu die 17 g Zucker und die Streichholzschachtel voll Machorka. In der relativ kurzen Zeitspanne, die uns zwischen An- und Rückmarsch verblieb, waren auf dem Bahnhof Jöhvi lediglich Aufräumungsarbeiten zu verrichten, eine in unseren Augen völlig sinnlose Tätigkeit, bei der wir uns auf der winzigen Provinzstation mehr im Wege standen, als daß produktive Arbeit geleistet worden wäre.

Da es im Magazin nur das eine Paar Lederschuhe Größe 46 gegeben hatte, aber in unserer Baracke zwei Insassen mit großen Füßen wohnten, trugen wir die Schuhe abwechselnd. So brauchte ich die siebzehn-Kilometer-Märsche nur jeden zweiten Tag zu machen und kam nicht ganz so rasch von Kräften wie all jene, die täglich nach Jöhvi und zurück laufen mußten. Erst im Januar konnte ich die Schuhe ganz für mich behalten, da der Mitbenutzer ins Lazarett eingeliefert wurde.

Bereits Anfang Dezember legte der Winter bei Kältegraden bis zu -22 Grad C auf Äcker und Felder eine dicke Schneedecke, die sich auf der Straße vom Lager bis zum westlichen Ortsausgang von Ahtme unter dem täglichen Lastwagenverkehr des Schachtbetriebs in eine spiegelnde Eisplatte verwandelte. Kriegsgefangene sowjetischer Arbeitslager marschieren in Fünferreihen zur Arbeit. Das erleichtert dem verantwortlichen Begleitpersonal das Abzählen am Lagertor. Uns erleichterte es ein wenig das Marschieren auf den ersten schneeglatten Kilometern. Wenn wir uns zu fünft gegenseitig einhakten und stützten, marschierte es sich etwas besser und war die Gefahr, auszugleiten und hinzuschlagen, geringer. Erst außerhalb von Ahtme hörte die Schneeglätte auf. Aber dort wartete auf uns ein anderes Problem. Jeder Skifahrer weiß, daß Schnee unter ungewachsten Holzskiern festbackt. Wer von uns noch seine Wehrmachtsstiefel besaß oder wie ich solche bekommen hatte, konnte den Schnee immer wieder von den Ledersohlen abklopfen. Wer dagegen in jenen Holzpantinen durch den knöcheltiefen schweren Schnee stapfen mußte, dem backte er schon auf den ersten Kilometern in dicken Klumpen unter den Holzsohlen fest, so daß die Träger dieser Pantinen mit ihren Füßen immer wieder nach außen oder innen umknickten, wodurch sich das Marschtempo erheblich verlangsamte. Aus den zweieinhalb wurden allmählich drei Stunden Marsch in jeder Richtung, was den ganzen sogenannten Arbeitseinsatz von Tag zu Tag zu einer immer sinnloser werdenden Strapaze machte. Die Zahl der Fußkranken stieg rapide an. Immer mehr Kriegsgefangene mußten im Lager bleiben, weil die Sehnen und Muskeln ihrer Füße in Kürze Zerrungen aufwiesen.

Der Hunger, der uns vom ersten Tag in sowjetischen Gefangenenlagern an begleitet hatte, wurde jetzt zum alleinigen Inhalt unseres Denkens und Fühlens. Ein deutscher Lagerarzt hat uns später gesagt, daß der Kalorienwert der täglichen Verpflegung, die wir damals bekamen, unter demjenigen lag, den ein ›Normalverbraucher‹, wenn er körperlich nicht arbeitet, zur bloßen Erhaltung seines Körpergewichts benötigt.

So ist jene Szene nur zu verständlich, deren Zeuge ich an einem klaren und kalten Wintertag wurde. Wieder einmal bewegten wir uns auf dem Bahnhof herum, um hier und dort ein paar Handgriffe zu tun, die Beschäftigung vortäuschen sollten. Jenseits der Geleise stand am Ortsrand von Jöhvi ein Häuschen, dessen Besitzer offensichtlich ein estnisches Ehepaar war. Zum Haus gehörte ein kleiner weißer Spitz. Unweit des Häuschens waren einige Kriegsgefangene damit beschäftigt, am Gleiskörper herumliegende Balken und Bretter zusammenzutragen, als sich in der Mittagssonne die Tür öffnete und die Hausfrau ihrem Spitz ein Schüsselchen mit verschiedenen Küchenabfällen, wie sie Hunde mögen, zum Fressen herausbrachte. Kaum hatte sich die Tür wieder geschlossen, als ein Kriegsgefangener zu dem nur wenige Meter vom Gleiskörper entfernt stehenden Häuschen hinübersprang, den Spitz mit dem Fuß beiseite stieß und sich gierig mit beiden Händen die Küchenabfälle in den Mund stopfte. Durch das Jaulen und Bellen des getretenen und um sein gewohntes Futter gebrachten Hündchens aufmerksam geworden, erschien die Estin wieder in der Tür, worauf der Kriegsgefangene das Schüsselchen in den Schnee warf und wieder zu seiner Gruppe zurücksprang. Die Estin blickte wortlos auf die leere Schüssel, pfiff ihren Spitz herbei und verschwand mit ihm wieder hinter der Tür. Wir wußten damals noch nichts von der Lage der Esten seit der Besetzung des Landes durch die Russen im Sommer 1940. Aber daß sie kein Wort gesagt hatte, zeigte uns unmißverständlich, daß sie seitdem wußte, was Hunger bedeutet und wozu er einen Menschen treiben kann.

Nach zweieinhalb Wochen ging es statt zum Bahnhof zu einem Steinbruch, der eineinhalb Kilometer von der Station entfernt lag. Das bedeutete: die täglichen Hin- und Rückmärsche machten jetzt insgesamt 20 Kilometer aus. Im Steinbruch wurden Pickhacken ausgegeben, mit denen wir die Felsbrocken aus dem bereits tief durchgefrorenen Gestein zu lösen hatten. War die Beschäftigung auf dem Bahnhof sinnlos gewesen, so war diese Arbeit völlig ineffektiv. Mit Wiedergutmachung hatte beides vorerst noch nichts zu tun.

Obwohl wir immer nur etwa vier bis fünf Stunden im Steinbruch blieben, drang die Bodenkälte durch die dünnen Ledersohlen und Fußlappen bald in die Füße und kroch langsam bis in die Knie hinauf. Auf dem Rückmarsch dauerte es dann etwa eine Stunde, bis die Körperwärme wieder in die Beine und Füße zurückgeströmt war.

Jener erste, eher positive Eindruck, den wir von diesem Lager gehabt hatten, war längst der nüchternen Erfahrung gewichen, die wir hier noch auf Monate machen sollten: Wenn wir zur Wiedergutmachung hierher geschickt worden waren, so ließen sich die Russen dafür offensichtlich eine Menge Zeit. Und da nach Karl Marx derjenige, der nicht arbeitet, auch nicht essen soll, mußte in einem Arbeitslager diese Zeit mit etwas ausgefüllt werden, was zumindest wie Arbeit aussah. Darauf, daß diese auch Sinn und Effektivität hatte, kam es in diesem

›System‹ offensichtlich überhaupt nicht an. So drängten sich uns in den folgenden Wochen und Monaten immer stärker die Fragen auf: Wann wird die eigentliche Wiedergutmachungsarbeit, zu deren Verrichtung man uns doch hierher transportiert hatte, beginnen? Und was für Arbeit wird das sein? Wenn die Russen damit keine Eile hatten, welche Zeitspanne hatten sie dann für diese Wiedergutmachung veranschlagt? Ein paar Jahre? Ein halbes oder ein ganzes Jahrzehnt?

»Es ist der Geist, der sich den Körper baut«

In diesen Tagen der tristen Gedanken, der Fragen ohne Antwort und der physischen Erschöpfung las ich an einer Barackentür auf einem Pappdeckel: »Wie entsteht ein Buch? Vortrag von Arnold Fratscher. Heute abend nach dem Suppenempfang.« Will uns hier vielleicht ein Buchbinder erzählen, wie man Buchdeckel zusammenleimt? war mein erster Gedanke. Aber dann wurde ich doch neugierig, was für ein sonderbarer Vogel in unserer derzeitigen Situation auf die Idee kam, über die Entstehung eines Buches zu sprechen.

Es war längst dunkel geworden, als ich in die Baracke trat. Beim spärlichen Licht einer 25-Watt-Birne sah ich in der Ecke neben der Tür sechs Besucher auf dem Fußboden sitzen, vor ihnen auf einem Schemel einen etwa fünfundvierzig Jahre alten Kriegsgefangenen, dessen Gesichtszüge auf den ersten Blick den Intellektuellen verrieten. Er reichte mir die Hand: »Arnold Fratscher«, stellte er sich vor. »Herzlich willkommen!« Ich nannte meinen Namen und setzte mich zu den übrigen Sechs auf den Fußboden.

Als niemand mehr erschien, wandte sich Arnold uns zu. »Ich freue mich, daß ihr gekommen seid«, begann er. »Ich nehme an, daß ihr Euch über meine Ankündigung etwas gewundert habt und wahrscheinlich nicht so recht wißt, worüber ich zu euch sprechen will. Was ich mit dem Titel nicht meine, ist, wie ein Buch in der Druckerei und Binderei entsteht. Vielmehr möchte ich euch erzählen, wie ein Verlag sein Programm entwickelt und wie er an die Autoren von Namen, Rang und Ruf herankommt, die er dafür gewinnen will.« Arnold Fratscher war vor seiner Einberufung zum Wehrdienst Cheflektor des Verlags Vandenhoeck und Ruprecht in Göttingen gewesen, eine Stellung, die er nach seiner Rückkehr aus der Kriegsgefangenschaft wieder einnahm. »Ich bin auf die Idee gekommen, zu euch von meinem Beruf zu sprechen«, fuhr er fort, »weil ich meine, daß wir in der Misere, in der wir uns hier seit Wochen befinden, einmal an etwas anderes denken und über etwas anderes reden sollten als über die dünnen Suppen, das nasse Brot und den Hunger. ›Es ist der Geist, der sich den Körper baut‹ sagt Friedrich Schiller. Und wenn es uns jetzt auch körperlich miserabel geht, so muß das ja nicht auch noch unsere geistige Verfassung beeinflussen.« Und dann sprach er davon, wie ein wissenschaftlicher Verlag sein Publikationsprogramm entwickelt, und wie er, Arnold Fratscher, an die Autoren herangetreten ist, die er für dieses Programm gewinnen wollte.

Ich habe Namen und Einzelheiten seines Vortrags nicht mehr im Gedächtnis behalten. Aber diese Stunde war der Beginn eines wenn auch nur kurze Zeit dauernden allabendlichen Zusammenseins, in dem uns der Wahrheitsgehalt jener Worte Friedrich Schillers von Mal zu Mal deutlicher wurde. Wir trafen uns von da an nur noch zu dritt: Arnold Fratscher, der evangelische Pfarrer Erich Schwanitz und ich, und sprachen über das, was jeder von uns auf so ganz verschiedene Weise vor dem Krieg erlebt hatte, über das graue Heute und über das, was uns hier morgen erwarten würde.

Erich Schwanitz hatte eine poetische Ader und begann, Gedichte über die kleinen Alltagsfreuden des armen Plenni zu verfassen. Mir war es gelungen, durch alle bisherigen Filzungen Rainer Maria Rilkes Stundenbuch hindurchzubringen. Auf der Titelseite stand groß die Jahreszahl der ersten Veröffentlichung: 1899. Jedesmal, wenn ein Rotarmist meine Sachen durchfilzte, zeigte ich mit dem Finger auf diese Zahl, die den schmalen Band als nicht-nazistische Literatur auswies, und jedesmal durfte ich ihn behalten. Auch Arnold war es gelungen, Goethes Faust durch alle Filzungen zu bringen. Unter unserem Barackendach klangen Rilkes und Goethes Verse wie ein fernes Echo aus einer versunkenen Welt.

So bauten wir uns in unserem Zusammensein einen Wall gegen die geistlose Öde und physische Misere unseres Kriegsgefangenenalltags. Und wie in den Tagen der Chorgruppe in Focşani stand das, was einmal unser Leben erfüllt hatte und eines Tages wieder erfüllen sollte, allabendlich im Halbdunkel des Barackenraums.

Als wir am 2. Adventssonntag todmüde von unserem Steinbruch bei Jöhvi zurückkehrten – wir mußten, um den Weihnachtstag frei zu bekommen, die beiden vorausgehenden Sonntage arbeiten – hing an der Barackendecke ein Adventskranz. Vom Waldkommando, das Brennholz für die Küche und das Lager schlug, hatten einige ein paar Tannenzweige mitgebracht und einen Kranz geflochten. In Ermanglung von Kerzen schmückten ihn vier rote Holzstifte. Über zweien von ihnen haben wir dann aus Holzsplitterchen, die im Kreisbogen auf einem feinen Draht aufgereiht wurden, einen Kerzenschein angedeutet. Wie immer bei solchen Anlässen sprachen wir darüber, wie wir die Adventsfeiern daheim begangen hatten, und für einen Augenblick öffnete sich unser öder Gefangenenalltag und in seine Dunkelheit fiel das Licht aus einer anderen Welt.

In den nächsten Tagen und Wochen gingen die sinnlosen Märsche zum Steinbruch bei Jöhvi weiter trotz der Kältegrade, die manchmal -20 Grad C erreichten, und der Schneemassen, die der Winter in diesem Jahr brachte. Meine zweite Weihnacht in Kriegsgefangenschaft – für die andern, die erst 1945 kapituliert hatten, war es die erste – hatte ein anderes Gesicht als jene im Durchgangslager Focșani. Diesmal saßen wir unter einem richtigen Christbaum. Die russischen Begleitposten hatten nichts dagegen gehabt, daß die Leute vom Holzkommando kleine Tannenbäume mit ins Lager schleppten. Wir hatten unseren mit bunten Scherben und Bändern, die in und außerhalb des Lagers in unsere Hände gefallen waren, liebevoll geschmückt. Jemand hatte sogar aus einem russischen Magazinraum von den dort lagernden deutschen Beuteständen ein Dutzend Hindenburglichter mitgebracht, wie bei der Wehrmacht die in kleinen Pappbechern befindlichen Teelichter genannt wurden. Wir hatten sie kunstvoll auf den Zweigen befestigt.

Nachdem Erich unter dem Lichterbaum die Weihnachtsgeschichte, deren Wortlaut er als Pfarrer auswendig wußte, gesprochen hatte und wir unsere Weihnachtslieder gesungen hatten, wurde es still im Raum. Jeder hing seinen eigenen Gedanken nach: Wie mögen sie daheim diese erste Friedensweihnacht feiern? Wann werden wir wieder unter dem Lichterbaum mit unserer Familie zusammen sein können? Wieviele Weihnachten werden sie noch auf uns warten müssen? Noch zwei, noch drei, noch mehr?

»Hier habe ich die deutsche Übersetzung eines Gedichts von Konstantin Simjonow«, sagte Erich plötzlich in die Stille hinein zu Arnold und mir. »Ich habe es zufällig in der Lagerbibliothek gefunden, in der ich neulich mal herumgestöbert habe. Simjonow hat es im zweiten Kriegsjahr 1942 an der Front geschrieben, und jeder von euch mag ganz allein für sich denken, an wen er es gerichtet hat und dabei zugleich an den Menschen denken, den ihr meint, wenn ihr es hört:

Wart auf mich, ich komm zurück, aber warte sehr!

Warte, wenn der Regen fällt grau und trüb und schwer.

Warte, wenn der Schneesturm tobt, wenn der Sommer glüht.

Warte, wenn die ändern längst, längst des Wartens müd.

Wart auf mich, ich komm zurück, stolz und kalt hör zu,
wenn der Besserwisser lacht: zwecklos wartest du!
Wenn die Freunde Wartens müd mich bedauern schon,
trauernd sich ans Fenster setzt Bruder, Schwester, Sohn.
Wenn sie mein gedenken dann, trinken herben Wein,
du nur trink nicht, warte noch mutig, stark, allein.

Wart auf mich, wenn auch von hier dich kein Brief erreicht.
Warte, bis auf Erden nichts deinem Warten gleicht.
Was am Leben mich erhält, weißt nur du und ich,
daß du so wie niemand sonst warten kannst auf mich!«

Ich sah meine Mutter zu Hause am Fenster sitzen und in die Schneeflocken blicken, die der Wind vorbeitrieb. Wieviele Mütter und Frauen
saßen in diesen Tagen, Monaten und Jahren zu Hause und warteten,
warteten, warteten ...?

Das Jahr 1946 begann wenig verheißungsvoll. Von der ersten Janu-
arwoche ab wurde die Verpflegung schlechter, die Suppe am Morgen
und Abend war nur noch eine dünne Wasserbrühe, und die tägliche Ration nasses schwarzes Brot wog höchstens noch 400 Gramm. Trotzdem
wurden wir weiter in den Steinbruch geschickt. Hungrig zogen wir
morgens los durch den Schnee und den eisigen Wind zu der sinnlosen
Beschäftigung, die mit produktiver Arbeit und Wiedergutmachung so
gut wie nichts gemeinsam hatte. Mitte Januar bekamen wir offiziell nur
noch 200 Gramm Brot täglich. An manchen Tagen blieb das Brot ganz
aus.

Jeden Tag kommt es vor, daß bereits zu Beginn des Anmarsches Dutzende von Kriegsgefangenen vor Schwäche zusammenbrechen und
wieder ins Lager geschafft werden müssen. Vom 22. Januar an gibt es
überhaupt kein Brot mehr. Stattdessen wird 4 Tage lang morgens und
abends eine mit Kleie eingedickte Suppe ausgegeben. Am fünften Tage
verkündet der Küchenchef, daß es von jetzt ab auch keine Suppe mehr
gebe, und fügt hinzu: wer von seinem Arbeitskommando noch Mais,
Hafer oder dergleichen ins Lager mitgebracht habe, könne in der Küche kochendes Wasser bekommen, um die Körner aufquellen zu lassen
und eßbar zu machen. Einige wenige Kriegsgefangene fungierten als
Pferdekutscher in Ahtme und pflegten regelmäßig einen Teil der ohnehin schon knapp bemessenen Haferration für ihre Panjegäule, deren
Rippen man zählen konnte, für sich abzuzweigen. Wie im ›System‹ üblich, wird uns der wahre Grund für das Ausbleiben der Verpflegung
vorenthalten. Die offizielle Auskunft lautet: der Verpflegungstransport

sei irgendwo im tiefen Schnee stecken geblieben. Erst ein paar Wochen später erfahren wir die Wahrheit.

Am 26. Januar wird plötzlich kein Arbeitskommando mehr aus den Baracken herausgepfiffen. Das Lagertor bleibt geschlossen. Die tief verschneiten Lagerwege und -straßen sind wie ausgestorben. Nur hin und wieder bewegt sich ein Kriegsgefangener zur Latrine oder zur Küchenbaracke, um Brennholz für den Barackenofen zu holen. Jenseits des Stacheldrahts patrouillieren die russischen Wachtposten in ihren Walenkis, ihren Filzstiefeln, lautlos auf und ab. Mit den rieselnden Schneeflocken senkt sich eine gespenstische Stille auf das Lager.

»Die vergessen uns hier und lassen uns einfach verhungern«, sagt Arnold Fratscher eines Abends, womit er ausspricht, was alle denken. Der Januar geht zu Ende und der Februar beginnt. Das Thermometer sinkt unter -30 Grad C. Das quälende Hungergefühl, das uns nach dem völligen Entzug jeglicher Nahrung zunächst Tag und Nacht nur noch ans Essen denken läßt – noch einmal, noch ein einziges Mal einen ganzen Laib Brot aufessen dürfen – hat schon am dritten Tag nachzulassen begonnen und einer lähmenden Lethargie Platz gemacht. Ab und zu tauen wir uns auf dem Barackenofen Schnee auf, um wenigstens den Durst zu löschen. Langsam und stetig beginnt der Hungerzustand nicht nur den ohnehin schon geschwächten Körper, sondern auch die Willenskraft zu lähmen. Es wird immer schwieriger, den Entschluß, auf die Latrine zu gehen und die Blase zu entleeren, zu fassen und in die Tat umzusetzen. Ich habe das Gefühl, als werde der Rapport zwischen dem Willenszentrum im Gehirn und den Muskeln immer schwächer. Es bedarf jetzt einer großen Entschlußkraft, den Weg durch die eisige Kälte und den knietiefen Schnee zur Latrine oder zum Holzlagerplatz und wieder zurück zu gehen. Viele Kriegsgefangene stehen überhaupt nicht mehr auf und bleiben in ihren nassen Hosen auf den Strohsäcken liegen. »Es ist der Geist, der sich den Körper baut!« Wir drei schaffen es immer noch, uns vor dieser völligen Selbstaufgabe zu bewahren.

Am Spätnachmittag des 4. Februar wird plötzlich das Lagertor aufgerissen. Vier Studebaker-Lastwagen fahren vor die Küchenbaracke. Der sie begleitende russische Offizier, der vom Führerhaus des vorderen Wagens herabgesprungen ist, läßt uns durch den Dolmetscher wissen, daß auf dem Bahnhof Jöhvi ein Verpflegungszug angekommen sei. Es ist unsere Februarverpflegung, wie sich später herausgestellt hat. Er brauche drei Dutzend Kriegsgefangene zum Ausladen.

Mittlerweile hat sich eine große Zahl neugierig gewordener Lagerinsassen aufgerafft und um die LKWs geschart. Wie sollen wir bei unserem körperlichen Zustand einen Transportzug aus- und die LKWs beladen können? Die Antwort ist denkbar einfach:»Wer es noch schafft, ohne Hilfe auf die offenen LKWs zu klettern, wird mitgenommen!« erklärt der Dolmetscher. Was für eine Chance! Wer da mitfahren kann, der wird sich am Bahnhof zuerst einmal richtig satt essen dürfen. Als erste schaffen es die Küchenbullen, die als Privilegierte, während wir gehungert haben, offensichtlich noch heimlich etwas zu essen zurückbehalten haben. Auch von den Nicht-Privilegierten gelingt es einigen, auf die Ladefläche der LKWs, die sich in Schulterhöhe befindet, hinaufzukommen. Von uns Dreien schafft es keiner.

Spät in der Nacht kommen die Studebaker vollgeladen zurück. »Am Bahnhof durften wir zunächst einmal ein Feuer machen, auf das wir eines der leeren dort herumstehenden Benzinfässer gestellt haben«, erzählte uns einer, der mitgefahren war. »In das Faß haben wir Schnee geschaufelt und es mit dem Schmelzwasser zweimal nacheinander ausgekocht. Dann durften wir uns in der Tonne einen dicken Hirsebrei kochen, in dem der Löffel stand. ›Wenn ihr nichts im Magen habt, könnt ihr auch nicht abladen‹, hat uns der Offizier durch den Dolmetscher sagen lassen. So haben wir uns zuerst einmal die Bäuche vollgeschlagen. Dann erst haben wir mit dem Ausladen anzufangen brauchen.«

Auch für uns hatte die Küche am nächsten Morgen eine dicke Kascha (Grützbrei) gekocht. Als ich etwas später zum Holzplatz ging, um ein paar Scheite für den Barackenofen zu holen, erfuhr ich, daß im Lagerraum noch Leute gebraucht werden, die beim Stapeln der Produkte zur Hand gehen sollten und dafür einen Extraschlag Kascha bekommen würden. Es waren immerhin drei Eisenbahnwaggons gewesen, die auszuladen waren. Sofort meldete ich mich und hatte das Glück, bei den zwei Dutzend Ausgewählten zu sein. Für einen Extraschlag Grützbrei nahmen wir unsere letzten noch verbliebenen Kräfte zusammen. Was sonst zwei Kriegsgefangene ohne große Mühe bewegen und heben konnten, dafür brauchte es jetzt vier, manchmal auch mehr. Alles, was ins Magazin hereinkam, wurde zuerst genau gewogen, bevor es an den Wänden aufgestapelt wurde. Als die Studebaker-Ladung von Säcken, Kisten und Kasten über die Waage gegangen war und ihren Platz gefunden hatte, konnte ich der Versuchung nicht widerstehen, mich selbst auf die Plattform der Waage zu stellen. Bei einer Körpergröße von 188 cm war mein normales Gewicht bei der Wehrmacht etwa 160 Pfund gewesen. Als ich auf die Waage trat, stand der Wiegebalken bei 115 Pfund im Gleichgewicht. Ich hatte gerade noch etwas mehr als zwei Drittel meines normalen Körpergewichts.

Bevor es wieder zur Arbeit ging, wurde jeder von uns von russischen Ärzten auf seine Arbeitsfähigkeit untersucht. Dazu hatten wir uns unbekleidet in der Versammlungsbaracke vor die Ärzte zu stellen, denen wir zuerst unsere Vorder-, dann unsere Rückseite zuwenden mußten. Es war offensichtlich der Grad unserer Unterernährung, unserer Dystrophie, wie die Ärzte sie nannten, der den Ausschlag für die Klassifizierung gab. Wir wurden nach den Kategorien K1, K2, K3 und OK eingestuft. K1 bedeutete: tauglich für Arbeit über und unter Tage, K2: tauglich für Arbeit über Tage, K3: tauglich nur für leichte Lagerarbeiten, und OK – wie schon in Focşani –: arbeitsunfähig. Der weitaus größere Teil des Lagers wurde zunächst einmal K3 oder OK geschrieben. Das bedeutete, wir brauchten bis zur nächsten Untersuchung, die dann nicht allzulang auf sich warten ließ, nicht auf Arbeit zu gehen.

Am 7. Februar sank die Außentemperatur bis fast auf -40 Grad C. Gott sei Dank, daß wir nicht in diese Kälte hinaus mußten, sondern die meiste Zeit in der geheizten Baracke bleiben durften. Denn im Lager war außer Schneeräumen und Holzhacken nicht allzuviel zu tun.

Als ich am frühen Morgen des 9. Februar – es mochte gegen 5 Uhr sein – auf die Latrine mußte, sah ich vor der Verwaltungsbaracke die abgeblendeten Scheinwerfer mehrerer großer schwarzer Limousinen. Normalerweise war es um diese frühe Stunde im Lager noch völlig dunkel. Aber heute leuchtete hinter allen Fenstern der Verwaltungsbaracke bereits Licht. Offensichtlich war die deutsche Lagerleitung schon geweckt und in die Baracke geholt worden. Als ich neugierig näher trat, erkannte ich im schwachen Licht der Lampe, die über der Eingangstür der Verwaltungsbaracke hing, deutlich den grünen Streifen an der Mütze eines russischen Offiziers, der die Baracke gerade betrat. Aha, dachte ich, NKWD, wie der heutige KGB, der Staatssicherheitsdienst, damals noch hieß. Das konnte nur bedeuten, daß eine Kommission gekommen war, um die Situation der Kriegsgefangenen im Lager zu überprüfen.

Von Focşani her wußte ich, daß solche Kommissionen zum ›System‹ gehörten, und daß es ebenfalls zum ›System‹ gehörte, die Nachricht von ihrer Ankunft auf irgendwelchen dunklen Kanälen zur russischen Lagerleitung durchsickern zu lassen, damit diese dann am Tage der offiziellen Überprüfung der Kommission ein ›patjomkinsches Dorf‹, eine polierte Fassade, präsentieren konnte. Ich erinnerte mich noch gut an den einen Tag im Hospital Focşanis, als es plötzlich ein Stückchen Butter gab und die Suppe dick wie Brei und mit Milch gekocht war. Schon am Abend war dann alles wieder wie vorher.

Aber jene Kommission in Focşani war nicht wie diese bereits in der Früh um 5 Uhr und völlig unerwartet erschienen. In den langen Jahren meiner Kriegsgefangenschaft war und blieb sie dann auch die einzige, der es gelungen war, ohne die geringste Vorwarnung buchstäblich aus dem Schoße der Nacht aufzutauchen, um nach dem rechten zu sehen. Und das tat sie gründlich.

Jetzt öffnete sich die Tür der Verwaltungsbaracke, und die Gruppe der NKWD-Offiziere, begleitet von der deutschen Lagerleitung, bewegte sich zur Küche hinüber. Alles ging völlig lautlos vor sich, selbst die Schritte waren im weichen Neuschnee nicht zu hören. Dort blieben sie, bis das Lager um 6 Uhr geweckt wurde. Wahrscheinlich unterzogen sie die deutsche Lagerleitung und das Küchenpersonal einem gründlichen Verhör über das, was sich hier von Januar bis Anfang Februar abgespielt hatte.

Erst gegen 9 Uhr wurde die russische Lagerleitung aus Ahtme vom Frühstückstisch weg in die Verwaltungsbaracke geholt. Sie war offensichtlich ebenso überrascht worden wie wir. Schon kurze Zeit später kam sie wieder heraus und stieg, begleitet – oder sollte ich besser sagen bewacht – von zwei NKWD-Offizieren, in eine der großen schwarzen Limousinen, mit der sie auf Nimmerwiedersehen verschwand.

Gegen 10 Uhr wurden die Barackenältesten in die Versammlungsbaracke befohlen und dort instruiert. Sie wurden beauftragt, uns mitzuteilen, daß die Kommission die russische Lagerleitung ausgewechselt habe, – offensichtlich hatte sie die neue gleich mitgebracht – und daß die uns im Januar vorenthaltene Verpflegung in den nächsten Wochen und Monaten Gramm für Gramm nachgeliefert werden würde. Und das Wunder geschah: sie wurde tatsächlich Gramm für Gramm nachgeliefert.

Erst mehrere Wochen nach der Überprüfung durch die Kommission sickerte es im Lager durch – und diesmal war es kein Gerücht, sondern die reine unverfälschte Wahrheit –, daß die ehemalige russische Lagerleitung den größten Teil unserer Januarverpflegung auf dem schwarzen Markt, den es jetzt überall in dem einstmals so reichen Estland gab, verkauft und den Erlös in die eigenen Taschen gesteckt hatte.

Vom 10. Februar ab bekamen wir täglich 750 g Brot, davon waren 600 g die uns zustehende Ration und 150 g Nachlieferung. Und die morgend- und abendlichen Suppen waren von nun an keine dünne Wasserbrühe mehr, sondern nicht selten ein kräftiger Mais- oder Hirsebrei. Das währte bis Mitte Mai. Den Verantwortlichen für die Kriegsgefangenenlager in Moskau war es offensichtlich klar, daß man das Millionenheer deutscher Kriegsgefangener nicht in halbverhungertem Zustand zu ›Helden der Wiedergutmachung‹ umerziehen konnte. Und diese begann für unser Lager im Frühjahr 1946.

Es ist der Geist, der sich den Körper baut, – das war die Erfahrung, die wir drei in den langen Hungerwochen täglich gemacht hatten. Aber auch die vierte Bitte des Vaterunsers »Unser täglich Brot gib uns heute« hatte für uns eine Bedeutung gewonnen, die sie nie wieder verlieren sollte. Bis heute kann ich nicht ruhig zusehen, wenn jemand achtlos »Brot« wegwirft.

Die ANTIFA

Der Chefsanitäter des Lazaretts, das dem Lager II angeschlossen war, schaukelte in seiner Hängematte, die im Halbdunkel hinter der herabhängenden Lampe seines Wohn- und Schlafraums ausgespannt war, in langsamen gleichmäßigen Bewegungen hin und her. Von dort oben blickte er auf mich herunter, während ich im vollen Lichtkegel der Lampe auf einem niedrigen Schemel vor ihm Platz nahm. Am Nachmittag hatte mir ein Sanitäter ausgerichtet: »Du bist heute abend um 10 Uhr zum Chefsanitäter befohlen!«

Ich war am 11. März 1946 ins Lazarett gekommen, aber nicht als Kranker, sondern als Sanitäter. Am 10. März hatte ich mich mit Husten und Halsschmerzen im Krankenrevier des Lagers I eingefunden. Bevor es schlimmer werden würde, wollte ich versuchen, dort etwas dagegen zu bekommen. Auf der Wartebank kam ich neben einen Sanitäter zu sitzen, der vom Lazarett herübergeschickt worden war, um Schwerkranke mit hinüberzunehmen. Wir waren ins Gespräch gekommen, und es stellte sich heraus, daß Heinrich Schröder ebenfalls aus Bielefeld stammte.

Nach einer Weile sagte er unvermittelt: »Wir haben in der Typhusbaracke gerade eine Sanitätsstelle frei. Wenn du willst, nehme ich dich morgen mit!« »Aber ich habe doch gar keine Sanitätsausbildung«, erwiderte ich. »Das macht nichts«, sagte er lächelnd. »Ich habe die Abteilung nebenan und kann dir all das sagen, was du wissen und können mußt. Was meinst du wohl, wieviele da im Lazarett als Sanitäter arbeiten, die vorher brave Infanteristen oder Pioniere gewesen sind!«

Das war eine Gelegenheit, die ich nicht vorbeigehen lassen durfte. Sanitäter gehörten zwar nicht zu den Privilegierten. Aber die Arbeit im Lazarett schützte mich vor der Winterkälte, die hier im Norden bis Anfang Mai dauerte. Und Typhus hatte ich schon in Focșani gehabt, so daß die Wahrscheinlichkeit einer Ansteckung äußerst gering war. Außerdem hatte ich damals bereits erlebt, wie die Krankenpflege in einem Kriegsgefangenenlazarett gehandhabt wurde.

Am Abend verabschiedete ich mich von Arnold Fratscher und Erich Schwanitz. Erst Jahre nach unserer Entlassung sollte ich mit beiden wieder Verbindung aufnehmen. Sie kamen 1950 zurück.

Am nächsten Morgen nahm mich Heinrich Schröder mit ins Lazarett. Die Arbeit in der Typhusstube begann um halb sechs Uhr früh und endete oft erst um elf Uhr nachts. Zuerst waren der kleine Kanonenofen anzuheizen und Puls und Fieber zu messen. Dann wurden die Schwerkranken gewaschen und ihnen die Steckschüsseln und Urinflaschen gereicht, die anschließend in den großen Tragekübel ausgeleert wurden, der vor der Baracke stand. Zwischen sechs und sieben Uhr holte ich in der Küche die Diätverpflegung und das Brot. Die warme breiige Suppe konnten fast alle vertragen, das nasse schwarze, oft mit Spelzen, den Hülsen der Roggenkörner, durchsetzte Brot nur diejenigen, die bereits über den Berg waren.

Es wäre schön gewesen, wenn wir Sanitäter uns vor allem anderen um das Wohl unserer Kranken hätten kümmern können. Dem aber stand das Putzritual entgegen, das ich schon vom Hospital in Focșani her kannte und das auch hier wie in allen Lazaretten sowjetischer Kriegsgefangenenlager unseren Alltag bestimmte. Während die Kranken noch ihren Suppenbrei schlürften, schüttete ich kübelweise Wasser auf den Fußboden, um dann die Holzbohlen so lange zu schrubben, bis ich annehmen konnte, daß sie dem prüfenden Auge der russischen Ärztin standhalten würden. Die Hauptsache war, daß der Fußboden bei der Visite noch so naß war, daß er in seiner Nässe glänzte. Ab und zu pflegte die Ärztin dann mit ihrem Daumennagel über die Fußbodenbretter zu fahren und den notwendigerweise dabei aufgekratzten Schmutzrest dem Sanitäter ins Gesicht zu schmieren. Das bedeutete: Der ganze Fußboden war nochmal zu schrubben, und der Sanitäter hatte sich am Abend gegen neun Uhr bei der Küche zum Holzsägen zu melden, welches in der Regel zwei Stunden dauerte. Die Küche brauchte natürlich eine Menge Brennholz, und des öfteren mußten ein oder zwei Sanitäter beim Kleinmachen des Holzes helfen. Statt für diese zusätzliche und notwendige Arbeit die Sanitäter der Reihe nach einzuteilen, zog die Ärztin ihre Methode vor.

Da ich ihr meine Krankenstube auf russisch zu melden und dazu noch über einzelne Kranke Auskunft zu geben vermochte, sie also endlich jemand vor sich hatte, dem sie alle möglichen Fragen stellen konnte, und der ihr auf russisch zu antworten verstand, verfuhr sie mit mir gnädiger als mit anderen Sanitätern. Ich war nur einmal, ganz am Anfang, dran.

Nach der Kontrolle durch die russische Ärztin machte der behandelnde deutsche Arzt seine Krankenvisite. Am Anfang mußte ich höllisch aufpassen, daß ich dabei nicht durch meine mangelhafte medizinische Sachkenntnis auffiel. Aber Heinrich Schröder kam mir in den ersten Tagen immer mit Rat und Tat zu Hilfe, wenn ich sie brauchte.

Kaum war die Visite vorbei, gehörte es zu den täglichen Aufgaben des Sanitäters, mit einer scharfkantigen Glasscherbe die Holzpfosten und Außenseiten der Betten so lange abzuhobeln, bis keine Flecken oder Handabdrücke mehr darauf zu sehen waren. Auch auf das Ergebnis dieser Arbeit warf die russische Ärztin allmorgentlich ihr prüfendes Auge.

Schon nach zwei Wochen wurde Heinrich Schröder in eine andere Abteilung versetzt, und ich war von nun an ganz auf mich allein gestellt. Den Sanitätern der benachbarten Abteilungen war es natürlich nicht entgangen, daß ich keine Sanitätsausbildung gehabt hatte – so etwas merkt man allein schon aus Gesprächen –, und so umgab mich eine Mauer von Argwohn. Auch hier bestanden – wie im Lager – Cliquen, die sich gegenseitig Posten zuschoben und Neuankömmlinge ausschlossen. Auch wenn ich in den ersten Tagen noch manches falsch machte, hatte ich mich doch bald so weit eingearbeitet, daß ich mir nichts mehr vorzuwerfen hatte.

Im Gegensatz zu den argwöhnischen Blicken der Sanitäter hatten die Kranken von Anfang an ihr Vertrauen in mich gesetzt. Mancher Schwerkranke mußte gefüttert werden, anderen mußten die Strohsäcke immer wieder aufgeschüttet werden, die Urin- und Steckflaschen waren des öfteren zu entleeren, Holz war zu besorgen und zu hacken, Essen zu holen und zu verteilen und so fort. Der Tag endete in der Regel gegen 11 Uhr nachts.

Das gute Verhältnis zu den Kranken, besonders zu den Schwerkranken, zeigte sich darin, daß sie mir ab und zu Brotrationen, die sie nicht essen konnten und die wegen der Nässe des schwarzen Brotes sehr schnell zu schimmeln begannen, überließen. Zwar konnte ich Brot im Lager, zu dem ich als Sanitäter Zugang hatte, gegen Machorkatabak umtauschen, was ich auf Bitte der Schwerkranken auch des öfteren tat. Aber wenn sie wieder so weit genesen waren, daß sie das nasse schwarze Brot verdauen konnten, war es nicht sicher, ob ich für den angesammelten Stengeltabak bei den Küchenbullen des Lagers wieder die gleiche Menge bekommen würde. Wenn die genug zu rauchen hatten, bekam ich gar nichts. So machten die Schwerkranken von dieser Möglichkeit nicht allzu oft Gebrauch.

Als das Lazarett am 14. April 1946 sein einjähriges Bestehen feierte – es gab für jeden einen Extraschlag Kascha – hatte ich mich so gut eingearbeitet, daß mich der Argwohn der Altsanitäter nicht mehr verfolgte. Nur ihre distanzierte Haltung behielten sie bei. Ich gehörte eben zu keiner Clique. So war ich überrascht, als mir an jenem Tag – ich arbeitete nun schon vier Wochen im Lazarett – einer der Altsanitäter mitteilte, daß ich mich noch am gleichen Abend beim Chefsanitäter zu melden hätte. Was wollte der von mir? Hatte mich vielleicht doch einer der Altsanitäter hinter meinem Rücken bei ihm angeschwärzt? Oder hatte sich jemand über mich beschwert? Ab und zu waren Sanitäter in meine Stube gekommen, um sich mit den Kranken, die von ihrer Abteilung zu mir überwiesen worden waren, zu unterhalten. Das geschah regelmäßig in so leisem Ton, daß ich kein Wort davon verstand. Hatte vielleicht einer der Kranken irgendetwas Negatives über mich verlauten lassen?

So saß ich gespannt und mit einem unguten Gefühl in dem vollen Lampenlicht, während der Chefsanitäter in seiner Hängematte über mir langsam und gleichmäßig hin und her schaukelte. Er ließ sich mit seinen Fragen Zeit. Nach einer langen Anfangspause wollte er zunächst wissen, wie es mit den Kranken ginge. Ich gab ihm einen kurzen Rapport, in den ich so viele medizinische Fachausdrücke wie möglich einflocht. Wieder eine lange Pause. Die Hängematte schwang langsam und gleichmäßig hin und her. Plötzlich sagte er: »Du warst doch im Lager I in der ANTIFA, nicht wahr?« Ich bejahte.

Gleich nach unserer Ankunft in Ahtme waren in der Versammlungsbaracke Einführungsvorträge über den Marxismus-Leninismus gehalten worden, die als Veranstaltungen der ANTIFA – eine Abkürzung für ›antifaschistisches Aktiv‹ – angekündigt worden waren. Besonders in den ersten Wochen, in denen wir noch nicht auf die zwanzig Kilometer langen Märsche nach Jöhvi geschickt worden waren, hatte ich diese Vorträge regelmäßig besucht. Einmal waren sie eine willkommene Unterbrechung unseres öden Kriegsgefangenenalltags. Zum andern boten sie mir als philosophisch interessiertem Menschen eine willkommene Gelegenheit, etwas über die marxistische Philosophie zu erfahren. Und schließlich sollte das Wort ›antifaschistisch‹ doch offensichtlich andeuten, daß hier auch eine politische Analyse des Faschismus zu erwarten war.

Schon nach wenigen Abenden schmolz der Zuhörerkreis auf ein Häuflein von etwa 30 Interessierten zusammen. Historischer Materialismus und politische Ökonomie waren keine Kost für jedermann. Von da an wurden regelmäßig Anwesenheitslisten herumgereicht mit der Aufforderung, Mitglied dieses ›antifaschistischen Aktivs‹ zu werden.

Nachdem ich seinerzeit in Odessa bei den Gesprächen mit Professor Schadov das erste Mal ganz allgemeines über den Marxismus gehört hatte, schien sich jetzt ein breiter Zugang zu dieser Philosophie zu öffnen, von der die Vortragenden immer wieder betonten, daß sie mittlerweile das Denken und Handeln von einem Sechstel der Weltbevölkerung bestimme.

Daß hier möglicherweise noch anderes als Philosophie und politische Ökonomie zur Debatte stand, war keinem von uns eingefallen. So wurden alle bei den Vorträgen Anwesenden auch Mitglieder der ANTIFA. Welcher intelligente Mensch war, nach allem, was wir im Krieg erlebt hatten, nicht Antifaschist geworden! In den langen Wochen jener sinnlosen Märsche nach Jöhvi und des Hungerns hatten dann nur noch wenige Vorträge stattgefunden. Und nachdem ich von Heinrich Schröder ins Lazarett geholt worden war, hatte ich das Ganze fast vergessen. Nicht so die ANTIFA-Leitung.

»Als Mitglied des ›antifaschistischen Aktivs‹ erwarten wir von Dir natürlich auch Aktivitäten«, fuhr der Chefsanitäter fort. »Hier im Lazarett ist es deine Aufgabe, die behandelnden deutschen Ärzte zu beobachten und faschistisches Benehmen dir oder den Kranken gegenüber und faschistische Äußerungen zu registrieren. Darüber schreibst du dann einen Report, den du mir wöchentlich einreichst.«

Das war es also, weshalb ich zum Chefsanitäter hatte kommen sollen. Völlig überrascht saß ich wortlos in dem weißen Lichtkegel der Deckenlampe, während die Hängematte schräg über mir langsam und gleichmäßig hin und her schwang. Daß sich im Lazarett und wahrscheinlich auch im Lager hinter dem Namen ANTIFA ein Spitzelsystem verbarg, und daß der Chefsanitäter innerhalb des Lazaretts zugleich Chef dieses Spitzelsystems war, hatte ich nicht im entferntesten geahnt, geschweige denn gewußt.

Der erste Gedanke, der mir durch den Kopf schoß, war: In was für ein Netz bist du hier geraten? Und wie kommst du da wieder heraus? Der zweite war: Die deutschen Ärzte bespitzeln, – das kommt doch für mich überhaupt nicht in Frage! Meine schweigsame Reaktion kam dem Chefsanitäter offensichtlich aus Erfahrung mit anderen, die in die gleiche Situation geraten waren wie ich, nicht unerwartet. Nach einer längeren Pause sagte er unvermittelt. »Wenn du keine Fragen hast, kannst du jetzt gehen. Deine Kranken werden auf dich warten.«

An diesem Abend lag ich auf meinem Strohsack noch lange wach. Erst jetzt wurde mir klar, daß der Name ANTIFA nur ein Deckname für die kommunistische Partei der Kriegsgefangenenlager war, der die Ahnungslosen über den wahren Charakter dieser Organisation solange täuschen sollte, bis sie ihr angehörten. Was mir damals natürlich noch nicht klar werden konnte, war die ernüchternde Tatsache, daß ich an diesem Abend mit einer der Hauptaktivitäten, mit einem Wesenszug der kommunistischen Partei, wie sie sich in der Sowjetunion herausgebildet hatte, konfrontiert worden war. Was würde mit mir geschehen, so mußte ich mich jetzt fragen, wenn ich den mir gegebenen Spitzelauftrag einfach ignorierte und keinen Report ablieferte? Wie würde das ›System‹ darauf reagieren? Mit dem festen Entschluß, mich auf keinen Fall zum kommunistischen Spitzel machen zu lassen und einen Weg zu finden, dem zu entgehen, schlief ich schließlich ein.

Schon nach wenigen Tagen mußte ich feststellen, daß die beiden deutschen Ärzte, die abwechselnd zur Visite der Typhuskranken in meine Station kamen, auf eine deutlich spürbare Distanz zu mir gegangen waren, eine Situation, die weder für die Kranken, noch für die Ärzte, noch für mich auf längere Zeit ertragbar schien. Denn Pfleger und Ärzte waren besonders im Kriegsgefangenenlager ja ganz aufeinander angewiesen.

Sei es, daß mich jemand auf meinem Gang zum und vom Chefsanitäter beobachtet hatte – man wußte im Lager offensichtlich, was solche Gänge in der Regel bedeuteten –, oder sei es, daß derjenige, der den Auftrag gehabt hatte, mich zum Chefsanitäter zu schicken, seinen Arzt davon hatte wissen lassen, ich mußte jetzt einen Weg finden, wie ich diese Situation klären konnte. Das mußte auf einer persönlichen Basis geschehen, wenn es glaubhaft sein sollte.

Etwa eine Woche vorher hatte ich auf einer der üblichen Versammlungen, auf der Ärzte und Sanitäter Anweisungen von der russischen Lazarettleitung bekamen, einen Arzt kennen gelernt, der aus Heepen, einem Vorort von Bielefeld, stammte. Und die gleiche Heimatstadt verbindet Kriegsgefangene ja oft in besonderer Weise. Ihm erzählte ich, was an jenem Abend beim Chefsanitäter vor sich gegangen war, und daß ich nicht daran dächte, dem ›System‹ als Spitzel zu dienen. Schon am nächsten Tag war das Verhältnis zu den beiden behandelnden deutschen Ärzten auf meiner Typhusstation wieder das alte.

Die folgenden Tage und Wochen gingen vorbei, ohne daß ich von der ANTIFA-Leitung weiteres hörte. Es sollte jedoch nicht allzu lange dauern, bis ich erfuhr, welche Konsequenzen meine Nichtbefolgung des Spitzelauftrags haben würde.

Der Alltag im Lazarett bestand nicht nur aus Mühe und Arbeit, sondern hatte auch seine schönen Seiten. Zweimal konnte ich als Begleiter eines Schwerkrankentransports zum Kriegsgefangenenhospital ins ca. 45 km entfernte Kiviöli fahren. Dort befand sich ein anderer Ölschieferschacht mit einem Kriegsgefangenenlager, dem das Hospital angeschlossen war. Von dort, so erfuhr ich, ging in jedem Herbst ein Transport mit den Kranken in die Heimat, die der Arbeitsprozeß ausgespien hatte, wie wir sagten, die also in einem Zustand waren, der sie auf lange Zeit nicht mehr zu körperlicher Arbeit befähigte. Soweit sie ihre Krankheit bis zur Abfahrt überlebten und noch transportfähig waren, schickten die Russen sie nach Hause.

Meine beiden Fahrten nach Kiviöli waren die einzigen beiden Gelegenheiten während meiner Kriegsgefangenschaft in Ahtme, in die weitere Umgebung des Lagers hinauszukommen. Die Sonne hatte in den letzten Wochen dieses April 1946 den Schnee weggeschmolzen, und der estnische Frühling kündigte sich überall an. Der kleine russische SIS-LKW, auf dessen offene Plattform wir die Kranken – jeder in vier Decken eingerollt – wie Büchsenheringe nebeneinander gepackt hatten, brauchte für die ca. 45 km etwa zwei Stunden. Es war ein eigenartiges Gefühl, über die achteinhalb Kilometer der ungepflasterten Schotterstraße von Ahtme nach Jöhvi auf dem bequemen Sitz eines LKW zu fahren, jene achteinhalb Kilometer, die ich im vergangenen Hungerwinter bei Schnee und Eis jeden zweiten Tag hin und zurück marschiert war.

Von Jöhvi aus waren es dann nur noch rund 37 km auf der großen Fernstraße Leningrad-Tallin bis Kiviöli. Auf der Fahrt saß der russische Posten in der Mitte, sein Gewehr zwischen den Knien, während der Fahrer links und ich rechts den freien Blick über das schöne Land hatten. Sechzig Prozent der Bodenfläche Estlands sind Wald, sind Tannen- und Laubwald, aus dem überall die weißen Stämme der Birken hervorleuchten.

Auf der Rückfahrt ließ der russische Posten den Fahrer unweit eines estnischen Gehöfts auf der Straße anhalten. Er befahl uns auszusteigen und wies mit der Hand kurz zu dem Gehöft hinüber. Der Fahrer wußte offensichtlich Bescheid. Es war wohl nicht das erste Mal, daß er hier anhielt. Dort drüben gab es etwas zu essen. Mir war bekannt, daß es den russischen Posten verboten war, deutsche Kriegsgefangene außerhalb des Lagers unbewacht herumlaufen zu lassen. Und so fragte ich den Fahrer: »Warum läßt er uns hier ganz alleine losziehen? Das darf er doch eigentlich nicht?« Er schaute mich etwas belustigt von der Seite an und sagte: »Wir deutsche Kriegsgefangene haben eine gute Chance, von den estnischen Bauern etwas zu essen zu bekommen. Wäre der Russe mit dabei, würden sie nicht einen Bissen herausrücken, erst recht nicht, wenn er alleine käme.«

Der Bauernhof lag immerhin einen guten halben Kilometer von der Straße entfernt an einem Waldrand. Wir brauchten fast zehn Minuten, um über die Felder hinzukommen. Der Fahrer klopfte an die Haustür, die sich nach einer Weile öffnete. Drinnen im Halbdunkel stand ein älterer Mann. »Wänne boys«, rief er nach hinten in die Stube, was, wie der Fahrer mir später erklärte, das estnische Wort für Deutsche war. Mein Begleiter, der auf seinen Transporten wohl des öfteren mit Esten zusammengekommen war und sich dabei ein paar Brocken estnisch angeeignet hatte, sagte etwas, was ich nicht verstand, worauf der Bauer uns eintreten und an den Tisch setzen ließ. Jetzt erschien aus einer angrenzenden Stube auch die Bäuerin, begrüßte uns und legte Brot und ein Dutzend Kartoffeln auf den Tisch. Wir brauchten nicht erst in die verhärmten Gesichter zu blicken, um zu wissen, daß diese Esten selber nicht viel zu essen hatten. Und so bedankten wir uns, indem wir beiden die Hände schüttelten. Ihnen war natürlich klar, daß wir mit dem russischen Posten teilen mußten, und so ließen sie uns zuerst einmal in der Stube essen, wobei die Bäuerin uns etwas Schmalz auf das Brot strich. Der übriggebliebene Rest, mit dem wir beide uns wieder auf den Rückweg machten, war trotzdem nicht wenig.

Was haben sie bloß mit diesem Volk und seinem Land, in dem einmal Milch und Honig geflossen war, gemacht? dachte ich, als wir beide wieder über die Felder zurückstapften. Was wußten wir damals schon von der Geschichte des Baltikums, insbesondere Estlands? So gut wie nichts. Erst Jahrzehnte später las ich über die Geheimklausel des Hitler-Stalin-Paktes vom August 1939, die besagte, daß das Baltikum (sowie das zu Rumänien gehörende Bessarabien oder Moldavien) zu Stalins Einflußsphäre erklärt war. Im Sommer 1940 marschierte dann die Rote Armee ein. Ein estnischer Kollege von der Universität Salzburg sagte mir, daß die damalige estnische Regierung sogleich nach Moskau gefahren sei, um im Kreml die neue politische und juristische Situation zu klären. Sie kam nie zurück. Stalin hatte die ›Klassenfeinde‹ kurzerhand verhaften und erschießen lassen. Fünfzig Prozent der estnischen Bevölkerung, hauptsächlich die Männer, wurden dann nach Sibirien deportiert.

Während wir beide wieder auf den LKW zusteuerten, brachte der Wind den frischen Salzwassergeruch vom finnischen Meerbusen herüber. Da drüben hinter den Wäldern lag die Freiheit, ging das Leben wieder seinen gewohnten Gang. Beim LKW angekommen lieferten wir das Mitgebrachte dem Posten ab. Er nahm sich seinen Teil und gab uns unseren zurück. So war offensichtlich die Verabredung gewesen, an die er sich hielt. Besonders gut schien damals die Verpflegung bei den Soldaten, die uns zu bewachen hatten, auch nicht zu sein. Denn er nahm sich außer seinem Teil Brot alle Kartoffeln. Es ging schon auf den Abend zu, als wir wieder im Lazarett eintrafen.

Alle zwei bis drei Wochen mußten die großen tragbaren Abortkübel, die hinter den Baracken standen und in die wir die Notdurft der Kranken schütteten, entleert werden. Vom Lazarett ging ein Schmalspurgeleise auf einem Knüppeldamm in den Sumpf, der sich vor dem Wald ausbreitete. Fünfzehn Prozent der Bodenfläche Estlands sind Sümpfe, von denen sich die meisten hier zwischen Peipussee und finnischem Meerbusen gebildet hatten. Der Inhalt der Abortkübel wurde in fünf Loren gekippt, die man sich aus dem Schacht geholt hatte. Dann warteten wir auf die russische Ärztin, die uns an Stelle eines Wachtpostens zu begleiten hatte.

An diesem sonnigen Aprilmorgen war uns ein deutscher Leutnant zugeteilt worden, der als bereits Genesender den Befehl über das Lorenkommando bekommen hatte. Wie in Focşani hielten sich die Russen auch hier an die Rangordnung der deutschen Wehrmacht. Nach etwa 10 Minuten trat die russische Ärztin aus der Baracke. Wie ich als Sanitäter jeden Morgen der Ärztin meine Stube zu melden hatte, so hatte an diesem Frühlingsmorgen auch Leutnant Müller sein Fäkalienkommando zu melden. Die Tatsache, daß sie als Ärztin zur Begleitung unseres Lorenkommandos ausersehen war, schien sie in eine joviale Stimmung versetzt zu haben. Sie ging schnellen Schritts auf Leutnant Müller zu und rief: » Kak poshiwáetje ssegódnja, Leutnant Miuller?« (Wie geht's heute, Leutnant Müller?) Der schaute sie verdutzt und völlig verständnislos an. Offensichtlich war er erst kurz vor seiner Gefangennahme an die russische Front gekommen und hatte so gut wie keinen Kontakt mit der russischen Sprache gehabt. Auch im Lager schien er sich bisher nicht bemüht zu haben, sich ein paar Brocken russisch anzueignen. Etwas verwundert über seine Reaktion wiederholte die Ärztin ihre Frage: »Leutnant Miuller, kak poshiwáetje? Kak djelá? (Wie geht's?) Hinter der Stirn des Leutnant Müller begann es sichtbar zu arbeiten. Kak djelá? ... Kak? ... Er warf einen kurzen Blick auf die Loren. Jetzt schien er die Frage verstanden zu haben. Er riß seine Hacken zusammen und die Hand an die Mütze: »Fünf Loren voll, Frau Doktor!« schmetterte er mit lauter Stimme über den Platz. Ein schallendes Gelächter brach auf ihn nieder. Die Ärztin blickte verwundert im Kreis herum und fragte mich nach dem Grund unserer Heiterkeit. Zwar erstreckten sich meine russischen Sprachkenntnisse nicht gerade auf den Fäkalbereich, doch gelang es mir unter Beihilfe einiger Gesten ihr verständlich zu machen, was uns so belustigt hatte. Jetzt lachte auch sie und schaute Leutnant Müller sichtlich amüsiert an. In ihrem Blick war deutlich zu lesen, daß sie seine Intelligenz nicht übermäßig hoch einschätzte. Hatten sich doch fast alle Kriegsgefangenen längst die russischen Formeln des alltäglichen Umgangs angeeignet, – aber eben nur *fast* alle.

Dann öffnete die Ärztin das Tor und wir schoben unsere Loren auf den Knüppeldamm hinaus, wo ihr Inhalt in den Sumpf gekippt wurde. Dort war im Laufe eines Jahres eine riesige Kloake entstanden, deren fauliger Gestank uns fast zur Übelkeit gereizt hätte, wären wir nicht längst als Plenni gegen solche Gerüche abgebrüht gewesen. Den Begriff ›Umweltverschmutzung‹ gab es damals noch nicht.

Das Lazarett grenzte direkt an das Lager II, zu dem jedoch nur die Sanitäter und Ärzte Zugang hatten. Hin und wieder baten mich die bereits genesenden Kranken auf meiner Stube, ihre aufgesparten Tabakportionen in der Lagerküche in Brot umzutauschen. Bei den Küchenbullen, die als Privilegierte ja genug zu essen hatten, aber auch nicht mehr Tabak bekamen als der gewöhnliche Plenni, hatte man manchmal eine Chance, Tabak gegen Brot eintauschen zu können. Die hart arbeitenden Kriegsgefangenen im Lager taten das natürlich nicht. Bei diesem Umtausch war es üblich, daß der Sanitäter einen Teil des Tabaks für sich behielt, gewissermaßen als Provision, so daß die Kranken nie das genaue Äquivalent bekamen. Ich hatte von dieser Praxis gehört und nicht die Absicht, mich an ihr zu beteiligen.

Als ich Anfang Mai wieder einmal auf dem Wege zur Lagerküche war, kam ich an einer Bank vorbei, auf der sich ein deutscher Offizier in der Nachmittagssonne wärmte. Als er mich sah, erhob er sich und trat auf mich zu. Er war über 1,90 m groß, so daß ich zu ihm aufschauen mußte, was ich bei meiner eigenen Körpergröße von 1,88 m im allgemeinen nicht gewohnt war. »Ich habe gehört, daß du in der Lagerküche für deine Kranken Tabak gegen Brot umtauschst und ihnen die volle Brotportion mitbringst, die du dafür bekommen hast.« »Ganz richtig«, sagte ich. »Ich sehe nicht ein, warum ich von dem Tabak, den mir meine Kranken mitgeben, einen Teil für mich abzweigen soll. Ich bin Nichtraucher, und die Kranken brauchen ja das Brot mehr als ich, sobald sie es wieder essen können.« Meine Einstellung hatte sich natürlich herumgesprochen, was mir nicht gerade die Sympathie der Altsanitäter eintrug. »Ich habe mir drei Schachteln Papirossi aufgespart«, erwiderte er. »Ich möchte dich bitten, diese Zigaretten in der Lagerküche gegen Brot umzutauschen.« Im Gegensatz zu den Mannschaftsdienstgraden, die nur den aus den Stengeln der Tabakpflanze geschnittenen Machorka bekamen, erhielten die Offiziere in der russischen Kriegsgefangenschaft Papirossi, das sind Zigaretten mit einem langen Pappmundstück. Ich wußte, daß Küchenbullen, die passionierte Raucher waren, auf diese Glimmstengel scharf waren. »Ich weiß nicht genau, wieviel Brot ich dafür kriege. Es ist das erste Mal, daß ich Papirossi umtausche.« »Schon gut«, meinte er. »Bring mir, was du dafür kriegst! Ich warte hier auf dich.«

Als ich zurückkam, konnte ich ihm einen halben Laib Brot mitbringen. Er schaute mich etwas erstaunt an. »Das letzte Mal, als ich meinem Sanitäter Papirossi mitgab, habe ich entschieden weniger Brot dafür bekommen«, sagte er. »Hab vielen Dank.« Er reichte mir die Hand, und ich ging in meine Baracke zurück, um meinen Genesenden ihr umgetauschtes Brot zu geben. In diesem Augenblick konnte ich nicht wissen, daß mein kleiner Botendienst ein halbes Jahr später von entscheidender Bedeutung für die letzten eineinhalb Jahre meiner Kriegsgefangenschaft werden sollte.

Kurz darauf – es war der 9. Mai 1946 – wurden alle Sanitäter in der Früh vor die Verwaltungsbaracke gerufen. Es war ausdrücklich befohlen worden: »Mit allem, was ihr besitzt!« Was wir nicht wußten und erst später herausbekamen, war, daß erst jetzt, im Frühjahr 1946, der organisierte Arbeitseinsatz, die an der Verwaltungsbaracke im Lager I angekündigte ›Wiedergutmachung‹, beginnen würde. Unter diesem Gesichtspunkt wurde das gesamte Sanitätspersonal am Morgen des 9. Mai ausgesiebt. Etwa 40 Prozent konnten nach Auffassung der russischen Lazarettleitung eingespart und zu den Arbeitskommandos ins Lager geschickt werden.

Vor uns stand der Chefsanitäter mit seiner Personalliste. Mir war vom ersten Augenblick an klar, daß er mich aufgrund meiner Weigerung, für die ANTIFA Spitzeldienste zu leisten, als einen der ersten auf die Liste der zu Entlassenden gesetzt hatte. »Folgende Sanitäter rechts raus treten!« Von den 120 Sanitätern wurden 50 Namen aufgerufen. Mein Name war der vierte.

Erst sehr viel später ist mir klar geworden, daß ich mit meiner Ignorierung des Spitzelauftrags in Anbetracht der sonst üblichen Methoden, die das ›System‹ in solchen Fällen anwandte, äußerst glimpflich davon gekommen war. Ich blickte auf die Zurückbleibenden und fragte mich, wieviele von ihnen wohl dem ›System‹ willfährig geworden waren. Eine Viertelstunde später waren wir im Lager II, wo ich in die Baracke eines Transportkommandos eingewiesen wurde. Von meinen Kranken hatte ich mich nicht mehr verabschieden können.

Die Postkarte

»Im Lager I hängt am Anschlagbrett eine Liste der Rotkreuzkarten, die kürzlich angekommen und noch nicht abgeholt worden sind. Da ist auch dein Name dabei«, sagte am 28. Mai ein Oberleutnant, dem eine Transportbrigade aus dem Lager I unterstand. Sein Arbeitskommando und dasjenige aus dem Lager II, dem ich angehörte, hatten die gleiche Aufgabe: Bauholz, Sand und Zement zu einer kleinen Siedlung zu bringen, die unweit der Schachtanlage für die leitenden russischen Angestellten gebaut wurde. Bei den täglichen Begegnungen waren wir ins Gespräch gekommen, und so kannte er meinen Namen.

Am 15. Dezember 1945, als ich noch im Lager I war, hatte die russische Lagerleitung zum ersten Mal Rotkreuzkarten ausgegeben. Jede war mit einer Antwortkarte versehen, so daß unsere Angehörigen zurückschreiben konnten. Die Sowjetunion war nicht Mitglied des Internationalen Roten Kreuzes. Sie hatte ihre eigene Organisation, weshalb unsere Familien uns keine anderen als die russischen Antwortkarten schicken konnten. Endlich war uns eine Möglichkeit gegeben, ein persönliches Lebenszeichen nach Hause zu senden. Am 15. Dezember aber waren noch nicht alle Insassen des Lagers I in dieser glücklichen Situation. Aus irgendwelchen unerfindlichen Gründen war die Anzahl der ausgegebenen Rotkreuzkarten beschränkt. So wurden zunächst einmal die Familienväter bevorzugt, und nur wenn dann noch Karten übrig blieben, bekamen auch andere die Möglichkeit zu schreiben. Ich hatte beim Barackenältesten sogleich geltend gemacht, daß ich Altgefangener war, fast ein Jahr länger in Kriegsgefangenschaft als alle anderen. Das zählte. So konnte auch ich noch im Dezember 1945 die ersten siebzehn Worte an meine Eltern schreiben, mehr waren zunächst noch nicht erlaubt. Die Unterschrift zählte dabei nicht. Wir wurden darauf aufmerksam gemacht, daß die geschriebenen Karten kontrolliert, d.h. gelesen wurden. Das Wort Zensur wurde geflissentlich vermieden.

Was und wie sollte man schreiben? Mir schien das Wichtigste zu sein, meinen Eltern vor allem ihre Sorgen um mich zu nehmen. Hans Dopheide war ja wahrscheinlich doch im Herbst 1945 zu Hause angekommen und hatte meinen Eltern eine erste Nachricht von mir überbracht. Damals hatte ich ihm über den Lagerzaun noch zurufen können, ihnen nichts von der wahren Situation im Durchgangslager zu erzählen, sondern nur, daß es mir gut gehe und ich gesund sei. Auch diese Rotkreuzkarte – ich habe sie noch heute – mußte das Gleiche berichten.

Aber da war noch etwas, was mir seit dem ersten Tag meiner Kriegsgefangenschaft auf der Seele lag. Anfang 1943 hatte sich bei meiner vier Jahre jüngeren Schwester eine zunächst rätselhafte Krankheit gezeigt. Erst als sie durch die Beziehungen meines Vaters in Berlin zu Sauerbruch in die Charité gekommen war, hatte sie sich endlich in den ärztlichen Händen befunden, die ihr vielleicht noch helfen konnten. Er stellte eine krebsartige Wucherung der Lymphdrüsen fest. Meine Schwester wurde fünfmal operiert. Bei meinem letzten Urlaub im Frühsommer 1944 hatte uns Sauerbruch nicht mehr allzu große Hoffnungen auf ihre Genesung gemacht. Sie war gerade 18 Jahre alt geworden, als ich in Gefangenschaft geriet.

Menschen klammern sich in solcher Situation an den letzten Strohhalm. Weder meine Eltern noch ich konnten und wollten die Hoffnung auf eine Wiedergenesung aufgeben. Die Frage nach Leben oder Tod meiner Schwester mußte also mit in die siebzehn erlaubten Wörter der Dezemberkarte.

»Liebe Eltern!«, so schrieb ich. »Bin gesund. Es geht mir gut. Was ist mit Gisela?. Auf ein baldiges Wiedersehen hofft

Euer Albert«

Und jetzt war die Antwortkarte da, – im Lager I. Jetzt würde ich wissen, ob meine Schwester doch wieder gesund geworden oder ob sie gestorben war, – und wie es überhaupt zu Hause aussah. »Ich will versuchen, dir die Karte mitzubringen«, sagte der Oberleutnant. »Wir sehen uns hier auf der Arbeitsstelle ja täglich. Das sollte eigentlich kein Problem sein!«

Aber es war eins. Post, so erfuhr ich von ihm am nächsten Tag, durfte nur an den Empfänger ausgegeben werden, nicht an irgendwelche Überbringer. Die Karte würde vom Lager I aus an mich weitergeleitet werden. Von jetzt an war ich täglich nach der Arbeit bei der Poststelle unserer Lagerverwaltung. Es kam in jenen Tagen eine Menge Post aus der Heimat an, aber die Karte mit meinem Namen war nicht dabei. Der Mai ging zu Ende, auch der Juni ging vorbei.

Im Juli wurde unser Transportkommando in eine Maurerbrigade umgewandelt. Die Häuschen der kleinen Siedlung, zu der wir bisher das Baumaterial auf der Lorenbahn transportieren mußten, hatten jetzt alle ein Dach. Nun gings an das Verputzen und Streichen der Innenwände. Es war erstaunlich, wie schnell wir das unter der Anleitung von kriegsgefangenen Maurern und Malern lernten.

Die russischen Familien zogen in ihre Dreizimmerhäuschen noch ein, bevor der Verputz trocken war und wir mit dem Streichen der Wände angefangen hatten. Denn dabei wollten sie mitreden. Ihren Wünschen gemäß entstanden an den frisch verputzten und gekalkten Wänden grüne und gelbe Blumenmuster, die wir sorgsam und akurat mit Gummirollen auftrugen. Aus ihrem grauen sozialistischen Kollektivalltag wollten diese Russen doch ihre kleine und bescheidene Privatsphäre aussparen und ihr mit ein paar Farbtupfern wenigstens die Andeutung einer individuellen Note geben. Wir gaben uns bei unserer Arbeit die größte Mühe. Denn je akurater und sauberer sie war, umso großzügiger waren die russischen Familien: jeder von uns kriegte einen Teller Gemüsesuppe und ein Stück Brot. Unsere Lagerkost war zwar in diesem Frühjahr und Sommer besser geworden, nicht zuletzt dank der Nachlieferungen der uns seinerzeit vorenthaltenen Januarverpflegung, aber da wir unsere Suppe und unser Brot nur morgens und abends bekamen, war uns dieser russische Mittagstisch mehr als willkommen. Wir halfen dann natürlich noch beim Einräumen der Möbel und der anderen Habseligkeiten. Ich erinnere mich noch gut, wie eine Familie eine Reihe von Nippesfigürchen auspackte und auf ihrer Kommode aufstellte. Wir bewunderten sie pflichtschuldigst. Eine andere Familie besaß zu meiner Überraschung noch eine Ikone, die die Hausfrau in einer dunklen Zimmerecke aufstellte. Dort zündete sie vor dem Marienbild das ewige Licht an. Es waren also doch noch gläubige Christen unter den höheren sowjetischen Schachtangestellten!

Ein Problem gab es, als ein russisches Ehepaar in das letzte Häuschen einziehen sollte, das ganz am Rande der Siedlung stand. Man hatte mit den Ausschachtungsarbeiten für die Fundamente bereits im Februar begonnen, als der Boden noch 30 bis 40 Zentimeter tief durchgefroren war. Es muß eine fürchterliche Schinderei gewesen sein, den eisigen steinharten Grund mit Pickhacken aufzuschlagen. Die einstöckigen Häuschen hatten keine Keller, sondern nur ein etwa 30 Zentimeter tiefes Fundament. Daß dieses Haus zum Teil auf Kies, zum Teil auf sandigem Untergrund errichtet worden war, hatte bei dem tiefer als 30 Zentimeter reichenden Bodenfrost niemand bemerkt. Als dann im

Frühjahr die Außenmauern wuchsen, gab der auftauende sandige Grund unter dem immer größer werdenden Gewicht langsam nach, so daß sich zwischen dem Teil des Häuschens, der auf Kiesgrund stand und dem, der ›auf Sand gebaut‹ war, ein immer weiter klaffender Riß im Mauerwerk öffnete. Zuerst gingen die am Bau arbeitenden Kriegsgefangenen durch die Tür aus und ein, später stiegen sie nur noch durch den Riß.

Dies war meine erste Begegnung mit dem überall in der Sowjetunion praktizierten Normsystem, bei dem es darauf ankam, täglich mindestens 100 Prozent des aus einer Tabelle zu entnehmenden Arbeits*quantums* zu erfüllen, was in so vielen Fällen die *Qualität* der geleisteten Arbeit entsprechend herabsetzte. Denn die Kriegsgefangenen mauerten einfach drauf los, um ihre 100 Prozent zu erreichen. Was kümmerte es sie, wie das Ganze am Ende aussah! Jetzt im Hochsommer mußte der klaffende Riß aufgrund des Protests der russischen Familie, die hier einziehen sollte, noch rasch notdürftig geflickt werden. Wie sie dann wohl in diesem Häuschen gewohnt haben?

Der Weg zur und von der Arbeit ging durch weite Wiesen. Ein leuchtender Blumenteppich, der in der Ferne an die Wälder mit ihren dunklen Tannen und weißen Birkenstämmen grenzte. Am staubigen Wegrand wuchsen Brennesseln. Die russischen Posten erlaubten uns, die jungen Triebe abzurupfen und mit ins Lager zu nehmen. Dort wuschen wir dann den Straßenstaub ab und schütteten ganze Hände voll in die abendliche Mais- oder Hirsesuppe, was unserem Vitaminhaushalt sichtlich zugute kam. War es doch das erste frische ›Gemüse‹ nach zwei Jahren Gefangenschaft. Die hatte ich am 26. August hinter mir.

Am 29. gehe ich abends nach der Arbeit wieder einmal an der Poststelle der Lagerverwaltung vorbei und sehe endlich meinen Namen auf der Liste. Das muß die Karte sein, die im Mai im Lager I angekommen ist. Jetzt werde ich endlich erfahren, ob meine Schwester noch lebt, und wie die Dinge nach Kriegsende zu Hause aussehen. Aber es ist nicht die Antwort auf meine erste Rotkreuzkarte vom 15. Dezember, sondern auf die zweite, die wir Mitte März haben schreiben dürfen. Da ich die Frage nach meiner Schwester bereits auf der ersten gestellt habe, ist in den siebzehn Wörtern der zweiten nur von mir und meiner Situation die Rede gewesen, gerade so viel, wie die Zensur wohl erlauben würde. Aus dieser Antwortkarte meiner Eltern erfahre ich, daß daheim wieder alles seinen Gang geht, und meine Eltern den Krieg, ohne ausgebombt zu sein, gesund überstanden haben. Kein Wort von meiner Schwester! Ich blicke lange auf die wenigen Zeilen, die ich in meinen

Händen halte. Es war jetzt Ende August 1946. Meine Schwester mußte demnach wohl längst gestorben sein.

Wir hatten Ende Mai, Mitte Juli und Ende August schreiben dürfen. Auf dieser Augustkarte fragte ich nochmals nach meiner Schwester. Am 2. Januar 1947 bekam ich endlich die Nachricht, daß sie am 21. November 1944 gestorben sei. Die Karte, die im Mai 1946 im Lager I angekommen war und diese Nachricht bereits enthalten hatte, habe ich nie bekommen.

Das Hähnchen

Am 28. Juli 1946 war das Lager I aufgelöst und die Insassen auf die umliegenden Lager, auf unseres, auf das im nahegelegenen Kohtlajärve und auf das in Kiviöli verteilt worden. Die leer gewordenen Baracken sollten in Zivilunterkünfte für russische Arbeiter und Bergleute umgebaut werden.

Wieder einmal gingen wilde Entlassungsparolen um: man wolle uns durch russische Facharbeiter ersetzen. Damit gehe unsere Zeit hier in Ahtme zu Ende! Wie so oft schon vorher, war auch in diesem Fall der Wunsch der Vater des Gedankens.

Ende August wurde unsere Brigade ins alte Lager I geschickt. Es war nun fast ein Jahr her, daß ich das erste Mal durch dieses Tor gezogen war. Nun sollten wir hier unsere ehemaligen Baracken in kleine Wohnungen für russische Familien unterteilen. Die gleiche Arbeit wie in der Siedlung begann. Nachdem andere Baubrigaden die Innenwände aufgerichtet hatten, war es unsere Aufgabe, sie zu verputzen und zu streichen.

Schon Mitte September trafen die ersten Russen ein. Sie waren wie wir in Güterwaggons hierher transportiert worden und kamen zu Fuß durchs Lagertor. Bei sich hatten sie lediglich das, was sie in beiden Händen und auf den Schultern tragen konnten. Die Mehrzahl von ihnen, so ging bald die Rede, seien sakljutschónni (Zwangsverpflichtete). Damals konnte ich mir unter diesem Begriff wenig vorstellen. Erst später habe ich bei Alexander Solschenizyn gelesen, daß das Strafmaß für Verurteilte in der Regel aus zwei Zahlen bestand, z.B. 5 und 7 oder 10 und 4. Die erste Zahl bedeutete die Jahre hinter dem Stacheldraht des GULAG, die zweite die Jahre der Zwangsverpflichtung nach dem GULAG. Zwangsverpflichtete wurden in eine von ihrer Heimat weit entfernte Stadt geschickt, wo sie Arbeit zugewiesen bekamen und sich frei bewegen konnten. Nur verlassen durften sie die Stadt nicht. Sie hatten sich regelmäßig bei der Polizei zu melden. Daß die Mehrzahl der ankommenden Russen solch Zwangsverpflichtete seien, schien uns nach ihrem Aussehen zu urteilen, glaubwürdig. Denn der äußere Eindruck, den ein Großteil von ihnen auf uns machte, war nicht der von freiwillig hierher gekommenen Facharbeitern.

Alle wurden zunächst in der großen ehemaligen Versammlungsbaracke untergebracht, deren gesamtes altes Mobiliar wir vorher hinausgeschafft und durch Eisenbetten ersetzt hatten. Dort lebten nun Bett an Bett die Neuangekommenen, Einzelpersonen wie Familien, bis sie in eine der fertig gewordenen kleinen Barackenwohnungen einziehen konnten.

Eines Tages – es war schon Mitte September – begegnete ich vor einer der umgebauten Baracken einem einzelnen Russen, der eine Rolle fest zusammengepreßten Blättertabak unter dem Arm trug. Er schaute mich etwas unschlüssig an, dann winkte er mich zu sich. Offensichtlich wollte er den Tabak verkaufen, bzw. gegen etwas, was er brauchte, eintauschen. Denn daß wir als Kriegsgefangene für unsere geleistete Arbeit kein Geld bekamen, mußte er wohl wissen. Was sollte er auch hier in Ahtme mit Rubeln anfangen? »Iméjisch ly ssáchar?« (Hast du Zucker?«) fragte er. Ich schaute ihn an und wollte wissen, wie viel er für den Tabak haben wollte. »Für die ganze Rolle zwei Kilogramm, für die halbe zwei Pfund«, meinte er. Ich überlegte kurz. Das sollte eigentlich kein unlösbares Problem sein. Im Lager bekamen wir ja täglich 17 g Zucker. 30 Portionen waren etwa ein Pfund. Und gegen die Streichholzschachtel voll Machorka, die wir jeden Tag bekamen, konnte man bei passionierten Rauchern bis zu drei Zuckerportionen kriegen. Ich würde sehen, wie viel Zucker ich ihm am nächsten oder übernächsten Tage bringen könne, sagte ich. Er solle den Tabak doch vorerst nicht anderweitig verkaufen. Fast alle Russen lieben süße Kost. Bei seinen Landsleuten hatte er sicherlich keine großen Chancen, weshalb er wohl einen deutschen Plenni angesprochen hatte. Außerdem war Zucker in der Sowjetunion streng rationiert.

Während meiner Zeit bei der Maurerbrigade hatte ich mich mit zwei Mitgefangenen etwas näher angefreundet. Mit Herbert und Eberhard besprach ich die Situation. Wenn wir alle drei unsere Tabakportionen in Zucker umtauschen könnten, hätten wir in Kürze die 2 Pfund, ja vielleicht sogar die 2 Kilo beisammen. Eberhard und ich waren Nichtraucher. Es war etwas mehr als zwei Wochen her, daß es uns das letzte Mal gelungen war, unseren Machorka bei einem Küchenbullen gegen etwas

Brot umzutauschen. Viel kriegte man nicht für den Stengeltabak. Herbert dagegen war Raucher. So würde es seine Aufgabe sein, den einzutauschenden Blättertabak abends nach der Arbeit fein zu schneiden.

Noch am gleichen Tag entwickelten wir eine emsige Handelstätigkeit. Ebenso am darauf folgenden Abend. Als wir am dritten Tag unseren Russen aufsuchten, hatten wir zwei Pfund zusammen. Er wog den Zucker sorgfältig nach. In unserer Baracke hatten wir ja keine Waage, sondern mußten uns darauf verlassen, daß wir auch tatsächlich 17 g bekamen. Das Gewicht stimmte. Es war sogar etwas mehr. Der Russe steckte unser Zuckersäckchen unter seine Jacke, schnitt die Tabakrolle mitten durch und reichte uns die vereinbarte Hälfte.

Irgendwo ganz hinten in meinem Bewußtsein dachte ich in diesem Augenblick: was wäre wohl geschehen, wenn er den Zucker genommen und seinen Tabak einfach behalten oder uns nur einen Teil der vereinbarten Menge gegeben hätte? Was hätten wir tun können? Uns bei den Posten beschweren – wo sonst –? Die würden uns deutsche Plenni doch nur ausgelacht haben. Hinzu kam, daß unser Tausch ja zu den in der sowjetischen Planwirtschaft verbotenen ›kapitalistischen‹ Schwarzmarktgeschäften gehörte. Nun, – der Russe hatte uns nicht um unseren Zucker gebracht, – eine ehrliche Haut.

Ich sagte ihm noch, er könne in ein paar Tagen auch noch die andere Hälfte der Tabakrolle umtauschen, wir brächten schon genug Zucker zusammen. Es kam weder ein Ja noch ein Nein von ihm, doch schien er daran nicht uninteressiert zu sein. Für den Augenblick war er wohl mit der erhaltenen Menge Zucker zufriedengestellt.

Das Schneiden des Blättertabaks bereitete uns keine Schwierigkeiten. Zwar war es Kriegsgefangenen streng verboten, ein Messer zu besitzen – bei Filzungen wurde vor allem nach Gegenständen gesucht, die wie ein Messer aussahen –, aber unsere Rasierklingen hatte man uns nicht weggenommen. Die Russen konnten damit nichts anfangen, und so ließ man uns die hauchdünnen Stahlplättchen für unsere wöchentliche Rasur. Ein kleiner Holzgriff war rasch gefertigt und an der Rasierklinge befestigt. Scharf genug waren sie auch noch, so daß Herbert sogleich ans Werk gehen konnte.

Aus meiner Zeit als Sanitäter im Lazarett wußte ich, daß die Raucher unter den Küchenbullen des Lagers – und die meisten waren es – auf guten Blättertabak nicht minder scharf waren als auf Papirossi. Wir hatten keine Schwierigkeiten, größere Mengen Brot für unsere erstklassige Ware, die im Lager Seltenheitswert hatte, zu bekommen. Beim Umtausch wurde der Tabak in Streichholzschachteln gemessen. Der

›Käufer‹ achtete genau darauf, daß sie gestrichen voll waren, und der ›Verkäufer‹, wenn er sie zwischen seinem zweiten und vierten Finger hielt, nicht etwa mit dem dritten Finger ihren Boden leicht nach oben drückte, was ihr Volumen verringerte.

Das zweite Kilo Zucker war bald beisammen, und schon nach wenigen Tagen konnten wir auch noch die andere Hälfte der Tabakrolle eintauschen. Der Russe hatte sie noch. Er lächelte, als wir an seine Wohnungstür klopften und den Zucker in den Händen hielten. Wie beim ersten Mal war er ihm auch diesmal hochwillkommen. Mein Tagebuch verzeichnet in jenen Wochen den Satz: »Das Arbeitskommando im ehemaligen Lager I, in dem wir die Baracken in Zivilunterkünfte umzubauen hatten, hat sich ›ökonomisch‹ als mein bisher bestes erwiesen. Es ist die erste Periode, in der der Hunger nicht mehr mein täglicher Begleiter ist.« Dazu muß gesagt werden, daß unsere Verpflegung, die Suppen, das Brot und der Zucker, fast ausschließlich aus Kohlehydraten bestand. Fett und Eiweiß (Protein) kamen darin nur als ›Spurenelemente‹ vor. Und jede Kost, die bloß aus Kohlehydraten besteht, wird im Gegensatz zu Fett und Eiweiß sofort verdaut, so daß wir, wenn wir uns wirklich einmal eine Extraportion hatten verschaffen können, zwar kurzzeitig das Gefühl der Völle, nicht aber der Sättigung gehabt hatten. Denn nach einer Stunde war der Magen ja wieder leer. Schon im Lazarett hatte ich als Sanitäter mal von dem einen oder anderen Schwerkranken seine Brotportion bekommen. Aber so sehr mir das auch bei meiner schweren täglichen Arbeit half, das Hungergefühl war geblieben.

Jetzt bekamen wir manchmal halbe Brotlaibe für unseren wohlriechenden Blättertabak, und nicht etwa nur von den Küchenbullen, sondern auch von den ›Bonzen‹ der deutschen Lagerleitung, die als Privilegierte offensichtlich keinerlei Mangel litten. Aber daraus ergab sich auch ein Problem. Wir aßen natürlich solche Mengen nicht sofort auf, sondern sparten uns einen Teil für die nächsten Tage auf. Die passionierten Raucher in der Küche und in der Verwaltungsbaracke brauchten nicht jeden Tag Nachschub an Blättertabak. Das beiseite gelegte Brot auf die Arbeit mitzunehmen, trauten wir uns nicht. Die Wachtposten am Lagertor hatten den Befehl, jedes heimkehrende Kommando zu filzen, was bei dieser täglichen Routine zwar nur bedeutete, einzelne Stichproben zu machen. Aber auch das war uns zu riskant. Im Lager konnten wir das Brot auch nicht zurücklassen, da es garantiert gestohlen würde, – es sei denn, wir hätten einen Vertrauensmann.

In unserer Baracke war ein älterer Mann, etwa Mitte bis Ende fünfzig, dessen Gesichtszüge denen meines Vaters auffallend ähnelten. Er war – wohl wegen seines Alters – OK geschrieben, mußte also nicht auf Arbeit gehen, sondern brauchte nur Barackendienst zu tun. Im Herbst 1946 war er schon ziemlich wackelig auf den Beinen, und es war nicht zuletzt diese Ähnlichkeit mit meinem Vater, die mich bewog, ihn zu fragen, ob er uns helfen wolle. Er solle mit Herbert zusammen den Tabak schneiden und tagsüber auf das Brot aufpassen. Dafür bekäme er von beidem seinen Teil ab. Natürlich stimmte er sofort zu. Das Problem war gelöst, unsere Tabakreserven sollten noch für jeden von uns bis in den November reichen.

Ende September war der letzte Transport mit russischen Arbeitern ins ehemalige Lager I gekommen. Diesmal waren ganz offensichtlich keine sakljutschónni mehr dabei, was man schon an ihrer besseren Bekleidung erkennen konnte. Zwar waren auch sie in Güterwaggons nach Estland geschickt worden, doch ins Lager wurden sie auf den kleinen SIS-LKWs gebracht. Das war auch nötig. Denn einige Familien brachten in großen Körben Hühner mit, die sie dann in leeren Kisten, welche beim Magazin herumlagen, hielten. Diese Kisten wurden neben der Wohnungstür unter dem Fenster so kunstvoll mit Stacheldraht umrollt und an der Baracke befestigt, daß niemand an ihr Federvieh herankam. Andere hatten Teile ihres Hausrats mitbringen können, Stühle, Tische und was man so in der Küche an Töpfen, Pfannen und Tellern braucht. Auch waren die Wohnungen, in die sie einzogen, etwas geräumiger angelegt worden als diejenigen, in die die ersten Russentransporte eingewiesen worden waren. Es waren offensichtlich die Facharbeiter, von denen schon vor Wochen die Rede gewesen war. »Kapitalíesti«, sagte unser russischer Wachtposten, als er unsere Neugier bemerkte, mit der wir auf die Angekommenen und ihre Habe blickten, und lachte.

Anfang Oktober gab es zwischen mehreren Leitern von Arbeitskommandos und der deutschen sowie der russischen Lagerleitung eine Diskussion: in Deutschland, ja in ganz Westeuropa gebe es drei Mahlzeiten pro Tag, nicht nur zwei wie hier. Wenn die Arbeitsbrigaden ihre vorgeschriebene ›Norm‹ erreichen sollten, müßten sie mittags auch etwas im Magen haben und sei es nur ein Schlag heiße Suppe. Der Hinweis auf die Eßgewohnheiten Westeuropas interessierte die Russen nicht, dagegen standen sie dem Argument, daß eine dritte Mahlzeit vielleicht die Arbeitsleistung erhöhen könne, nicht ohne Wohlwollen gegenüber.

Und so geschah es, daß am 3. Oktober zur Mittagsstunde vom Lager II her eine kleine berädete Feldküche, bei uns Gulaschkanone genannt, sich auf das ehemalige Lager I zu bewegte. Die alte Lagerglocke ertönte – es war ein flacher Stab aus Stahl, der einen blechernen Ton von sich gab, wenn man mit einem Stück Eisenrohr dagegen schlug –, und alle Kriegsgefangenen bildeten eine Schlange vor der dampfenden Gulaschkanone, jeder mit seinem Eßgeschirr bewaffnet. Die meisten hielten leere Oscar-Mayer-Büchsen in ihren Händen. Sie stammten noch aus der amerikanischen Pacht- und Leihhilfe während des Krieges und waren ein Teil der uns zustehenden Lagerverpflegung. Nur hatten wir gewöhnlichen Plenni nie etwas von ihrem Inhalt gesehen, es sei denn, daß einige verloren auf der Lagersuppe herumschwimmende kleine Fettaugen auf diesen Ursprung hinwiesen. Die meisten dieser Büchsen, die sich die Lagerinsassen vom Abfallhaufen der Küche geholt hatten, waren längst mit Rost überzogen und stellten alles andere als ein hygienisches Eßgeschirr dar. Ich war seit kurzem in der glücklichen Lage, ein deutsches Wehrmachtskochgeschirr zu besitzen, das mir mein Tabakhandel zusätzlich zu dem Brot eingebracht hatte.

Der Nährwert und die Kalorienmenge dieser ›Mittagsmahlzeit‹, die aus einer graubraunen Schrotsuppe bestand, war natürlich minimal. Außerdem bekamen wir jetzt morgens und abends etwas weniger Suppe. Trotzdem tat uns die heiße Wasserbrühe, die wir von nun an jeden Mittag schlürften, gut.

Schon nach dem ersten Tag hatte es ein Problem gegeben. Die russischen Posten waren nicht damit einverstanden, daß die deutschen Plennis mittags etwas zu essen bekamen und sie nicht. Ihrem Protest wurde stattgegeben, was eine uns überraschende Komplikation bedeutete. Unsere Gruppe von Wachtposten bestand aus einfachen Soldaten, Unteroffizieren und einem Offizier. Am dritten Tag nach dem Beginn der mittäglichen Suppenausgabe erschien hinter der aufs ehemalige Lager I zusteuernden Gulaschkanone ein zweiter Soldat, der auf jedem Arm zwei Eßkübel trug. Die ersten beiden waren für die einfachen Soldaten unter unseren Wachtposten, im dritten Kübel befand sich das Essen für die Unteroffiziere und im vierten die Mittagsmahlzeit für den Leutnant. Die klassenlose sozialistische Gesellschaft verköstigte die Mannschaftsdienstgrade, die Unteroffiziere und die Offiziere ihrer Armee mit drei qualitativ sehr verschiedenen Gerichten. Jetzt wurde mir klar, warum seinerzeit unser russischer Posten auf der Fahrt nach und von Kiviöli alle Kartoffeln, die wir von den Esten bekommen hatten, für sich behalten hatte. Er konnte damit seine gewöhnliche Mannschaftskost erheblich verbessern. Daß das Essen in den vier Kübeln längst kalt geworden war, wenn es seine verschiedenen Empfänger erreicht hatte, spielte dabei wohl überhaupt keine Rolle. Hätte man eine zweite Gulaschkanone mitgeschickt, die für alle Dienstgrade die gleiche Kost mitgebracht hätte, wie das bei uns im Kriege üblich gewesen war, dann wäre das Essen wenigstens noch heiß im Lager I angekommen.

Am 11. Oktober, meinem dritten Geburtstag in Kriegsgefangenschaft, hatte der Frost bereits eine dünne Eisschicht über die Pfützen gezogen. Hier im Norden begann der Winter früh und endete spät, oft erst Ende April oder Anfang Mai. Der Umbau der Baracken war beendet, aber noch wurden wir für Aufräumungsarbeiten gebraucht. Aus der ehemaligen Versammlungsbaracke, die als Aufnahmeraum für die ankommenden russischen Arbeiter gedient hatte, mußten die eisernen Bettgestelle wieder ins Magazin geschafft werden. Herbert, Eberhard und ich hatten dann den Fußboden zu kehren. Auch dafür gab es in der Normtabelle bestimmte Prozente. Damit der Staub, den unsere Reisigbesen aufwirbelten, hinausziehen konnte, öffneten wir Fenster und Türen.

Es mochte gegen zwei Uhr nachmittags gewesen sein, als wir plötzlich vor der Tür des Haupteingangs einen unerwarteten Laut vernahmen: Gack, gack, gack, – im Türrahmen stand ein Hahn, ein Hähnchen sollte ich besser sagen, denn es war noch keineswegs ein ausgewachsener Hahn. Wir drei erstarrten wie Lots Weib im Alten Testament zu regungslosen Salzsäulen. Herbert stand im hinteren Teil der Baracke, ich an der Fensterseite, Eberhard in der Nähe der Eingangstür. Alle drei blickten wir uns wortlos an, bis Eberhard langsam und vorsichtig seinen rechten Arm hob und mit dem Finger auf sich zeigte. Es war klar, was er damit meinte. Das Hähnchen, das in dem großen leeren Raum keine Bewegung wahrnahm, die es hätte veranlassen können davonzulaufen, setzte vorsichtig Fuß vor Fuß, wobei es jedesmal die Kralle eines Beins bis unter den Bauch zog, wie Hähne und Hühner das machen. Es war etwa drei Meter weit in die Baracke vorgedrungen, als Eberhard vorsichtig seine Jacke aufzuknöpfen begann. Dann öffnete er sie behutsam mit beiden Händen so weit, daß er wie ein großer Vogel mit ausgebreiteten Flügeln aussah. Das Hähnchen schien die Bewegung nicht wahrgenommen zu haben. Sein Gack, Gack, Gack begleitete weiter jeden seiner Schritte in die Baracke hinein. In diesem Augenblick machte Eberhard einen riesigen Satz und warf sich auf das erschreckte Hähnchen, dessen aufgeregtes Gegackere sogleich unter seiner Jacke erstarb. Er hatte ihm den Hals umgedreht.

Das alles war im Bruchteil einer Sekunde geschehen. Herbert und ich stürzten herbei, während Eberhard mit dem Hähnchen in der Hand sich langsam vom Boden erhob. Erst jetzt war Zeit zu überlegen, was wir mit ihm machen und wie wir es ins Lager II bringen konnten. Zuerst mußte es gerupft werden. Aber wo? Und wohin mit den Federn?

Die Baracke besaß unter dem Dachfirst eine Zwischendecke. In der Mitte, wo der Dachbalken verlief, war ein etwa 60 cm hoher Speicherraum, den man mit einer Klappe öffnen konnte. Wir ließen die Klappe herunter und Eberhard stieg über unsere vor dem Bauch gefalteten Hände und unsere Schultern nach oben. Natürlich hatten wir uns vorher versichert, daß uns niemand von außen dabei beobachtete. Dann schlossen Herbert und ich wieder die Klappe und kehrten den Barakkenboden so ruhig weiter, als ob nichts geschehen sei. Den dritten Besen stellten wir hinter die offene Tür, wo er von jemand, der zufällig hereinkommen und nachschauen könnte, wie weit wir mit unserer Arbeit waren, nicht gesehen wurde. Nach etwa zwanzig Minuten klopfte Eberhard von oben gegen die Decke. Wieder schauten wir uns vorsichtig nach allen Seiten um, bevor wir die Klappe öffneten und ihn herunterließen. Er war über und über mit Staub und Spinnweben bedeckt. Der Speicherraum war sicherlich seit Jahren nicht mehr benutzt, geschweige denn je geputzt worden. Wir klopften ihn hinten und vorne gründlich ab, während er uns stolz das gerupfte Hähnchen zeigte. Ohne Federn war es noch kleiner als vorher. Es blieb uns ein Rätsel, wie es seinen Eigentümern hatte entkommen können. Die ›Kapitalíesti‹, wie sie unser Wachtposten ironisch genannt hatte, hielten ihr Federvieh doch so gut unter Verschluß, daß es vor Diebstahl sicher war, und auch keines unter normalen Umständen entlaufen konnte. Eines hatte es trotzdem geschafft.

Jetzt kam der schwierigste Teil, den ich übernahm. Wie kriegten wir das Hähnchen ins Lager II? Würden die Besitzer den Verlust nicht noch bemerken, bevor wir mit der Arbeit fertig waren und zurückmarschierten? Es waren noch zweieinhalb Stunden bis dahin. Mit einem Stück Bindfaden, den ich beim Magazin fand, befestigte ich seine beiden Füße an meinem Gürtel und hängte es in meinem linken Hosenbein in die Kniekehle. Dort war es von außen am wenigsten sichtbar.

Als um fünf Uhr der Metallstab schepperte, und wir uns zum Rückmarsch vor dem Tor aufzustellen hatten, spähten wir zuerst vorsichtig auf die sich langsam mit Kriegsgefangenen füllende Lagerstraße, ob nicht vielleicht ein Zivilist dort stünde, der sein Hähnchen vermißt und die Posten aufgefordert hatte, uns zu filzen, bevor wir das Lager verließen. Aber dort stand kein Zivilist. Ungeschoren verließen wir das Lager und näherten uns unserem Barackenkomplex.

Seit drei Stunden standen wir jetzt unter der ständigen Anspannung, uns ja nicht erwischen zu lassen. Was würde mit uns geschehen, wenn sie das Hähnchen fänden? Eine Woche Erdbunker bei Wasser und einem bißchen Brot wäre wahrscheinlich das mindeste. Vor uns öffneten die Posten das Lagertor. Gleich würde die routinemäßige Filzung mit ihren Stichproben beginnen. Hoffentlich werden sie nicht gerade mich herausnehmen! Es muß an dieser Stelle gesagt werden, daß unser Kommando zu denjenigen gehörte, bei denen die Posten wußten, daß nichts Nennenswertes, nichts, was sie interessierte, herauskam. So wurden die Stichproben auch diesmal rasch und relativ oberflächlich vorgenommen. Befehl war schließlich Befehl! Wir kamen glatt durch.

Jetzt war es Herberts Aufgabe, das Hähnchen zu kochen. In der Mitte der Baracke stand ein aus Backsteinen aufgeführter Ofen. Er besaß an seiner Vorderseite unten einen etwa siebzig Zentimeter hohen gemauerten Vorsprung, welcher mit einer Eisenplatte bedeckt war, unter der sich die Feuerung befand. Auf dieser Platte konnten Kriegsgefangene, wenn sie Magenbeschwerden hatten, das nasse Brot rösten, damit es etwas bekömmlicher wurde. Andere, die von ihrer Arbeitsstelle Kartoffeln mitgebracht hatten, rösteten die rohen Scheiben (ohne Fett) gar. Und wer irgendwo Haferkörner oder dergleichen aufgetrieben hatte, konnte sie hier im kochenden Wasser aufweichen und sie so eßbar machen.

Da es nur zwei Glühbirnen in der Baracke gab, lag der Ofen in einem Halbdunkel, in dem man nicht mehr allzuviel unterscheiden konnte. Herbert hatte mein Kochgeschirr mit Wasser gefüllt und mit dem ausgenommenen Hähnchen auf die heiße Platte gestellt. Vorsorglich war es mit dem Deckel verschlossen. Nur ab und zu mußte er ihn heben, um festzustellen, wann das Hähnchen gar war.

In der Baracke verbreitete sich ein für die Nasen von Kriegsgefangenen geradezu märchenhafter Duft. Unruhe entstand, die sich in zum Teil unverständlichem Gemurmel äußerte. »Hier brät einer Hühner!« hörte ich plötzlich jemanden in meiner Nähe sagen. Nach einer Weile erschien Herbert, mein Kochgeschirr stolz in der erhobenen Hand. Seine beiden Handrücken waren blutig. Er hatte das Kochgeschirr ständig mit Hilfe eines Lappens festhalten müssen, damit es keiner im Halbdunkel wegriß. Jedesmal, wenn er den Deckel etwas lüftete, um zu prüfen, ob das Hähnchen schon gar war, hatte einer der neben ihm Stehenden, der dort sein Brot oder ein paar Kartoffelscheiben röstete, blitzschnell mit seiner Gabel herumgestochen, um etwas von dem Hähnchen zu ergattern. Herbert hatte deshalb stets einmal die eine dann die andere Hand über das Kochgeschirr halten müssen, wenn er den Deckel lüftete, und die Gabeln waren in seine Handrücken gegangen. Keiner war es gelungen, an das Hähnchen zu kommen.

Wir verteilten mit peinlicher Genauigkeit die Brühe und das bißchen Fleisch, das wir von den Knochen lösten. Für jeden kam dabei nur eine winzige Portion heraus. Aber was machte das schon. Ich erinnerte mich an die Rede meines Vaters, wenn er als überzeugter Anhänger des bekannten Schweizer Ernährungswissenschaftlers Bircher-Benner uns Kinder belehrte: »Schlingt das Essen nicht so schnell hinunter. Ihr müßt es ›fletschern‹!« Mit diesem Ausdruck wollte Bircher-Benner sagen, daß jeder Bissen zweiundsiebzigmal gekaut zu werden hatte, wenn sein voller Nährwert vom Körper aufgenommen worden sollte. Wir haben damals Bircher-Benner alle Ehre gemacht. Dutzende Male schoben wir jeden Bissen mit der Zunge im Munde hin und her, um den Geschmack des Hähnchenfleisches voll auszukosten, so daß sich diese kleine Mahlzeit über mehr als eine halbe Stunde hinzog. Es war das einzige Mal in den fast vier Jahren meiner Kriegsgefangenschaft, daß ich ein Stückchen Fleisch auf meiner Zunge, an meinem Gaumen und in meinem Magen gespürt habe.

In den langen Jahren hinter Stacheldraht waren mir zwei Überlebensregeln zur Maxime meines Denkens und Handelns geworden, die eine vom ersten Tage an, die andere erst etwas später.

Die erste lautete: Akzeptiere von Anfang an deine Situation und hüte dich vor Selbstmitleid. Die Kriegsgefangenschaft ist ein Kollektivschicksal. Stelle nie die Frage: ›Warum gerade ich?‹, sie hat nicht nur keinen Sinn, sondern führt zuerst seelisch und bald auch körperlich dahin, wo die Hoffnung, eines Tages wieder heimkehren zu können, etwas anderem gewichen ist: der Selbstaufgabe.

Und das war die zweite: Mach es hinter Stacheldraht wie die Blume, die, ›eingekerkert‹ in ihrem Blumentopf, um jedes Krümchen Erde eine Wurzelfaser schlägt, aus jeder Krume ein bißchen Nahrung zieht. Was bedeutet: Suche jede Gelegenheit, dein Gefangenendasein durch etwas Zusätzliches zu der kargen Lagerkost zu verbessern, und sei es noch so wenig.

Das Zweite war mir in den eineinhalb Jahren in Focșani und Ahtme nur hin und wieder einmal gelungen, gehörte ich doch keiner Gruppe aus ehemaligen Kompanieangehörigen oder einer Clique an, mit deren Hilfe sich solche Gelegenheiten boten. Erst in diesem Sommer und Herbst hatten sich auch mir endlich einmal jene Möglichkeiten geöffnet, auf die der Plenni Tag für Tag in seinem grauen und öden Lagerdasein wartet, wo der Hunger sein ständiger Begleiter ist.

Der Natschalnik Semjonow und Willy Bernards

»Albehrtik, Albehrtik! Bjeli noss, bjeli noss! Idí ssjudá!« (Albert, [du hast] eine weiße Nase! Komm her!) Der Natschalnik (Vorgesetzte) Semjonow stand mit beiden Armen winkend neben der Plattform des offenen Güterwaggons, von dem wir bei minus 26 Grad Celsius im schneidenden Nordwind Sand herunterschaufelten. Nachdem ich herabgesprungen war und mich vor ihn gestellt hatte, rieb er mir die im eisigen Wind blutleer gewordene Nase kräftig mit Schnee warm. Dann strich er wieder wie ein Tiger den Waggon entlang, jeden von uns beäugend, ob ihm Nase oder Ohren zu erfrieren begannen.

Zu dem Arbeitskommando, das ihm als Natschalnik unterstand, war ich am 14. November 1946 gekommen. Am 13. war unser Straßenbaukommando plötzlich zur Arbeit untertage in den Ölschieferschacht geschickt worden. Eine Spätschicht lang – sie lief von 16 bis 24 Uhr – versuchte ich ohne allzu großen Erfolg, mit einem Dampfhammer die aus den Wänden gesprengten Ölschieferblöcke so zu zerkleinern, daß das Material in die Loren geschaufelt werden konnte. Ich hatte weder den athletischen Körperbau, noch die Erfahrung, die beide nötig gewesen wären, um mit dem ratternden schweren Gerät fachgerecht umzugehen, und fühlte mich dem dröhnenden, in meinen Händen hin und her springenden Monster gegenüber ziemlich hilflos.

Als wir nach der Spätschicht um Mitternacht auf dem Schachtgelände in Fünferreihen Aufstellung genommen hatten, um von unseren Begleitposten ins Lager zurückgeführt zu werden, tauchte plötzlich aus der Dunkelheit eine über einen Meter neunzig hohe Gestalt auf. Er brauche für sein Arbeitskommando noch drei Leute, erklärte der eben Angekommene unserem Brigadier, und habe Befehl, sie sich selber aus der Spätschicht auszusuchen. Als Schachtarbeiter trugen wir unsere Karbidlampen vor der Brust, so daß unsere Gesichter, durch ein Stück Blech vom Licht abgeschirmt, im Schatten lagen. So sah ich nur seine hohe Gestalt und den Lichtkegel seiner Karbidlampe und erkannte ihn nicht sofort. Langsam kam er die Reihe entlang, mit seiner Lampe jedem von uns ins Gesicht leuchtend. Zwei hatte er bereits ausgesucht, als er vor mir stehen blieb. »Dich kenne ich doch!« sagte er. »Du warst der Sanitäter im Lazarett, der mir als einziger meine Zigaretten bei der Lagerküche umgetauscht hat, ohne einen Anteil für dich selber zu nehmen. Komm mit in mein Kommando!« So war ich zu Willy Bernards – er war Leutnant und stammte aus Kempen – und dem Natschalnik Semjonow gekommen.

Bernards war einer der wenigen Offiziere, vielleicht der einzige im Lager Ahtme, der nicht nur den Befehl über sein Arbeitskommando führte, die Arbeit auf Anweisung des Natschalniks einteilte und sie organisierte, sondern selbst kräftig mit anpackte. Täglich arbeitete auch er das Pensum ab, das jeder von uns schaffen mußte. Da unsere Verpflegungsration von unserer Arbeitsleistung abhing, kam es darauf an, die Normen zu erfüllen, ja wenn immer möglich zu übererfüllen, – worüber noch ausführlich zu reden sein wird. Von Anfang an hatte Willy Bernards deshalb in seinem Arbeitskommando selbst mit zugegriffen, womit er auch in der Gefangenschaft seinem Leitspruch treu blieb: Der Offizier soll seinen Leuten nicht nur Vorgesetzter, sondern in allem Vorbild sein. Kein Wunder also, daß in seinem Arbeitskommando nicht nur ein kameradschaftlicher Ton, sondern auch eine Zusammenarbeit und ein Zusammenhalt herrschten, wie sie andere Arbeitsbrigaden nicht oder doch nur kaum kannten.

Auch zwischen ihm und dem Natschalnik Semjonow hatte sich deshalb bald ein gegenseitiges Vertrauensverhältnis gebildet, wie ich es in Ahtme bislang noch nicht erlebt hatte, und wie es zwischen anderen deutschen Kommandoführern und ihren russischen Vorgesetzten kaum bestanden haben dürfte. Semjonow wußte, daß er sich auf Willy Bernards und seine Leute verlassen konnte, daß es also keiner wie immer gearteten Antreiberei bedurfte, die bei den meisten Kommandos üblich war, damit die Normen erfüllt wurden. Das kam ihm natürlich bei seinen russischen Vorgesetzten auch selber zugute und brachte ihm den Ruf eines äußerst effektiven Natschalnik ein.

Wir gehörten zur Bauabteilung des Ölschieferbergwerks, was bedeutete, daß wir das gesamte Material zum Ausbau der Stollen heranzuschaffen und durch zwei Schächte hinunter zu befördern hatten. Der eine befand sich unter einem Holzturm und hatte eine Aufzugsvorrichtung für die Loren. Über dem andern erhob sich eine riesige Betonhalle, die nach Osten hin offen war. Beide Schächte reichten 90 m in die Tiefe. Sie hatten weder Geländer noch Schutzbarrieren. Für die Brigaden, die untertage arbeiteten, waren keine Personenaufzüge vorgesehen. Sie stiegen zu jeder Schicht über fünfzehn stählerne Leitern ein, die an der Schachtwand von einer kleinen Plattform zur nächsten führend bis zur Schachtsohle hinunterreichten, und nach der Schicht über diese Leitern wieder auf. Von dort gingen die Hauptverbindungsstollen und von diesen die Nebenstollen ab. Das einzige Licht untertage lieferten die Karbidlampen der Schachtarbeiter. Da ein großer Teil des Bergwerks unter den estnischen Sümpfen lag, schoß das Wasser ständig in armdicken Strahlen aus den Wänden der Stollen wie der Schächte heraus und mußte ununterbrochen nach oben gepumpt werden. Eine Ventilation, die die Auspuffgase der Dieselloks, welche die Loren zogen, und den Dynamitrauch, der bei den Sprengungen entstand, hätte absaugen können, gab es nicht. Das Bergwerk atmete aufgrund der unterschiedlichen Luftdruckverhältnisse in den Stollen am Schacht I ein und am Schacht II aus.

Unser Arbeitsplatz war während der Tagesschicht je nach Materialbedarf und -lieferung entweder am ersten oder am zweiten Schacht, in der Spät- und Nachtschicht nur in der weiten Betonhalle über dem Schacht II. Sie war etwa siebzig Meter lang und ca. dreißig Meter breit. Von der offenen Ostseite stieg der Boden zur Schachtöffnung hin leicht an, so daß die Loren mit dem zu befördernden Material bergauf geschoben und dann mit Holzkeilen auf den Schienen blockiert werden mußten. Mitten über der etwa sieben bis acht Meter weiten Schachtöffnung hing ein ein Meter langer tonnenschwerer stählerner Verschlußhaken an einem Förderseil, das hoch oben unter der Decke über eine Rolle lief, von der es auf die breite Walze einer elektrisch betriebenen Fördermaschine herunterkam. Grubenholz wurde, mit Stahlseilen gebündelt, direkt an den Verschlußhaken gehängt, Zement und Sand neben der Schachtöffnung in einen großen Stahlkübel geschaufelt, in dessen Bügel der Verschlußhaken eingeklinkt wurde.

Auf der Schachtsohle standen drei Mann unseres Kommandos, die das Material in die bereitstehenden Loren manövrierten. Jedesmal, wenn wir oben Sand oder Zement in den Stahlkübel schaufelten oder Holz an dem Verschlußhaken befestigten, schrien wir zur neunzig Meter tiefen Schachtsohle hinunter: »Vorsicht! Wir laden!« Denn auch bei größter Vorsicht war es nicht zu vermeiden, daß Steine, Holzlatten oder ganze Balken hinunterfielen, weshalb die drei Untertagearbeiter unserer Schicht beim ersten Ruf rasch fünf bis zehn Meter vom Schacht wegsprangen, um nicht verletzt oder erschlagen zu werden. Dank unserer rechtzeitigen und lautstarken Warnungen ist nie etwas passiert. Der Abtransport der vollgeladenen wie die Bereitstellung der leeren Loren auf der Schachtsohle war Sache der untertage arbeitenden Brigaden. Sie hatten dafür zu sorgen, daß auch für die Spät- und die Nachtschicht – letztere ging von Mitternacht bis acht Uhr früh – genug leere Loren da waren.

Am Schacht I konnten die Loren dagegen gleich oben vor dem Holzturm beladen, auf den Förderkorb aufgeschoben und nach unten geschickt werden. Diese Aufzugsvorrichtung war nur für den Materialtransport vorgesehen. Alle Schachtarbeiter mußten über die Leitern ein- und aufsteigen, denn in den Förderkorb paßte nur eine Lore.

In der Tagesschicht, die von acht bis sechzehn Uhr lief, arbeiteten wir zu zwölft, in den Spät- und Nachtschichten von sechzehn bis vierundzwanzig Uhr und von Null bis acht Uhr zu neunt, – drei von uns stets untertage auf der Schachtsohle. Herangeschafft wurden Holz und Sand von der jenseits der Betonhalle liegenden Verladerampe auf Pferdekarren, die von abgemagerten Panjegäulen gezogen wurden. Dies war Aufgabe einer nicht zu unserem Arbeitskommando gehörenden Transportbrigade. Den Zement holten wir mit Loren selbst. Über das ganze Schachtgelände zog sich ein Netz von Schmalspurgeleisen, auf denen fast alles, was über- und untertage gebraucht wurde, zu seinem Bestimmungsort transportiert werden konnte.

Auch der Winter 1946/47 wurde streng und kalt. Die Temperatur war unter -26 Grad Celsius gesunken, als wir um sieben Uhr früh wie jeden Tag am Lagertor standen, von dessen Querbalken eine Lampe herabhing. Ihr trübes Licht fiel auf die Fünferreihen, die zum Abzählen durch das Tor marschierten. Von den Baracken her bewegte sich ein Arbeitskommando nach dem anderen im Dunkeln auf das Tor zu, hinter dem jedes wieder im Dunkeln verschwand. »Raz, dwa, tri, tschetíríe (eins, zwei, drei, vier) ...« Mit dem eintönigen Abzählen durch die Posten begann tagtäglich der morgentliche Schweigemarsch zur Arbeitsstelle und der abendliche Rückmarsch zum Lager.

Auf der verschneiten Straße zum Schacht hüllte uns der gefrorene Nebel ein, der von den estnischen Sümpfen langsam herüberzog. Die Eisnadeln stachen so schmerzhaft ins Gesicht, daß wir wie die Beduinen in der Wüste Stirn und Backen eingehüllt hatten, und nur noch die Augen freigeblieben waren. Die kniffen wir mit gesenkten Köpfen so eng zusammen, daß wir gerade noch die Füße des Vordermanns und den Weg zu erkennen vermochten.

Semjonow hatte uns erlaubt, jeden Morgen in der großen Förderhalle ein Feuer anzuzünden und uns vor der Arbeit aufzuwärmen. Das war ein Privilegium, welches die meisten Kommandos nicht hatten. Bei denen wärmten sich nur die Posten von Zeit zu Zeit an ihrem Feuer auf. In der Ecke der Förderhalle stand eine große verrostete Benzintonne, in deren Seitenwände wir mit der Pickhacke Löcher geschlagen hatten, damit das Feuer, das wir in ihr mit Ölschiefersteinen entfachten, Luft bekam. Ölschiefer entwickelt eine noch stärkere Hitze als Anthrazitkohle. Schon nach wenigen Minuten begann die Tonne dunkelrot zu glühen. Wir saßen im Kreis davor, die Arme wie Sonnenanbeter erhoben, um die ausstrahlende Wärme mit dem ganzen Körper aufzufangen.

Gegen Viertel vor acht erschien Semjonow, um mit Willy Bernards die heute anfallende Arbeit zu besprechen. An der Verladerampe waren Waggons mit Sand angekommen, der am Tage vorher nicht mehr abgeladen worden war. Während drei Leute unsres Kommandos damit beschäftigt waren, das neben dem Schacht aufgestapelte Grubenholz Bündel für Bündel hinunterzulassen, machten wir übrigen uns auf den Weg zur Verladerampe.

Mittlerweile war es hell geworden. Ein eisiger Wind, der aufgekommen war, hatte den Nebel vertrieben. Wir kletterten auf die offenen Plattformen der Waggons und schlugen zuerst den gefrorenen Sand mit Pickhacken auf, um ihn herunterschaufeln zu können. Trotz der ständigen Bewegung beim Hacken und Schaufeln wären wir nach kurzer Zeit in dem eisigen Ostwind völlig durchgefroren gewesen, hätten wir nicht für einen zusätzlichen Kälteschutz Vorsorge getroffen. Leere Zementsäcke hatten wir sorgfältig ausgeklopft, bis kein Stäubchen Zement mehr in den Papierfalten war. Morgens vor der Arbeit wickelten wir das Zementpapier über der Unterwäsche um Waden, Schenkel, Bauch und Brust und zogen Wattehose und -jacke drüber. Papier ist ein hervorragender Kälteisolator. Die einzige Schwierigkeit war, sich in dieser Verpackung noch genug Bewegungsfreiheit zu erhalten, um die Arbeiten ausführen zu können, die anfielen. Aber auch das lernten wir schnell. Wärmeverlust bedeutet Kalorienverlust. Und der sowieso schon niedrige Kalorienwert unserer Verpflegung reichte kaum für die schwere Arbeit.

Während wir den Sand von den offenen zugigen Güterwaggons herunterschaufelten, paßte Semjonow auf, daß keinem von uns Ohren oder Nase erfroren. Sobald er bei einem eine blutleer gewordene Nase entdeckte, ließ er ihn herunterspringen und rieb ihm eigenhändig Nase und Gesicht so lange mit Schnee ein, bis das Blut zurückgekehrt war. So verhinderte er bei jedem von uns von vornherein schon den leichten Grad einer Erfrierung, wie sie bei anderen Kommandos nur allzu oft in schwereren Graden vorkamen.

Den abgeladenen Sand schaufelten vier von uns auf die bereit stehenden Karren, die von den mageren Panjepferden zum Schacht II gezogen wurden. Die anderen holten sich einige der auf dem Schachtgelände herumstehenden Loren und packten sie am Materialdepot mit Zementsäcken voll. Die zentnerschweren glatten Papiersäcke waren in der eisigen Kälte mit unseren grob geschnittenen Handschuhen so schlecht zu greifen, daß es meistens zwei Männer brauchte, um sie zu heben und zur Lore zu tragen. Wenn wir ab und zu die Handschuhe ausziehen mußten, um uns zu schneuzen oder um Wasser zu lassen, durften wir uns keinesfalls versehentlich mit einer Hand an der Lore festhalten, da die bloße Haut sofort an dem eisigen Metall festgefroren wäre.

Jeder war froh, wenn wir endlich wieder in der Förderhalle waren, da wir dort vor dem Wind geschützt waren und uns hin und wieder an der Feuertonne aufwärmen konnten. Während Willy Bernards zusammen mit zwei Leuten den über der Mitte der Schachtöffnung hängenden tonnenschweren Verschlußhaken mit einem Seil an den Schachtrand zog, ihn dort befestigte und den Bügel des auf dem Schachtrand stehenden mächtigen Kübels einhakte, hatten wir anderen schon angefangen, die Betonmischung aus Sand und Zement aufzuhäufen, die dann jeweils zwei von uns in den Kübel schaufelten, wobei wir uns alle fünf Minuten abwechselten. Wer gerade dran war, stand beim Schaufeln direkt am geländerlosen Schachtrand, hinter dem es 90 m in die Tiefe ging. Das Arbeitstempo bestimmte Willy Bernards, der wie jeder von uns seinen Arbeitsanteil leistete.

Während der volle Kübel hinuntergelassen und unten von unseren Leuten in eine der bereit stehenden Loren gekippt wurde, mußten wir vom Schachtrand zurücktreten, damit einer nicht versehentlich an einen Stein stieß, der auf der Schachtsohle einen der unsrigen hätte erschlagen können. Diese wenigen Minuten waren immer eine willkommene kleine Arbeitspause. Alle Anweisungen wurden hinunter- oder heraufgeschrien, so daß der Fördermaschinist, der an der elektrisch betriebenen Seilwinde stand, den Kübel und anderes Material wie z.B. Grubenholz auf den Zentimeter genau in der Höhe über der Schachtsohle stoppen konnte, in der es von unseren Leuten gehandhabt worden mußte.

Die Vormittage erschienen uns immer kürzer als die Nachmittage, die sich zäh hinzogen. Die mittägliche Suppe, die wir bei der Transportbrigade bekommen hatten, gab es beim Schachtkommando nicht. Wie hätte sie nach unten gebracht worden können? Dafür bekamen wir dann abends auch unsere volle Suppenportion. So ging die Arbeit, nur von kurzen Pausen unterbrochen, acht Stunden lang durch.

Unsere tägliche Leistung wurde von zwei Faktoren bestimmt: Wir mußten 100% (oder mehr) des in den Normtabellen festgelegten Arbeitsquantums erfüllen, um unsere 600 g Brot und d.h. die Menge an Kalorien zu bekommen, die das Minimum darstellte, um unsere Körperkräfte zu erhalten. Da das gleiche für die Bauabteilung untertage galt, mußten wir in jeder Tag- und Nachtschicht so viel Material hinunterschicken, daß auch die Brigaden untertage auf ihre 100% (oder mehr) kommen konnten. Gelang es uns oder einigen der Brigaden, die die Stollen vortrieben und ausbauten, 126% der Normleistung zu erreichen, so gab es abends noch zusätzlich einen Kochgeschirrdeckel voll Kascha (Grützbrei) für jeden. Und für diesen knappen viertel Liter Kascha arbeiteten wir Deutsche hin und wieder wie die Verrückten.

Leider erwies sich diese Rechnung wieder einmal als Illusion. Wie schon in Jahre vorher und in Focşani wurde auch bei Beginn dieses Winters 1946/47 unsere Verpflegung plötzlich knapper. Eines Tages gab es statt der uns zustehenden 600 g nur noch 450 g Brot. Niemand hegte auch nur den geringsten Zweifel daran, daß wieder einmal ein beträchtlicher Teil der uns zustehenden und gelieferten Verpflegung von den Apparatschiks der russischen Lagerleitung in andere Kanäle abgezweigt wurde. Es dauerte nicht lang, und unsere Kräfte ließen bei der schweren Arbeit, die uns täglich abverlangt wurde, rapide nach. Da von unserer Arbeitsleistung ja auch diejenige der Bauabteilung untertage abhing, gerieten wir in eine Situation, die in Kürze zu unserer völligen Erschöpfung führen mußte. Der Unterschied zu den Wintern 1945 und 1944 war eben der, daß jetzt alle Kriegsgefangenen voll in produktive Arbeitsprozesse eingespannt waren. Auch wenn uns das russische Entlohnungssystem nie ganz durchsichtig wurde, war uns doch so viel klar, daß auch der Wochenlohn der Natschalniks in irgendeiner Form mit unserer Arbeitsleistung zusammenhing.

Als diese jetzt sowohl bei unserem Kommando als auch bei der Bau- und Sprengabteilung untertage infolge der täglichen Wassersuppen und der auf 450 g gekürzten Brotrationen immer mehr nachließ, muß es wohl zu einer Auseinandersetzung zwischen der Schachtdirektion und der russischen Lagerleitung gekommen sein. Dazu muß hier gesagt werden: Im Gegensatz zu den Gepflogenheiten in manchen anderen Kriegsgefangenenlagern, von denen ich später gelesen habe, wurden wir für unsere Arbeit nicht bezahlt. Stattdessen bekam das Lager als Entgelt für unsere Leistung und ihr entsprechend Naturalien, ›Produkti‹, wie die Russen sie nannten. Dieses System öffnete natürlich jeder Form des Unterschleifs, der Unterschlagung, kurz des Massenbetrugs Tür und Tor. Diesmal aber war es keine Kommission, die plötzlich und unangemeldet aus dem Schoße der Nacht auftauchte, sondern die Schachtdirektion selbst, die den Betrügereien der Apparatschiks in der russischen Lagerleitung einen Riegel vorschob. Denn auf einmal wurde bekannt gegeben, daß es ab sofort für eine 80prozentige Arbeitsleistung 400 g Brot, für eine 90prozentige 500, für eine 100prozentige 600, für eine 110prozentige 700 g und für eine 126prozentige (wohlgemerkt eine 126- nicht 125prozentige) zusätzlich einen Kochgeschirrdeckel voll Kascha gab.

Für Semjonow und Willy Bernards bedeutete das von jetzt ab ganz einfach folgendes: Unser Kommando hatte in jeder Schicht das Soll mit mindestens 110 Prozent überzuerfüllen, wenn immer möglich mit 126 Prozent. Nur so bekamen wir den Kalorienwert, der nötig war, um die schwere Arbeit zu leisten, die uns abverlangt wurde.

Praktisch war das natürlich gar nicht möglich. Einmal fiel des öfteren der elektrische Strom vorübergehend aus. Manchmal dauerte das mehrere Stunden. Dann konnte weder am Schacht I noch am Schacht II Material hinuntergelassen werden. Da die Stollen unter den estnischen Sümpfen lagen, begann sich auf der Schachtsohle sofort Wasser anzusammeln, dessen Spiegel langsam stieg. Die Bergleute von der Bauabteilung hatten deswegen die elektrischen Pumpen auf hohen Holzpodesten montiert, damit sie nicht absoffen und unbrauchbar wurden. Nur so konnte ein Überfluten der Stollen verhindert werden, vorausgesetzt, der Strom war wieder da, bevor der steigende Wasserspiegel die elektrisch betriebenen Pumpen erreicht hatte. Es gab Tage, da hatten die Kriegsgefangenen untertage bereits bis zum Bauch im Wasser gestanden, bevor sie um 4 Uhr nachmittags über die Leitern aufstiegen. In der Winterkälte fror die klitschnasse leinene Schachtbekleidung, während wir uns zum Abmarsch aufstellten und die Posten mit dem Abzählen beschäftigt waren, zu Eisröhren. Wenn wir uns dann auf das Lager zu in Bewegung setzten, knirschten und knackten die gefrorenen Hosen bei jedem Schritt, als hätten die untertage Arbeitenden Bretter an den Beinen.

Zum andern gab es Tage, an denen aus irgendwelchen unerfindlichen Gründen dem Schacht nicht genug Material geliefert worden war. Wenn solche unvorhersehbaren Unterbrechungen unserer Arbeit eintraten, wenn es also unmöglich war, durch produktive Arbeitsleistung auf 126 oder 110, ja nur auf 100 Prozent zu kommen, dann wußte Semjonow nach alter russischer Tradition genau, was zu tun war. Er ließ uns ›patjomkinsche Dörfer‹ bauen, was in unserem Falle hieß: statt um produktive Arbeit ging es dann nur noch um bloße ›Arbeitsfassaden‹, – auch diese richteten sich streng nach der Normtabelle. In ihr gab es z.B. eine eigene Prozentskala für den Transport von Material, berechnet nach der Länge des Transportweges.

Von der Verladerampe und dem Magazin führte ein direkter Schmalspurschienenstrang zum Schacht II. Von ihm zweigten an verschiedenen Stellen Schienenstränge über eine Drehscheibe rechtwinklig ab, und diese hatten ihrerseits wieder Abzweigungen, die alle zusammen mehr oder weniger parallel zueinander verliefen. Wenn man die mit Sand oder Zement beladenen Loren, statt sie auf dem direkten Weg zum Schacht II zu bringen, über diese weitverzweigten Geleiseparallelogramme, also auf einem großen Umweg zum Schacht II rollte, indem man die direkte Verbindung für defekt erklärte und sperrte, gab es entsprechend mehr Prozente. Doch die reichten natürlich noch nicht aus, um uns 100 Prozent einzubringen.

Das Grubenholz – Schwellen für die Schienenstränge auf der Schachtsohle, Balken und Bretter zum Abstützen der Stollen und zum Gießen des Betons – wurde in der Regel beim Abladen direkt neben dem Schacht II einfach auf mehrere Haufen geworfen. Es war im Grunde völlig gleichgültig, ob es dort gestapelt wurde oder nicht, da wir es sowieso nur gebündelt an den Verschlußhaken hängen und hinunterlassen konnten. Während ein Teil unseres Kommandos über den verlängerten Transportweg Zement und Sand herbeischafften, begann ein anderer die Schwellen, Bretter und Balken aufzustapeln. Niemand hat sich je die Mühe gemacht nachzuprüfen, ob die Zahl der Kubikmeter, die Semjonow in seinem Arbeitsbericht angab, tatsächlich den gestapelten entsprach. Auf jeden Fall kamen wir auch bei längerem Stromausfall immer auf 100 Prozent (oder mehr) Arbeitsleistung.

Schwieriger wurde die Sache schon bei Materialausfall. Aber auch da fand Semjonow in der Normtabelle ›Arbeitsfassaden‹ wie Gleisreparaturen, Umschichtungen der Zementsäcke im Magazin, etc. Wenn ich später in den Tageszeitungen von den offiziellen Produktionsergebnissen in der Sowjetunion las, mußte ich eingedenk meiner Erfahrung am Schacht II in Ahtme immer lächeln. Ich wußte nur zu gut, wie diese zustande gekommen waren.

Jedesmal wenn um 4 Uhr nachmittags die Schachtsirene zum Schichtwechsel ertönte, wartete noch eine besondere ›Dienstleistung‹ auf uns. Das Lager wurde zwar mit Heizmaterial, mit Holz und Ölschiefersteinen, versorgt. Aber unser Bedarf war entschieden größer als die Zuteilung. Jeder Kumpel vom Schachtkommando hatte sich deshalb von der Halde, auf der der geförderte Ölschiefer lag, einen Brokken zu holen und ihn ins Lager mitzunehmen. Ölschiefer hat ein relativ leichtes spezifisches Gewicht, so daß man selbst größere Stücke mühelos unter dem Arm tragen kann. Diebstahl am sozialistischen Volkseigentum wurde in der Sowjetunion radikal bestraft, – mit Deportation ins Straflager und Verbannung, in besonderen Fällen stand darauf sogar die Todesstrafe und zwar schon für Kinder vom 12. Lebensjahr an. Da die Schachtanlage in Ahtme sich damals noch im Stadium des Ausbaus untertage befand, und die Ölschieferförderung deswegen erst langsam anlief, drückte die Schachtdirektion hier offensichtlich ein Auge zu.

Im Lager lieferten wir einen Teil der mitgebrachten Ölschiefersteine bei der Küche, einen anderen bei der Duschanlage ab. Einen dritten Teil nahmen wir gleich mit in die Baracken. Da wir durch wiederholte Entlausungsprozeduren im Lager keine Läuse mehr hatten, die Duschen also nicht mehr zur Entlausung der Lagerinsassen benötigt wurden, durfte sich jede Schicht des Schachtkommandos, nachdem sie von der Arbeit zurückgekommen war, heiß duschen und waschen. Brachten wir doch selber das gesamte Heizmaterial dafür mit.

Ölschiefer war also stets genug da, und Wasser gab es in dem zwischen den estnischen Sümpfen gelegenen Lager im Überfluß. Niemand trieb uns zur Eile an, während wir unter dem heißen Wasserstrahl standen und den Zementstaub aus den Poren der Haut herauswuschen. Es gab sogar Seife, die allerdings nicht schäumte, deren mindere Qualität aber doch ausreichte, uns vom Dreck des Schachtes zu befreien. »Wie ein halber Geschlechtsverkehr«, sagt der neben mir unter der Dusche Stehende, indem er den Kopf nach hinten legte und das heiße Wasser über Gesicht, Hals, Brust und Bauch rinnen ließ.

Am 18. April 1947, als sich überall schon der Frühling ankündigte, sagte Willy Bernards zu mir: »Albert, ich möchte heute mit Semjonow reden. Es gibt nämlich seit längerem für alle, die untertage arbeiten, statt 600 g 900 g Brot für eine hundertprozentige Arbeitsleistung. Von uns stehen zwar immer nur drei unten, aber schließlich gehören wir ja alle offiziell zur Bauabteilung des Schachts. Und wenn im Winter die Temperatur unter -30 Grad Celsius gesunken ist, und alle Brigaden, die übertage arbeiten, im Lager bleiben durften, mußten wir mit der Bauabteilung raus, damit die ihr Material bekommen haben. Es wäre also nur recht und billig, wenn auch wir für unsere 100% die 900 g Brot bekämen. Kannst du ihm das auf Russisch erklären?« »Ich werde ihm das schon verständlich machen können«, sagte ich. Semjonow hörte aufmerksam zu, als Willy Bernards ihm am Nachmittag durch mich seinen Vorschlag machte. Er nickte zustimmend und meinte: »Bernards hat recht. Ich werde mit dem Chefingenieur sprechen.«

Man muß unter dem stalinistischen ›System‹ gelebt und gearbeitet haben, um ermessen zu können, welcher Zivilcourage es bedurfte, wenn ein russischer Natschalnik sich bei seinem Chef für seine deutschen Kriegsgefangenen einsetzte und eine doch erhebliche Erhöhung ihrer Brotrationen vorschlug. Sicher, – der Chefingenieur wußte natürlich, daß wir ein gutes und verläßliches Arbeitskommando waren. Trotzdem war Semjonows Reaktion auf unsere Bitte keineswegs eine Selbstverständlichkeit.

Nachdem der Winter seit einigen Wochen nachgelassen hatte, waren drei von uns in der Tagesschicht am Schacht I beschäftigt, wo die Loren vor dem Holzturm mit Sand oder Zementsäcken beladen, in den Förderkorb geschoben und dann hinuntergelassen wurden. Unsere Tagesleistung lag im Durchschnitt bei 34 Loren, manchmal kamen wir sogar auf 37 oder 38.

Am nächsten Morgen kam Semjonow schnurstracks auf uns zu. »Reja (so sprach er meinen Familiennamen aus), Bernards!« rief er. »Sslúschatje!« (Hört zu!) Und dann eröffnete er uns, daß er mit dem Chefingenieur gesprochen und dieser ihm gesagt habe: »Wenn die Leute vom Arbeitskommando Bernards 50 Loren in der Tagesschicht schaffen, bekommen alle 900 g Brot pro Tag wie die Kumpel untertage.« Während ich übersetzte, hörte Willy Bernards schweigend zu. Dann schüttelte er den Kopf: »Das ist unmöglich. 50 Loren Tag für Tag! Das ist unmöglich«, sagte er. Noch während ich seine Antwort Semjonow übersetzte, winkte dieser lachend ab. »Wer hat denn etwas davon gesagt, daß ihr jeden Tag auf 50 Loren kommen müßt? Morgen prüft der Chefingenieur eure Tagesleistung nach. Morgen müssen 50 vollgeladene Loren unten im Schacht stehen. Morgen!« rief er. Willy Bernards brauchte keine Sekunde zum Nachdenken. Spontan sagte er: »Morgen nachmittag um 4 Uhr stehen 50 vollgeladene Loren unten im Schacht!«

An diesem 19. April 1947 gab es für unser Arbeitskommando und für die Transportbrigade nur ein Ziel: so viel Sand und Zement wie möglich an den Schacht I heranzuschaffen, damit wir sowohl unsere 34 - 38 Loren laden und hinunterlassen, als auch noch genug Material aufhäufen konnten, um am nächsten Tag um 8 Uhr in der Früh sofort anfangen zu können. Willy Bernards lief zur Verladerampe und half dort mit, die Pferdekarren mit Sand vollzuschaufeln. Neben den vollgeladenen Wagen rannte Semjonow hin und her und trieb die mageren Panjepferde an, die sich heute kräftig in die Sielen legen mußten, damit das Material ohne Verzögerung zum Schacht I kam. Wir alle wußten nur zu gut, daß wir morgen eine Chance hatten, die uns wohl kaum ein zweites Mal gegeben würde.

Der 20. April war ein wolkenloser Vorfrühlingstag. Die Sonne begann bereits den Frost aufzutauen, als wir am Schacht ankamen. Semjonow stand schon am Holzturm. Die Schaufeln hatte er selbst aus dem Magazin geholt und in den gestern aufgehäuften Sand gestoßen. Während zwei von uns die auf dem Schachtgelände herumstehenden Loren heranschoben, begannen wir zu dritt die erste vollzuladen. Semjonow machte uns klar, daß jede Lore bis zum Rand gefüllt sein müsse. Mit der untertage arbeitenden Bauabteilung hatte er vereinbart, daß an diesem Tage nur gebohrt, gesprengt, ausgeräumt und abgestützt werden sollte, damit der Chefingenieur am Nachmittag alle beladenen Loren nachprüfen konnte. So mußten vier von uns am Schacht II dafür sorgen, daß genug Grubenholz nach unten kam.

Wir schaufelten und schaufelten und schaufelten, – während drei von uns im Magazin Zement in die Loren luden, die sie sich geholt hatten. Die Säcke mußten ausgeschüttet werden. Damit hielt sich die Bauabteilung untertage nicht auf. Jede volle Lore wurde gleich zum Holzturm geschoben.

Willy Bernards hatte die Arbeit am Schacht I so organisiert, daß jeweils einer von uns für eine kurze Verschnaufpause abgelöst werden konnte. Er selbst schaufelte mit, entweder am Holzturm oder auf der Verladerampe.

Als um 4 Uhr die Schachtsirene ertönte, die das Ende der Tagesschicht ankündigte, warfen wir die Schaufeln weg und fielen der Länge nach rücklings in den weichen Sand. Wir waren am Ende unserer Kraft. Auf der Schachtsohle standen 52 vollgeladene Loren. Wir hatten es geschafft.

52 Loren, – das waren sechseinhalb tonnenschwere Loren pro Stunde, eine Lore alle neuneinhalb Minuten vor den Holzturm rollen, vollschaufeln und auf den Förderkorb schieben. Dazu kam noch das Abladen der Pferdekarren.

Als ich nach einer Weile im Sand den Kopf wendete, sah ich Semjonow mit dem Chefingenieur auf den Holzturm zu kommen. Wortlos stiegen beide in den bereit stehenden Förderkorb und fuhren in den Schacht hinunter. Er habe bei jeder einzelnen Lore mit der Hand nachgeprüft, ob sie auch bis zum Rand vollgeladen war, hat uns Semjonow später erzählt. So dauerte es eine Zeit, bis der Förderkorb wieder nach oben kam. Beide stiegen aus. Der Chefingenieur wandte sich Semjonow zu und sagte: »Piatdeßiát-dwa. Choróschaja rabóta!« (Zweiundfünfzig. Gute Arbeit!) Ohne ein weiteres Wort zu verlieren und ohne einen Blick auf uns zu werfen, drehte er sich um und kehrte in seine Baracke zurück.

Während wir uns langsam erhoben und den Sand aus Hose und Jacke klopften, trat Semjonow auf uns zu: »Ótschen choroschó!« (Sehr gut!) meinte er und sah uns der Reihe nach an. »Sstachánowezi«, sagte er anerkennend und lächelte. (Der Grubenarbeiter Alekséj Sstachánow hatte am 31.8.1935 seine Tagesschichtleistung um das fünfzehnfache der vorgeschriebenen Arbeitsnorm erhöht. Seitdem gab es in der Sowjetunion die nach ihm benannte Sstachánowbewegung. Das waren Arbeiter oder Arbeitsgruppen, die, beispielhaft für die anderen, ihre Normen übererfüllten, sich dadurch aber bei ihren Mitarbeitern, die oft froh waren, wenn sie unter den Bedingungen, unter denen sie arbeiten mußten, gerade noch auf 100% kamen, nicht nur unbeliebt, sondern oft verhaßt machten. Denn in der Regel hatte die wiederholte Übererfüllung der Norm durch die Sstachánowezi zur Folge, daß nach einer gewissen Zeit die Norm für alle anderen heraufgesetzt wurde, so daß, was bislang als hundertprozentige Leistung gegolten hatte, nunmehr nur noch mit 90% bewertet wurde.)

Als Sstachánowezi bezeichnet zu werden, war das höchste Lob, das ein russischer Natschalnik seinen deutschen Kriegsgefangenen zollen konnte. Damals wußten wir das nicht. Zwar war der Name Sstachánow bei den antifaschistischen Veranstaltungen gefallen und auch einiges über die Sstachánow-Bewegung gesagt worden. Aber uns hatte nicht der Ehrgeiz der Sstachánowezi geplagt, die Norm extrem überzuerfüllen, um ein Beispiel hoher Arbeitsmoral zu statuieren. Uns ging es allein und ausschließlich um die volle Schachtverpflegung, wie sie die untertage Arbeitenden bereits bekamen. Und die erhielten wir vom nächsten Tage ab.

Was wir nicht wußten, war, daß Willy Bernards zwei Tage vorher mit dem Brigadier der Transportbrigade, die ja nicht zur Bauabteilung gehörte und deshalb auch keinen Anspruch auf Schachtverpflegung geltend machen konnte, ausgemacht hatte, daß von nun an jeder von uns täglich von seinen 900 g Brot 100 g abgeben würde, so daß auch die Leute von der Transportbrigade für ihre Leistung etwas bekamen. Eine solche Maßnahme war in der Sowjetunion bei Strafe verboten, da nur die Sstachánowezi entsprechend ihrer höheren Leistung belohnt werden sollten, nicht aber diejenigen, die mitgeholfen hatten, die Voraussetzungen für deren Leistung zu schaffen. Obwohl der eine oder andere von uns über diese Abmachung murrte, sahen wir doch letztlich alle ein, daß wir die 52 Loren nur hatten schaffen können, weil auch die Transportbrigade im Akkord gearbeitet hatte. Auch in Zukunft hing unsere Tagesleistung ja von ihr in ähnlicher Weise ab, wie die der Bauabteilung untertage von uns. So wurde die Abmachung, die Willy Bernards getroffen hatte, von uns akzeptiert und stillschweigend eingehalten. Denn Reden durften wir auf keinen Fall darüber.

Wenn der heutige Leser, der sich seine hochwertige Vollkorn-, Fünfkorn- oder Graubrotschnitte zum Abendessen auf den Teller legt, liest, daß wir täglich 800 g Brot bekommen haben, so mag er den Eindruck gewinnen, daß wir von da an täglich satt zu essen gehabt haben. Davon aber war auch jetzt nicht die Rede. Einmal war das Brot, das dem Lager geliefert wurde, von unvergleichbar minderer Qualität als dasjenige, das der Leser auf seinem Teller hat. Es war feucht, um nicht zu sagen naß, was das Gewicht entscheidend mitbestimmte, und oft mit Spelzen durchsetzt, hatte also etwa nur gut die Hälfte des Nährwerts, den unser heutiges Bäckerbrot besitzt. Außerdem bestand unsere Verpflegung ja nach wie vor fast ausschließlich aus Kohlehydraten, und das hieß: in einer guten Stunde war alles verdaut, und der Hunger meldete sich zurück. Im besten Fall hatten wir das Gefühl, daß der Magen kurze Zeit voll war, nie, daß wir satt waren. Trotzdem war es ein deutlicher Unterschied zu früher, wenn wir jetzt täglich 800 g Brot bekamen und bei einer Arbeitsleistung von 126% abends noch einen Kochgeschirrdeckel voll Kascha extra.

Am nächsten Tag war alles wieder beim alten. In den folgenden Wochen hat nie wieder jemand nachgeprüft, ob wir auch weiterhin 50 Loren pro Tag schafften. Auch wurde unsere Norm nach jener einmaligen Leistung nicht heraufgesetzt. Wie früher brachten wir es pro Tag auf 34 bis 38 Loren.

Ein paar Wochen später ließ uns Semjonow wissen, daß uns jetzt auch Schachtbekleidung zustünde. Es waren grobleinene Hosen und Jacken, alle ganz neu aus der Fabrik. Als sie uns im Bekleidungsmagazin des Schachts ausgehändigt wurden, stellten wir zu unserer Überraschung fest, daß an den Hosen und Jacken die Knöpfe fehlten. Die Knopflöcher waren dagegen eingenäht. Als wir uns deswegen an Semjonow wandten, der bei der Bekleidungsausgabe stolz dabei stand, lachte er nur: »Ach«, sagte er, »das passiert hier alle Tage. Die Kleiderfabrik hat 100% Normleistung erreicht, die Knopffabrik wahrscheinlich nur 80%. Und so haben 20% der gelieferten Hosen und Jacken keine Knöpfe. Das sind halt gerade die, die ihr bekommen habt. Aber das ist überhaupt kein Problem. Ihr macht es so, wie alle russischen Arbeiter das auch machen. Auf dem Schachtgelände liegt genug weicher, biegsamer Kupferdraht herum. Den holt ihr euch, knipst mit einer Zange kleine Stücke davon ab und bohrt mit einem Nagel da Löcher in das

Leinen, wo die Knöpfe angenäht werden sollten. Dann steckt ihr die Drahtstücke durch die Löcher und die vorhandenen Knopflöcher und biegt die Kupferenden zusammen. Die halten so gut wie Knöpfe.« Was blieb uns anderes übrig. Jeden Morgen und jeden Abend, auch jedesmal, wenn wir während der Arbeit unsere Notdurft verrichten mußten, drehten wir die Kupferdrähte an Hose (und Jacke) auf und wieder zu. Semjonow hatte recht gehabt. Es war wirklich kein Problem. Wichtig für uns war, daß wir von nun an eine Bekleidung hatten, die, so haltbar wie Blue Jeans, also auch bei Regen und Sturm, wind- und wetterfest war.

Wie im Jahr zuvor folgte dem Winter auch in diesem Mai der Sommer fast übergangslos. Es waren nur ein paar Wochen, die an unseren deutschen Frühling erinnerten. Während meiner Kriegsgefangenschaft wurde es der einzige Sommer, in dem ich nachts in der dritten Schicht draußen unter freiem Himmel arbeitete. In den Wochen vor und nach der Sommersonnenwende blieb es bis etwa 22 Uhr taghell. Erst dann begann die Sonne weit im Norden hinter den Horizont zu sinken, und langsam ging das Abendrot um Mitternacht ins Morgenrot über, mit dem der neue Tag begann.

Einer der russischen Wachtposten, der uns Nacht für Nacht begleitete und uns allmählich kannte, ließ uns im Schachtgelände allein, wenn wir noch Sand holen mußten. Währenddessen saß er am Eingang der Förderhalle, von wo er uns sehen konnte, und las einen Taschenbuchroman. Er brauchte dazu keine Taschenlampe, so hell war es um Mitternacht noch. Es war ein ungewohntes, eigenartiges Gefühl, plötzlich ohne Bewachung durch das Schachtgelände zu streifen, nach leeren Loren zu suchen und sie an irgendeinem der Sandhaufen vollzuschaufeln, die vor dem zu errichtenden neuen Verwaltungsbau lagen. Bis heute ist mir das farbige Schauspiel unvergeßlich, das wir dabei im Norden beobachteten, wo das tiefe Abendrot sich langsam in ein leuchtendes Morgenrot verwandelte.

Es traf sich, daß ich in diesen Spät- und Nachtschichten mit einem ehemaligen Musiklehrer zusammenarbeitete. Während wir die vollgeladene Lore zum Schacht II zurückrollten, summten und pfiffen wir die Themen und Melodien der großen klassischen Symphonien und Opern vor uns hin, die wir kannten. Und wie einst bei der Chorgruppe in Focșani kam in die Eintönigkeit unseres Arbeitsalltags ein Nachklang dessen, was einmal ein wesentlicher Teil unseres Lebensinhalts gewesen war.

Als wir Mitte August eines Nachts von der Spätschicht zurückgekommen waren, wurden wir schon nach wenigen Stunden in aller Frühe von Willy Bernards geweckt: »Hans Jani ist gestorben«, sagte er. »Ihr müßt ihn heute beerdigen!« Jani war von Anfang an bei Bernards' Arbeitskommando gewesen. Wir schätzten ihn alle als einen verläßlichen und hilfsbereiten Menschen. Anfang August hatte er sich wegen heftiger Magenschmerzen krank melden müssen. Da er kein Fieber hatte, und das bedeutete bei den Russen keine 38 Grad Körpertemperatur, hielt man ihn für einen Simulanten. Das war ein im Krankenrevier oft gebrauchtes Schimpfwort für alle jene, die versuchten, mit Krankheiten, die in den Augen der Russen bloße Bagatellen waren, für ein paar Tage von der Arbeit befreit zu werden. Willy Bernards setzte sich persönlich für ihn ein. Er versicherte der russischen Ärztin – von ihr wird noch ausführlich die Rede sein –, daß es in seinem Arbeitskommando keine Simulanten und Drückeberger gebe. Die Sache sei ganz einfach die: Wer barackenkrank geschrieben wurde, bekam täglich nur noch 500 g Brot. Und keiner von uns verzichtete auf seine 800 g, es sei denn, er wurde wirklich so krank, daß er arbeitsunfähig war. Die Ärztin hörte Bernards aufmerksam zu und wies Jani ins Krankenrevier ein. Aber es war zu spät. Er lag noch keine vier Stunden im Krankenbett, als sein Magengeschwür, das kein Arzt erkannt und diagnostiziert hatte, in die Bauchhöhle durchbrach. Er starb unter furchtbaren Schmerzen.

Am Vormittag trugen wir ihn in einer Decke, begleitet von einem russischen Wachtposten und einem Sanitäter, der Pfarrer war, durchs Lagertor zu dem Friedhof, der sich hinter dem Lagerlazarett an einem Hügel befand. Als das Grab geschaufelt war und wir ihn langsam und behutsam hineingelegt hatten, sprach der Pfarrer das Gebet und den Segen. Leise bewegte der warme Sommerwind die hängenden Zweige der weißen Birken, die den Hügel umstanden. Wir füllten das Grab und schmückten es mit einem Birkenkreuz, auf dem sein Name und der Tag seines Todes standen.

Der September 1947 wurde ein warmer und milder Monat. Drei Jahre waren es nun her, daß ich in Turnu Severin in Kriegsgefangenschaft geraten war. Wir hatten längst aufgehört, unsere Zeit hinter Stacheldraht nach Tagen, Wochen oder Monaten zu zählen. Wir lebten nur noch in Jahreszeiten, und das hieß hier oben in Estland vom Sommer zum Winter und wieder vom Winter zum Sommer.

Im Frühsommer war uns von der ANTIFA-Leitung mitgeteilt worden, daß auf der im Mai 1947 stattgefundenen Moskauer Konferenz auch die Kriegsgefangenenfrage behandelt worden sei. Bis zum 31. Dezember 1948 sollten wir alle wieder zu Hause sein. Wir aber waren viel zu nüchtern und skeptisch geworden, um an dieses Datum noch glauben, um der ›frohen Botschaft‹ noch trauen zu können. Wenigstens wußten wir jetzt, daß wir überhaupt wieder mit der Heimkehr rechnen konnten. Die ›frohe Botschaft‹ bekam jedoch mehr Glaubwürdigkeit, als in diesen Septembertagen die Österreicher, die sich schon seit längerem von uns ›Reichsdeutschen‹ abgesetzt und eigene Arbeitskommandos gebildet hatten, plötzlich in ein anderes Lager verlegt wurden, von wo sie – wie es hieß – entlassen werden sollten. Also schien sich doch in der ›Kriegsgefangenenfrage‹ irgendetwas zu tun. Nur wußten wir nicht, ob das auch uns in absehbarer Zukunft betreffen würde.

Mitte Oktober begann es zu schneien. Wie schon in den Jahren zuvor verschlechterte sich auch in diesem Herbst wieder die Verpflegungslage. Diesmal aber betraf das nur die Brigaden übertage, nicht die Schachtarbeiter. Wir bekamen weiterhin unsere 900 g Brot, lediglich die morgend- und abendlichen Suppen waren wieder eine bloße Wasserbrühe. Oft gab es jetzt mehrere Wochen lang statt der Wassersuppe fünf Pellkartoffeln als Abendmahlzeit.

Auf dem Schachtgelände waren Anfang Oktober mehrere mächtige Transformatoren ausgeladen worden, wo sie ungeschützt in Regen und Schnee stehen blieben. Die Aufschriften waren in deutscher Sprache. Wir erfuhren, daß es sich um Reparationslieferungen aus den von der Roten Armee besetzten deutschen Ostgebieten handelte. Es hieß, die Transformatoren stammten aus Stettin. Der russische Chefingenieur ließ sogleich herumfragen, wer von den deutschen Kriegsgefangenen Fachelektriker oder Elektroingenieur war und diese Transformatoren ans Netz anschließen konnte. Diejenigen, die sich gemeldet hatten, begannen damit, vorsichtig eine Schaltung nach der anderen zu prüfen. Die Transformatoren waren offensichtlich von deutschen, nicht von russischen Facharbeitern demontiert worden. Denn in jedem Transformator waren so viele Fehlschaltungen und Kurzschlüsse eingebaut, daß er ohne Schaltplan überhaupt nicht mehr instandgesetzt werden konnte. Dieser Report aber befriedigte den russischen Chefingenieur nicht, und so wurden zwei russische Fachleute beauftragt, die Transformatoren zu überprüfen und ans Netz anzuschließen. Auch sie mußten die Sabotage sofort erkannt haben. Ein paar Tage lang bemühten sie sich, die Fehlschaltungen und Kurzschlüsse, die sie entdeckten, zu reparieren. Sei es, daß sie schon nach drei Tagen der Meinung waren, die Transformatoren tatsächlich repariert zu haben, sei es, daß sie auf Druck von oben sich verpflichtet fühlten, einen positiven Bericht abzugeben, – am vierten Tage wurde ein Transformator nach dem anderen versuchsweise ans

Netz angeschlossen. Es gab jedesmal eine hohe Stichflamme, die von einem explosionsähnlichen Knall begleitet war. Alle Transformatoren brannten der Reihe nach durch und waren damit auf immer zerstört. Unbrauchbar geworden ließ man sie dort stehen, wo sie abgeladen worden waren, und kein Mensch kümmerte sich mehr um sie, – außer ein paar Kriegsgefangenen.

Rolf Gross, der zu unserem Arbeitskommando gehörte, goß sich eines Morgens ein paar Löffel Öl in die Suppe. Auf die erstaunte Frage von mehreren von uns, woher er denn Speiseöl habe – Fettprodukte hatten wir hinter Stacheldraht seit Jahren nicht mehr zu sehen, geschweige denn zu essen bekommen – erklärte er mit bedeutungsvollem Gesicht: »Speiseöl ist das gerade nicht. Es ist das Öl aus einem der Transformatoren.« Das sei völlig säurefrei, hätten ihm Kriegsgefangene gesagt, die etwas davon verstünden, und könne gefahrlos gegessen werden. Zwar würde es nicht verdaut und ginge unverändert durch Magen und Darm hindurch. Aber es gebe einem doch für eine Weile das Gefühl satt zu sein, nicht bloß voll, sondern richtig satt zu sein.

So verständlich dieses Argument war – wer von uns wäre nicht einmal gerne richtig satt geworden –, so wenig attraktiv erschien uns anderen dieser Griff nach dem Transformatorenöl. Schließlich wollten wir ja alle die Heimat wiedersehen. Und ob der ›Genuß‹ dieses Öls wirklich für den Körper so gefahrlos war, wie es diejenigen, die sich da als Experten ausgegeben hatten, behaupteten, blieb doch eine offene Frage.

In den folgenden Wochen gab es wieder einmal für längere Zeit abends statt der Wassersuppe Kartoffeln, – fünf kleine, schrumplige, manchmal angefrorene Pellkartoffeln pro Person. Wenn wir nach Mitternacht von der Spätschicht ins Lager zurückkamen, genügte es, einen von uns zur Küche zu schicken, um in einem Pappkarton die Kartoffeln für die ganze Brigade zu holen. Denn jede Schachtbrigade war dort registriert. Es kam fast täglich vor, daß nach der allgemeinen Abendessensausgabe in der Küche mehr Kartoffeln für die Spätschicht übrig geblieben waren, als uns offiziell zustanden. Die Küchenbullen hatten dann so etwas wie einen Anflug von Großzügigkeit und Mitgefühl gegenüber den Schachtarbeitern, die nach Mitternacht durchfroren von der Arbeit zurückkamen. Jeder von uns war stolz, wenn er statt der fünf Kartoffeln, die uns pro Person zustanden, sechs, sieben oder gar acht für die andern in die Baracke mitbrachte. Da das Thema 1 unter Kriegsgefangenen das Essen war, sprach sich das in unserem Arbeitskommando natürlich rasch herum. Nur eine Spätschicht schien jedesmal Pech zu haben und Nacht für Nacht nur die fünf Kartoffeln pro Person zu bekommen, die am Abend vorher das Quantum für alle anderen Arbeitskommandos gewesen waren. Da jeder von uns froh war, wenn er nach Mitternacht endlich in der warmen Baracke saß, sich waschen konnte und nicht wieder zum Kartoffelholen in die Kälte hinaus mußte, wechselten wir uns ab. Jede Nacht ging ein anderer rüber. Nicht so bei jener Spätschicht. Dort nahm Rolf Gross jede Nacht freiwillig seinen Leuten den Gang durch die nächtliche Kälte ab, solange, bis diese Verdacht schöpften, weil er immer nur mit fünf Kartoffeln für jeden zurückkam. Der Verdacht wurde Willy Bernards mitgeteilt.

In der folgenden Nacht ließ er sich von einem aus der Brigade wekken und stellte sich mit ihm abseits vom Kücheneingang ins Dunkle. Dort warteten beide, bis Rolf Gross in der Küchentür erschien. Nachdem er ins Freie getreten war, zählte er rasch die Kartoffeln, die er bekommen hatte. Scheu sich umblickend, ob ihn auch keiner der anderen Kartoffelholer beobachtete, warf er in den Schnee, was über fünf Kartoffeln pro Person hinausging. Das sollte die Erdäpfel, die ja kochend heiß aus dem Kessel gekommen waren, so weit abkühlen, daß er sie in den Mund stopfen und schnell hinunterschlingen konnte. In dieser Nacht aber gelang ihm das nur mit der ersten, als Willy Bernards aus dem Dunkel an ihn herantrat und ihm die zweite Kartoffel aus der Hand schlug. So kam auch diese Brigade endlich einmal in den Genuß von mehr als fünf Kartoffeln.

In der Früh um halb sieben war Willy Bernards bereits bei der Lagerleitung, die Rolf Gross augenblicklich einem anderen Arbeitskommando zuwies. Er kam in die Waldarbeiterbrigade, die für ihre harte Arbeit bekannt und deswegen gefürchtet war. Noch am selben Morgen zog er zu den Waldarbeitern um.

Mundraub wurde im Arbeitslager, wo jeder auf jeden Bissen Brot und jeden Schlag Suppe angewiesen war, um zu überleben, als Kapitalverbrechen angesehen. Wer dabei erwischt wurde, kam mit Einverständnis der Russen an den Pranger, und das hieß: er mußte drei Tage lang morgens und abends neben dem Lagertor, wo alle an ihm vorbeizogen, stehen, mit einem Schild um den Hals, auf dem in großen Blockbuchstaben zu lesen war: »ICH HABE EINEM ARBEITSKAMERADEN BROT GESTOHLEN.« Man muß jahrelang an der Hungergrenze gelebt haben, um zu verstehen, daß eine solche Maßnahme als Abschreckung gerechtfertigt war. Das hatte Willy Bernards Rolf Gross erspart. Während der eineinviertel Jahre, die ich beim Arbeitskommando Bernards-Semjonow gewesen bin, war dies der einzige

Fall, in dem das gegenseitige Vertrauen, das uns allen selbstverständlich geworden war und uns täglich verbunden hat, mißbraucht worden ist.

Seit längerem wurden unweit des Schacht I zwei russische Verwaltungsbaracken umfunktioniert. Die deutsche Baubrigade, die dort arbeitete, sagte uns, daß in den beiden Baracken Kantinen eingerichtet würden, eine für die Ingenieure und Schachtdirektoren und eine für die übrigen Angestellten in der ersten Baracke, und in der zweiten eine für die russischen Arbeiter. Als der Tag gekommen war, an dem sie in Betrieb genommen wurden, erzählten uns die Leute von der Baubrigade, die nachträglich noch dort dies und jenes zu montieren hatten, wie sie ausgestattet waren, und was es zu essen und zu trinken gab: Die Ingenieure und Schachtdirektoren saßen an weiß gedeckten Tischen, aßen eine aus mehreren Gängen bestehende Mahlzeit und tranken dazu Bier oder Wein. Den übrigen Angestellten in der zweiten Kantine wurde ein vergleichsweise einfaches Essen auf rohen Holztischen serviert. Dazu gab es Bier oder Kießli Kwaß. Das ist ein säuerliches russisches Volksgetränk. In warmem Wasser wird Brot zur Gärung gebracht, was dem Wasser den säuerlichen Geschmack verleiht. Kalt getrunken stillt es wie wenig andere Getränke den Durst. In der Kantine für die Arbeiter gab es weder Stühle noch Bänke, sondern nur roh gezimmerte Stehtische, was garantierte, daß sich niemand lange beim Essen aufhielt, wodurch in kurzer Zeit eine große Zahl Arbeiter abgefertigt werden konnte. Ihr Essen bestand aus einer einfachen Grütze (Kascha) und einem Stück Brot. Zu trinken gab es nur Kießli Kwaß.

Unwillkürlich mußte ich an den russischen Soldaten denken, der hinter unserer Gulaschkanone ins Lager I, das wir damals umbauten, herlief, an jedem Arm zwei Eimer mit drei verschiedenen Mahlzeiten für die Offiziere, Unteroffiziere und Mannschaften. In jenem Herbst ahnten wir nur – wir konnten uns natürlich noch kein vollständiges Bild machen –, daß diese drei Kantinen das Spiegelbild der ›klassenlosen Gesellschaft‹ der Sowjetunion, ja des ›real existierenden Sozialismus‹ überhaupt waren.

Etwa zur gleichen Zeit bekam die deutsche Lagerleitung die Anweisung, in unseren Eßräumen, die der Küchenbaracke angeschlossen waren, ebenfalls Bänke und Tische entfernen und stattdessen Stehtische aufstellen zu lassen. Der Grund dafür war der gleiche wie in der Arbeiterkantine auf dem Schachtgelände. Da viele Kriegsgefangene, müde von der Arbeit, am Abend etwas länger an den Tischen zu sitzen pflegten als für das Essen der Wassersuppe und des Brotkantens eingeplant war, die Eßräume also immer so voll waren, daß eine große Zahl mit ihrer Suppe in die Baracken zurückgingen, was gegen die Lagerordnung verstieß, erhoffte man sich durch das Aufstellen von Stehtischen eine Lösung des Problems.

Wenn man bedenkt, daß der Kriegsgefangene nach den acht Stunden, die er bei der Arbeit gestanden hatte und nach dem oft weiten Weg zurück ins Lager nun auch noch sein Abendessen stehend hinunterschlingen sollte, kann man sich den einstimmigen Protest vorstellen, der von allen Arbeitsbrigaden gegen diese Maßnahme erhoben wurde. Daraufhin blieben die Bänke mit den normalen Tischen stehen. Doch wurden von nun an an die Eingänge Wächter postiert, die jeden, der mit einer vollen Suppenbüchse den Eßraum verlassen wollte, zurückzuschicken hatten. Da an den Türen ein ständiges Gedränge herrschte – die einen wollten rein die andern raus – war eine Kontrolle praktisch gar nicht möglich, und alles blieb beim alten. Jeden Abend saßen wir wieder gemütlich auf unseren Betten in der warmen Baracke und löffelten bedächtig unsere Suppe.

Eines Morgens – es war Mitte November – kam Semjonow, kaum daß wir die große Förderhalle am Schacht II betreten hatten, aufgeregt auf uns zu: »Ssigódnija komíssija búdjet!« (Heute wird eine Kontrollkommission hier sein!) rief er. In einem ›System‹, zu dessen Wesenszügen der ständige Verdacht gehörte, daß jemand seine Leistungsnorm nicht hundertprozentig erfüllte, gehörte natürlicherweise ein Kontrollorgan, das nicht nur innerhalb des Kriegsgefangenenlagers, sondern auch am Arbeitsplatz von Zeit zu Zeit ›nach dem rechten sah‹. In der Regel – ich habe nur die eine bereits erzählte Ausnahme erlebt – wurden diese Kommissionen durch irgendwelche Kanäle angekündigt, so daß die zu Kontrollierenden sich vorbereiten konnten und der beabsichtigte Effekt gleich Null war.

Auch Semjonow wußte genau, was beim Besuch einer Kommission zu tun war. An diesem Tage wurde nur die Hälfte unseres Arbeitskommandos dazu eingeteilt, Material hinunterzulassen. Die andere Hälfte hatte nach alter russischer Tradition ein ›patjomkinsches Dorf‹, eine bloße Arbeitsfassade aufzubauen. Als erstes stapelten wir das zu großen Haufen abgeladene Grubenholz sorgfältig auf, wobei wir an der Basis jedes Stapels einen Balken so locker einfügten, daß man ihn leicht herausziehen konnte. Dann wurden so viel Sand und Zement an den Rand des Schachts gebracht, daß der große Kübel ohne Unterbrechung vollgeschaufelt, hinuntergelassen, in die Lore geleert, heraufgeholt und wieder vollgeschaufelt werden konnte. Draußen vor der Halle ließen wir sechs voll beladene Loren stehen. Einer von uns wurde an den Eingang der Förderhalle postiert, um die Kommission rechtzeitig anzukündigen. Schließlich holten wir noch ein halbes Dutzend leere Loren vom Schachtgelände, schoben sie den leichten Anstieg zum Schacht II hinauf und verkeilten sie dort.

Wir waren eben mit allen Vorbereitungen fertig geworden, als der Ruf ertönte: »Die Kommission kommt!« In dem Augenblick, in dem die vier Mitglieder der Kontrollkommission um die Ecke der Förderhalle bogen, zog einer von uns den lockeren Balken aus dem ersten Holzstapel, der daraufhin mit einem ohrenbetäubenden Krach zusammenstürzte und eine gewaltige Staubwolke aufwirbelte. Sogleich wurden die Balken zum Schacht hinübergereicht, um hinuntergelassen zu werden. Währenddessen hatten andere schon den Keil unter den Rädern der letzten leeren Lore herausgezogen, worauf die sechs Stahlbehälter sich auf den Ausgang zu in Bewegung setzten, wo einer auf den anderen mit einem lauten Knall aufprallte. Auf das frei gewordene Geleise schoben wir die draußen abgestellten vollgeladenen Loren eine nach der anderen den leichten Anstieg zum Schacht hinauf, wo wir sie verkeilten. Dort lief die Fördermaschine auf vollen Touren. Es war ein Lärm und ein Spektakel, wie es ein Regisseur, der eine Filmszene von einer Sstachánow-Brigade zu organisieren und zu drehen hat, nicht wirksamer hätte arrangieren können.

Die Kommission sah sich den Wirbel, den Semjonow mit uns inszeniert hatte, eine Weile an, wobei einzelne Mitglieder an unseren Natschalnik ab und zu Fragen stellten, zu deren Antworten sie anerkennend nickten. Nach etwa einer Viertelstunde verschwanden sie mit ihm in Richtung Verwaltungsbaracke. Jetzt konnten wir uns wieder auf unsere eigentliche Aufgabe konzentrieren, so viel Material wie möglich hinunterzulassen, damit wir auf unsere Prozente kamen.

Als Semjonow am frühen Nachmittag zurückkehrte, war er bester Laune. Man hatte ihm und damit zugleich seinem Arbeitskommando volles Lob gespendet. Gegen 15 Uhr rief er Willy Bernards und mich zu sich und sagte, für heute hätten wir genug gearbeitet. Wir könnten uns bis zum Abmarsch ans Feuer setzen. So ließen wir Schaufeln und Fördermaschine ruhen in dem Bewußtsein, daß er mit seinem spitzen Bleistift für diesen so erfolgreichen Tag sicherlich wieder einmal genug Prozente aufgeschrieben hatte.

Nachdem wir uns am Feuer, niedergelassen hatten, nahm er zwischen mir und Willy Bernards Platz. »Albehrtik!« wandte er sich an mich, »leih mir etwas Machorka!« Es ging auf das Wochenende zu und

Semjonow hatte seine Tabakration bereits aufgeraucht. Da er wußte, daß ich Nichtraucher war, fand er es ganz natürlich, daß ich ihm ab und zu mit etwas Tabak aushelfen würde, was ich selbstverständlich auch tat. Die Zeiten, wo ich noch Tabak und Zucker gegen Brot umtauschen konnte, lagen hinter uns. Während er den blauen Dunst meines Machorka in die Luft blies, gab er uns seine Zufriedenheit mit unserer heutigen ›Leistung‹ dadurch zu verstehen, daß er mit uns am Feuer sitzen blieb, bis die Schachtsirene zum Abmarsch ertönte, was er sonst nie getan hatte.

Auf dem Rückmarsch ins Lager sagte uns Willy Bernards, Semjonow habe für den heutigen Tag 126 Prozent ›errechnet‹. Das bedeutete für uns zusätzlich einen Kochgeschirrdeckel voll Kascha.

Mit unseren russischen Wachtposten machten wir unterschiedliche Erfahrungen. Von ihnen ist mir Kolja in besonderer Erinnerung geblieben. Er stammte aus der Ukraine, was er mir gegenüber besonders betonte. Er wollte nicht, daß wir ihn für einen Russen hielten und deutete an, daß es beim ihm zu Hause viele gebe, die nach dem Ende dieses Krieges auf eine größere Unabhängigkeit der Ukraine gehofft hatten und jetzt im Untergrund dafür kämpften. Damals wußte ich von den Nationalitätskonflikten, die unter der Oberfläche der sowjetischen Gesellschaft schwelten, so gut wie nichts. Auch in den Jahren, die ich in Odessa verbracht hatte, war mir nie etwas davon zu Ohren gekommen.

Kolja begleitete uns zur Nachtschicht. Stets brachte er die PRAWDA mit, und wenn wir eine Pause einlegten, teilte er uns in stark vereinfachter Sprache mit, was sich draußen in der Welt ereignete. Zwar konnten wir jetzt regelmäßig – und das hieß etwa alle zwei bis drei Monate – nach Hause schreiben und bekamen dann auch Antwort. Aber das waren immer nur kurze, ganz persönliche, familiäre Nachrichten. Wahrscheinlich fürchteten unsere Angehörigen die Zensur und teilten uns deswegen nie etwas über die allgemeine Situation in Deutschland mit. So hatten wir im Herbst 1947 immer noch keine deutliche Vorstellung, wie es zu Hause aussah und was aus Deutschland geworden war. Einmal hatten wir Semjonow danach gefragt, weil er erwähnt hatte, daß er als Offizier mit der Roten Armee in Deutschland gewesen sei. Was ihm denn besonders aufgefallen sei, wollten wir wissen. Er erzählte von Leipzig und Berlin, daß die Städte sehr zerstört, aber die Straßen noch in gutem Zustand seien. »Asfaltírowajemij úlizi«, sagte er. Überall gebe es asphaltierte Straßen, ein Phänomen, das in der Sowjetunion außerhalb der Großstädte zur damaligen Zeit Seltenheitscharakter besaß und deswegen seine Bewunderung erregt hatte. Keine Bewunderung dagegen hatte er für Berlin. Es gebe dort keine Kultur, meinte er. »Keine Kultur?« erwiderte ich. »In Berlin?« In Moskau, erklärte er mit Nachdruck gebe es zweiundsiebzig Badestuben mit zweiundsiebzig Entlausungsanstalten. In Berlin nicht eine. Keine Kultur! Wer nie von Läusen geplagt worden ist und deshalb auch nie die Wohltat einer Entlausungsanstalt erfahren hat, nach deren Besuch für eine Weile das ständige lästige Sich-Kratzen aufhört, wird sicherlich kein Verständnis für Semjonows Argument aufbringen können. Einzelheiten aus der Heimat, die uns brennend interessiert hätten, erfuhren wir von ihm dabei nicht.

Auch Kolja konnte uns keine Details aus Deutschland mitteilen. Denn damit beschäftigte sich die PRAWDA nicht. Und doch erfuhren wir durch ihn wenigstens ein Bruchstück dessen, was damals in der Welt vor sich ging. Wenn er mit seiner Lektüre der PRAWDA fertig war und uns all das mitgeteilt hatte, wovon er glaubte, daß es wichtig für uns sei, wurde er sichtbar müde. Das war jedesmal so zwischen 2 und 3 Uhr morgens. Dann kam er zu mir, der ich in der Nachtschicht die Fördermaschine bediente, und sagte, daß er sich jetzt für eine Weile auf die Zementsäcke an der Hallenwand zum Schlafen legen würde. Dabei übergab er mir sein geladenes Gewehr mit der Anweisung, gut darauf aufzupassen und ihn sofort zu wecken, wenn die Kontrolle komme.

Da stand ich deutscher Kriegsgefangener nun Nacht für Nacht, das geladene Gewehr eines Rotarmisten an meiner Seite und dachte: Was würde wohl mit mir (und ihm) geschehen, wenn uns eines Nachts die Kontrolle überraschte? Während der Nachtschicht schaute der für das gesamte Schachtgelände verantwortliche Offizier regelmäßig zu uns in die Förderhalle herein, ob der Wachtposten dort auch seine Pflicht tat. Er erschien immer erst in der Morgendämmerung, war also bereits zu erkennen, wenn er in etwa 50 m Entfernung vor der Förderhalle auftauchte. Es war dann stets gerade noch so viel Zeit, um Kolja zu wecken und ihm sein Gewehr in die Hand zu drücken, so daß er, wenn er die Hand an die Mütze legte und seine Meldung erstattete, auf seinen Vorgesetzten den Eindruck eines braven, seine Pflicht erfüllenden Soldaten machen konnte.

Keiner der anderen Wachtposten, die uns Tag für Tag oder Nacht für Nacht zum Schacht und wieder zurück ins Lager brachten, war wie Kolja. Sie versahen ihren eintönigen und langweiligen Dienst in der Regel ›nach Vorschrift‹, und das hieß: korrekt und distanziert. Nur hin und wieder überbrückte einer den ihm vorgeschriebenen Abstand zu den Kriegsgefangenen. Als wir eines Nachmittags von der Tagesschicht zurückkehrten, stapfte ein junger Russe eine Zeit lang neben mir durch den Schnee. Er hatte sich von irgendwoher ein paar Äpfel besorgt. Seit jenem sonnigen Oktobertag in Focşani, wo wir die Straßen zu kehren hatten und von den Rumänen so reichlich beschenkt worden waren, hatte ich kein Obst mehr gesehen. Der Wachtposten muß wohl meinen Blick bemerkt haben, mit dem ich an dem rotbackigen Apfel hing, in den er mit Genuß hineinbiß. Denn als er ihn soweit verspeist hatte, daß nur noch der Apfelbutzen übrig geblieben war, warf er den nicht in den Schnee, sondern fragte mich:»Willst du den?« »Danke, ja!« sagte ich sofort, worauf er mir den Apfelbutzen herüberreichte. Ich steckte ihn in den Mund und behielt ihn auf der Zunge, bis nur noch das Gehäuse und die Kerne übrig geblieben waren, um den Apfelgeschmack so lange wie möglich auszukosten. Es war das einzige Stückchen Obst, das ich in den zweieinhalb Jahren, die ich in Ahtme verbrachte, gegessen habe.

»Ogón, dawei, ogón!« (Feuer, los, macht mir Feuer!) Es war Montag früh, wir hatten wie immer am ersten Wochentag andere Wachtposten bekommen. Nachdem wir uns wie jeden Morgen ans Feuer gesetzt hatten, um uns aufzuwärmen, war einer von ihnen in die Förderhalle gekommen, in der einen Hand sein Gewehr, in der anderen eine Axt. Er wollte, daß einer von uns ihm draußen Feuer machte. In der Förderhalle war unserer Tagschicht nie ein eigener Wachtposten zugeteilt worden. Der da hereingekommen war, hatte draußen auf eine andere Brigade aufzupassen, und war wohl nur bei uns erschienen, weil er uns an der Feuertonne hatte sitzen sehen, während die Brigade, die er zu bewachen hatte, bereits bei der Arbeit war. Es war üblich, daß sich die Posten nur von den Kriegsgefangenen, die sie bewachten, bedienen ließen. Keiner von uns rührte sich. »Dawei, dawei, ogón!« rief er nochmal, diesmal mit einem drohenden Ton in der Stimme. Als sich immer noch niemand rührte, nahm er sein Gewehr von der Schulter und lud durch.

In diesem Augenblick erschien Semjonow am Eingang der Halle. Er kam eilig auf uns zu und fragte den Wachtposten: »Tschto takoje?« (Was gibt's?) Der Posten, mittlerweile mehr als ärgerlich geworden, schrie: »Ich will, daß mir einer dieser gottverdammten Plennis draußen Feuer macht. Und keiner dieser gottverdammten Plennis erhebt sich mit seinem faulen Arsch. Ich werde es diesen gottverdammten Plennis schon zeigen!« Und er griff wieder nach seinem Gewehr. Semjonow schaute ihn ein paar Sekunden lang wortlos an. Dann tönte seine Stimme laut und klar durch die Halle: »Plennis? Ich höre immer Plennis!

162

Wenn du Plennis suchst, die dir Feuer machen sollen, geh hinaus aufs Schachtgelände! Da draußen findest du hunderte von Plennis! Diese hier sind meine Schachtarbeiter!«

Der Wachtposten schaute ihn völlig verdutzt an, und da er offensichtlich nicht wußte, was er in dieser Situation machen sollte, drehte er sich wortlos um und verließ mit seinem Gewehr und seiner Axt die Förderhalle. Semjonow hatte sehr schnell gesprochen, aber nicht so schnell, daß ich ihn nicht genau verstanden hätte, was er sofort bemerkte, als ich Willy Bernards, der neben mir saß und wissen wollte, was da gesprochen worden war, mit ein paar Worten informierte. Es mußte ihm jetzt doch peinlich geworden sein, daß er sich als Russe vor uns deutsche Kriegsgefangene gegen einen russischen Soldaten gestellt hatte. Denn sein Gesicht lief rot an, und um seine Verlegenheit zu verbergen, fuhr er uns an: »Was sitzt ihr da noch um das Feuer herum?‹, Los, an die Arbeit!« Sein vorgetäuschter Unmut legte sich sofort wieder, als wir aufstanden und uns an die Arbeit machten.

Am Nachmittag zog er bei einbrechender Dunkelheit einen Hörnerschlitten, wie sie bei uns im Gebirge die Holzfäller haben, in die Förderhalle. Seine Frau sei sehr krank, sagte er. Er brauche noch Brennholz, um seine Wohnung warm genug zu halten. Dabei zeigte er auf das Grubenholz, das neben dem Schacht lag. Hart und trocken war es das beste Holz, das es in ganz Ahtme gab. Wir müßten es nur noch klein schlagen, meinte er. Zwei Äxte habe er mitgebracht. In einer halben Stunde hatten wir so viele Balken zu Brennholz geschlagen, daß der Hörnerschlitten voll bepackt worden konnte. Mit dem verschwanden zwei von uns in der Dunkelheit, während Semjonow hinter dem Schlitten herstapfte und den beiden den Weg zu seiner Wohnung wies. ›Diebstahl am sozialistischen Eigentum wurde in der Sowjetunion …‹. Wen interessierte das hier in Ahtme schon. Jedenfalls hatten wir das gute Gefühl, an diesem Tage auch das unsrige für Semjonow getan zu haben.

Es war der 2. Januar 1948. Von der Ostsee her wehte ein warmer Tauwind, der die ungepflasterten festgefrorenen Straßen und Wege des Schachtgebiets in Schlammstreifen verwandelte. Vor dem Holzturm über dem Schacht I saßen Semjonow und ich auf einer umgestürzten leeren Holzkiste. Wieder einmal war der Strom ausgefallen, so daß wir die vollgeladenen Loren nicht hinunterschicken konnten.

Wir blickten auf den leeren, vom Regen aufgeweichten Platz, der sich vor uns bis zur Verwaltungsbaracke ausdehnte. In den schmutzigen Pfützen spiegelte sich der graue wolkenverhangene estnische Januarhimmel.

Auf dem Schlamm verstreut lagen kleine Haufen verbrannten Karbids. Wenn die Untertageschicht zu Ende war und die Kriegsgefangenen sich zum Abzählen in Fünferreihen auf dem Platz aufstellten, klopfte jeder seine Karbidlampe dort aus, wo er gerade stand. Die bläulich weiße Karbidfarbe gab dem ganzen Platz ein vergiftetes Aussehen. Verrostetes Gerät, das nicht mehr zu gebrauchen war, lag dort herum, wo es zusammengebrochen war. Das Aufräumen und Säubern der Schachtanlage war in der Normtabelle als unproduktive Arbeit offensichtlich überhaupt nicht vorgesehen.

»Albehrtik, leih mir etwas Machorka!« sagte Semjonow und zog ein Stück der Prawda aus seiner Jackentasche, um sich eine Zigarette zu drehen. Er hielt das abgerissene Stück Zeitungspapier mit zwei Fingern leicht gekrümmt vor mich hin, und ich füllte es mit meinem Machorka auf. »Spassíbo (Danke)!« sagte er und rollte das Papier kunstvoll mit beiden Fingern um den Stengeltabak, befeuchtete es mit der Zungenspitze und steckte sich den Glimmstengel an.

Eineinviertel Jahre waren es nun, die ich in Willy Bernards' Kommando arbeitete, eineinviertel Jahre, in denen Semjonow uns und wir ihn so genau kennen gelernt hatten, wie das in der Kriegsgefangenschaft zwischen Russen und Deutschen überhaupt möglich war. Wir wußten, was wir voneinander zu halten hatten und daß alles mit ihm besprochen werden konnte, – alles, was mit der Arbeit zu tun hatte.

Mir war aufgefallen, daß weder die Russen unter sich, noch wir mit ihnen über irgendwelche politischen Themen sprechen konnten. Sie waren in einem ›System‹ der ständigen Bespitzelung tabu. Während Semjonow den Rauch meines Machorka genüßlich in die Luft blies, faßte ich mir ein Herz. Ich wies mit der Hand auf die aus Schlamm und weggeworfenem giftigem Karbid bestehende Verwahrlosung und sagte: »Natschalnik Semjonow! Ist der Sozialismus in der Sowjetunion überall so wie hier? Oder ist er anderswo besser und schöner?« Er stutzte, ob dieser unerwarteten und ganz und gar ungewöhnlichen Frage und hörte für einen Augenblick auf, an seinem Glimmstengel zu ziehen. Dann schaute er mich an. »Albehrtik, jetzt hör mir mal gut zu!« sagte er. »Vor dem Krieg waren die ersten zehn bis fünfzehn Jahre nach der Oktoberrevolution sehr schwer und sehr hart für uns. Aber von der Mitte der dreißiger Jahre an wurde es immer besser, von Jahr zu Jahr. Kurz vor dem Krieg konnten wir uns alle (die Betonung lag auf ›alle‹) sogar Speck kaufen«, sagte er, – »sogar Speck! Und jetzt ist es so: Meine Generation muß sich noch abmühen und dabei auf vieles Gute und Schöne verzichten. Auch die nächste Generation muß sich noch abmühen und dabei vieles Gute und Schöne entbehren, – vielleicht müssen sich noch fünf Generationen abmühen und auf ein gutes Leben und eine schöne Welt verzichten. No odnáshdi, Albehrtik, odnáshdi kommunism budjet!« (Aber eines Tages, Albert, eines Tages wird es den Kommunismus geben!) Er hatte seinen Blick von mir abgewandt und schaute mit weit geöffneten Augen in den grauen wolkenverhangenen Himmel, als erwarte er die Ankunft des Messias.

Jahre später las ich in der Einleitung zu Dostojewskijs ›Dämonen‹ von Dimitrij Mereschkowskij: »Erst in Rußland wurde der Sozialismus zur allgemeinen, allesverschlingenden, philosophischen, metaphysischen (denn der äußerste Materialismus ist bereits Metaphysik), teilweise sogar zur mystischen Lehre vom Sinn des Lebens, dem Ziel und Zweck der Weltentwicklung.«

Pápotschka Knishnig

Er marschierte auf seinen kurzen O-Beinen mit weit ausholenden Schritten an der Spitze der Kolonne von etwa tausend Kriegsgefangenen, die er zu einer Filmvorführung nach Ahtme brachte. Von kleiner Gestalt war er kaum 1,60 Meter groß und der Politoffizier unseres Lagers. Seine Aufgabe bestand darin, sich um unsere politische Bildung und um die kulturellen Veranstaltungen zu kümmern, die das Lager hin und wieder bot. Leutnant Knishnig war jüdischer Abstammung. Wir nannten ihn Pápotschka (Väterchen) Knishnig und das hatte seine guten Gründe. Im Gegensatz zu unseren ANTIFA-Propagandisten und -Aktivisten, deren tierischer Ernst in Sachen Marxismus-Leninismus nur noch von ihrer Humorlosigkeit überboten wurde, die sie wie alle Gläubigen einer politischen Ideologie auszeichnete, hatte Väterchen Knishnig eine leutselige Art mit uns umzugehen. In seiner Gegenwart wurde selbst von uns Nicht-Privilegierten ab und zu gelacht, – eine seltene Reaktion im Kriegsgefangenenlager. Er hörte aufmerksam zu, wenn ihm Vorschläge gemacht wurden und war bestrebt, unserem öden, gleichförmigen Dasein, das tagtäglich nur aus Arbeiten, Essen, Schlafen und wieder Arbeiten bestand, etwas Farbe zu geben. Da die ANTIFA-Veranstaltungen ohnehin von den aus Moskau eingeschleusten Aktivisten durchgeführt wurden, sah er, der nur ein paar Brocken Deutsch sprach, es als seine Hauptaufgabe an, unsere Bildung durch kulturelle Veranstaltungen zu heben.

So erlaubte er vier Berufsmusikern, ein Quartett zu gründen, dessen

Leitung er einem Leutnant übertrug, der eine ausgebildete lyrische Tenorstimme hatte. Ab und zu gab das Quartett an einem freien Sonntag in der Versammlungsbaracke ein Konzert, das im wesentlichen aus sentimentalen Schlagern wie ›Heimat, deine Sterne‹, ›Glocken der Heimat‹ oder ›Blaues Boot, bring mich wieder in die Heimat‹ bestand, wobei der Leutnant den Text sang und wir gedankenverloren mitsummten.

Es war wieder einmal Sonntag, einer der beiden Sonntage im Monat, an dem wir nicht zu arbeiten brauchten. Pápotschka Knishnig war der Meinung, daß ANTIFA-Vorträge und Schlagermusik dem nicht genügten, was er unter politischer Bildung und kultureller Betreuung der Kriegsgefangenen verstand. Deshalb hatte er Filme besorgt, die uns eine lebendige Anschauung von der Geschichte der Sowjetunion und vom Leben ihrer Bürger vermitteln sollten.

Aber da gab es ein Problem. Vorgeführt werden konnten diese Filme nur in einer alten Scheune in Ahtme, die zu einem Kino umfunktioniert worden war. Der russische Offizier, der die Wachtposten kommandierte, weigerte sich, seine Leute am freien Sonntag nach Ahtme zu schicken, damit die deutschen Kriegsgefangenen sich dort Filme anschauen konnten. Aber Väterchen Knishnig wußte Rat. Er besorgte sich von irgendwoher zwei Karabiner und eine gewaltige Pistole. Die Karabiner hängte er je einem ANTIFA-Aktivisten über die Schulter und wies beide an, die Bewachung der Kriegsgefangenen am Ende der Kolonne zu übernehmen. Er selber schnallte sich das Monster von Schießeisen um und begab sich an die Spitze. So war der Vorschrift Genüge getan, und wir konnten uns in Richtung Ahtme in Bewegung setzen. Wer Pápotschka Knishnig da auf dem Weg vor seinen tausend Kriegsgefangen marschieren sah, mag sich gedacht haben: Wo will nur die Kanone mit dem kleinen Mann hin?

Nach etwa 20 Minuten erreichten wir die Schneune und nahmen erwartungsvoll Platz. Der erste Streifen, der uns vorgeführt wurde, war einer jener Propagandafilme, der die Siege der Roten über die Weiße Armee und ihre ausländischen Hilfstruppen glorifizierte. Er nahm und nahm kein Ende. Es mochten drei oder vier Stunden vergangen sein, als die Leinwand endlich dunkel wurde und die Türen aufgingen. Da keiner der Kriegsgefangenen genug Russisch verstand, um der Handlung folgen zu können, mußte das meiste davon erraten werden oder blieb uns in seiner Bedeutung verschlossen. Die Bilder und Szenenfolgen des Films hatten zudem eine fatale Ähnlichkeit mit denen der Nazi-Propagandafilme der frühen 30er Jahre. Hier siegende und singende Rotarmisten im Bürgerkrieg, dort siegende und singende SA-Männer in den Straßenschlachten, hier eine begeisterte Zivilbevölkerung, die den Soldaten und Parteifunktionären zujubelte, dort eine begeisterte Volksmasse, die Heil Hitler schrie. Von den Millionen Toten, die dieser Bürgerkrieg vor allem unter der Zivilbevölkerung gekostet hatte, kein Wort und kein Bild.

Nach der Rückkehr ins Lager erklärten wir Väterchen Knishnig, daß wir in diesem Film kaum etwas verstanden hätten, da wir weder genug Russisch könnten noch von der Geschichte der Sowjetunion etwas wüßten. So habe das Ganze völlig seinen Zweck verfehlt. Pápotschka Knishnig hörte sich unsere Argumente an und zeigte Verständnis. Der nächste Film werde Dinge bringen, von denen wir etwas verstünden, versicherte er uns.

Es war ein Kriegsfilm, in dem es um die Überlegenheit der Roten Armee über die deutsche Wehrmacht ging. Die Darstellung der deutschen Soldaten und Offiziere war eine ans Groteske grenzende Karikatur, bei der man sich fragte, wie solche hölzernen Kommißfiguren es eigentlich geschafft hatten, bis nach Stalingrad zu kommen. In einer Szene versuchte eine ME 109 einen einsitzigen offenen russischen Doppeldecker abzuschießen. Als sie von hinten kommend unter dem Doppeldecker durchtauchte, warf der Pilot aus seinem offenen Sitz eine Handgranate hinunter, die die ME 109 so genau traf, daß sie sofort explodierte. Ein schallendes Gelächter der Kriegsgefangenen begleitete dieses Manöver.

Väterchen Knishnig konnte es nicht entgangen sein, daß auch dieser Film nichts zur politischen und kulturellen Weiterbildung der deutschen Kriegsgefangenen beigetragen hatte und damit kein erzieherischer Erfolg war. Wenigstens gingen seine Fragen nach der Vorführung in dieser Richtung. Schließlich sagte einer der uns begleitenden Dolmetscher zu ihm: »Die meisten Kriegsgefangenen meinen, sie hätten jetzt schon jahrelang hinter Stacheldraht und nur unter ihresgleichen, nur unter Männern gelebt. Wie wäre es, wenn sie einmal Filme zu sehen bekämen, in denen Frauen und Mädchen vorkämen, hübsche Frauen und Mädchen natürlich. Davon gäbe es doch sicher im russischen Alltagsleben eine Menge, und vom russischen Alltagsleben sollten die Kriegsgefangenen doch auch etwas erfahren.«

Pápotschka Knishnig hörte, wie das seine Art war, aufmerksam zu. Er konnte sich auch diesmal dem Argument nicht verschließen. Und siehe da, – drei Wochen später führte er uns, bewaffnet mit seinem gewaltigen Schießeisen, nach Ahtme zu einem Film mit dem verheißungsvollen Titel »Djéwuschka ß characterom« (Ein Mädchen mit Charakter). Es war eine hübsche Geschichte, in der sich ein Mädchen aus der Stellung einer kleinen Schallplattenverkäuferin langsam auf der Karriereleiter hinaufarbeitete. Man brauchte kein Russisch zu können, um die simple Botschaft zu verstehen.

Wir kamen nicht umhin, Väterchen Knishnig unsere Anerkennung auszudrücken. Nur, so meinten wir, wäre es eine noch schönere Geschichte gewesen, wenn da noch eine Liebesgeschichte dabei gewesen wäre. Der nächste Film hieß »Leise weht der Wind«. Er spielte auf einem Militärflughafen weit hinter der russischen Front. Und diesmal war es eine Liebesgeschichte zwischen einem Fliegerleutnant und einer Leutnantin. Ich erinnere mich noch gut an die einprägsame, ins Ohr gehende Musik, mit der die anspruchslose Handlung untermalt war, – und besonders an eine Szene, die wohl das Äußerste war, was die Parteizensur erlaubte. Die Leutnantin stand in ihrem Zimmer und bügelte ihre Uniform. Da sie offensichtlich nur eine hatte, stand sie vor dem Bügelbrett und vor der Kamera in ihrer Unterwäsche, die ihre hübsche Figur voll zur Geltung brachte, – als die Tür aufging und der Fliegerleutnant hereinschaute. Wie es sich damals nicht nur in der sowjetischen Moral und im sowjetischen Film, sondern auch bei der UFA in Neubabelsberg gehörte, bedeckte sie sich in deutlicher Verlegenheit rasch mit der noch nicht fertig gebügelten Uniformjacke, die natürlich nicht ausreichte, sie völlig dem Blick des Leutnants und des Zuschauers im Kino zu entziehen.

Alle Kriegsgefangenen waren begeistert und Väterchen Knishnig schmunzelte. »Na«, sagte er nach der Vorführung, »war das etwa kein hübsches Mädchen und keine schöne Liebesgeschichte?« Wir konnten ihm nur zustimmen. Wo hat sonst noch ein deutscher Kriegsgefangener eine russische Leutnantin nur mit ihrer Unterwäsche bekleidet zu sehen bekommen, – wenn auch nur auf einer Leinwand?

Es war Anfang Oktober 1947, als ich von meinem Vater eine russische Rotkreuzpostkarte bekam, der eine Antwortkarte angeheftet war. Durch irgendwelche Beziehungen, die mein Vater durch Geschäftsfreunde in Berlin hatte, war es ihm gelungen, von einer sowjetischen Stelle genau so eine Karte zu bekommen, wie wir sie hier vom Lager aus schreiben durften. Am 9. November hatte meine Mutter Geburtstag. Wenn ich die Karte gleich schrieb und abschicken konnte, würde meine Mutter sie vielleicht noch als Geburtstagsgeschenk bekommen.

Mittlerweile hatte es sich herumgesprochen, daß wir durchaus mehr als 17 Wörter auf unseren Karten schreiben durften. Die Bestimmung lautete jetzt: das Geschriebene müsse wegen der Zensur leserlich sein. Mit Hilfe einer spitzen Feder und einer besonders dafür hergestellten

Tinte brachte ich es diesmal auf 506 Wörter. Da es sich um eine offizielle russische Rotkreuzkarte handelte, hatte ich nicht den geringsten Zweifel, daß sie mit der nächsten Post abgehen würde. Auf der Lagerleitung, bei der sich auch die Poststelle befand, aber wurde mir erklärt, man dürfe pro Monat nur eine bestimmte Quote abschicken. Und an die müsse man sich halten. Nun war es ein offenes Geheimnis, daß die Privilegierten öfter nach Hause schrieben als wir, die Sache mit der Quote also bloßes Gerede war. Wahrscheinlich traute sich der Verantwortliche nicht, eine Karte ohne Antwortteil anzunehmen. So mußte ich unverrichteter Dinge wieder in meine Baracke zurückkehren. Plötzlich hatte ich eine Idee: Pápotschka Knishnig! Warum nicht zu ihm gehen und ihn fragen. So viel Russisch traute ich mir schon zu. Er hatte zwar nichts mit dem Postdienst im Lager zu tun, aber immer ein offenes Ohr für unsere Fragen und Argumente gehabt. Und als russischer Offizier besaß er die nötige Autorität.

Ich suchte in meinem Gedächtnis angestrengt alle russischen Vokabeln zusammen, die ich brauchen würde und machte mich auf den Weg zur Baracke, in der er ein Zimmer hatte. Es war schon dunkel, als ich in den Korridor trat und beim Schein der schlechten Beleuchtung sein Namensschild suchte. Schon nach dem ersten Klopfen hörte ich seine Stimme: »Woijdítje!« (Herein!) Er saß mit aufgeknüpfter Uniformjacke neben einem eisernen Kanonenofen, der eine gewaltige Hitze ausstrahlte, ein Buch in der Hand. »Tschto takoije?« (Was gibts?), fragte er. Ich nahm meine Rotkreuzkarte mit den 506 Wörtern aus der Jackentasche und sagte: »Diese Antwortkarte habe ich mit einer Rotkreuzkarte von meinem Vater bekommen. Am 9. November hat meine Mutter Geburtstag, und ich möchte, daß sie sie an diesem Tage bekommt. Aber die Lagerleitung nimmt sie nicht an. Denn die Quote sei für diesen Monat schon gefüllt.«

Um das folgende zu verstehen, muß man wissen, welchen Rang und Klang das Wort ›Mutter‹ bei den Russen hat. Wenn wir Deutsche vom Vaterland reden, so spricht der Russe von seinem Mütterchen Rußland. Zwar hat Stalin unter Mißachtung aller Thesen des Marxismus-Leninismus im Kampf gegen Hitlers Wehrmacht den »Vaterländischen Krieg« verkündet. Aber am Eingang des großen Heldenfriedhofs in Berlin-Treptow, auf dem über 20000 gefallene Sowjetsoldaten ruhen, steht keine Vater- oder Heldengestalt – die steht hinten am Ende des Friedhofs –, sondern, in Stein gehauen, Mütterchen Rußland. In dem schönsten russischen Film, den ich Jahrzehnte später gesehen habe, in der »Ballade eines Soldaten«, besucht der Titelheld auf seinem einzigen Fronturlaub nicht etwa seine Familie oder seinen Vater, sondern allein seine Mutter.

Väterchen Knishnig sah mich kopfschüttelnd an. »Was?«, sagte er. »Dein Mütterchen hat Geburtstag, und du darfst ihr diese Karte nicht schicken? Nicht zu ihrem Geburtstag? Gib sie her!« Er streckte seine Hand aus, und ich reichte ihm die Karte, die er sogleich in die Außentasche seiner Uniformjacke steckte. »Dein Mütterchen kriegt ihre Karte zu ihrem Geburtstag!« sagte er lächelnd. Erleichtert bedankte ich mich bei ihm, worauf er mich wieder entließ.

Vier Wochen später hielt meine Mutter die Karte in ihren Händen. Sie war unzensiert. Keines der 506 Wörter war ausgestrichen.

Als es auf Weihnachten zuging – es sollten meine letzten Weihnachten in der Kriegsgefangenschaft werden – ließ unser ANTIFA-Aktivistenteam die deutsche Lagerleitung wissen, daß der Weihnachtstag zum Anlaß genommen worden sollte, im Lager antireligiöse Propaganda-Veranstaltungen abzuhalten. Nach mehreren Jahren antifaschistischer Umerziehung sollten die deutschen Kriegsgefangenen jetzt ihr gesellschaftliches Bewußtsein im Sinne des Marxismus-Leninismus so weit entwickelt haben, »Religion als das Opium des Volkes« zu erkennen.

Wir trauten unseren Ohren nicht. Was sollte, was konnte man tun? Schließlich fand eine Gruppe von Brigadieren und Kommandoführern, darunter auch Willy Bernards, einen Ausweg. Sie sprachen zuerst mit der deutschen Lagerleitung. Das Argument, auf das sie sich dort einigten, war: Das Weihnachtsfest sei in Deutschland weniger ein religiöses als das große Familienfest des Jahres. Alle Kriegsgefangenen seien an diesem Tage in ganz besonderer Weise mit ihren Angehörigen im Geiste verbunden. Und das dürfe man ihnen eigentlich doch nicht nehmen. Auch die deutsche Lagerleitung hatte sich – oh Wunder – auf die Seite der Brigadiere und Kommandoführer gestellt. Es kam zu einer heftigen Auseinandersetzung mit den ANTIFA-Aktivisten, in die schließlich Väterchen Knishnig schlichtend eingriff, nachdem man ihm erklärt hatte, worum es der einen und worum es der anderen Seite ging. Wenn alle ihr deutsches Weihnachtsfest feiern wollten, dann sollten sie es seinetwegen tun, meinte er kopfschüttelnd. Antireligiöse Propaganda könne man ja auch in den ANTIFA-Veranstaltungen machen. Die Aktivisten, denen nichts anderes übrig blieb, als sich seinem Spruch zu fügen, rächten sich auf ihre Weise. Sie veranlaßten die russische Lagerleitung, uns an allen vier Sonntagen des Dezember arbeiten zu lassen. So wurde der Weihnachtstag zum einzigen arbeitsfreien Tag dieses Monats.

Die Versammlungsbaracke war bis auf den letzten Platz gefüllt, viele saßen auf dem Fußboden an den Wänden oder in den Gängen, als der Pfarrer am 25. Dezember nachmittags um 4 Uhr den Weihnachtsgottesdienst eröffnete. Er zelebrierte ihn in völlig unorthodoxer Weise. Nachdem die »Stille Nacht, heilige Nacht …« angestimmt und die Weihnachtsgeschichte verlesen worden waren, traten der Leutnant, der das Quartett leitete, und zwei Musiker auf das Podest. Er hatte – Gott allein weiß woher – zwei Gitarren und das Notenbüchlein der Anna Magdalena Bach aufgetrieben. Vielleicht besaß er es sogar selbst und hatte es durch alle Filzungen hindurchbringen können.

Die Klänge der Bachschen Musik, von der die große Mehrzahl der anwesenden Kriegsgefangenen wahrscheinlich noch nie einen Ton gehört hatte, verwandelten den Raum in einen Bereich, der mit der grauen Öde unseres Lageralltags nichts mehr gemein hatte. Dann trat der Leutnant an die Rampe. Seine helle klare Stimme sank in die Stille unseres andächtigen Zuhörens, als er mit Gitarrenbegleitung das Largo aus Händels ›Xerxes‹ sang: »Ombra mai fu …«. Der Pfarrer bezog seine Predigt ganz auf unsere Situation. Es gebe noch andere menschliche Beziehungen als die zwischen ›Klassen‹, zwischen Ausbeutern und Ausgebeuteten, nämlich die zwischen Menschen, die von Barmherzigkeit und Nächstenliebe erfüllt seien.

Nach der Predigt erhob sich der Leutnant noch einmal und trat vor. Die beiden Gitarren begannen mit der Begleitung des AVE MARIA von Bach-Gounod. Dann hob sich die helle Tenorstimme hoch in den Raum: »Ave Maria gratia plena Dominus tecum benedicta tu in mulieribus et benedictus fructus ventris tui Jesus«. Viele von uns saßen mit geschlossenen Augen auf ihren Holzbänken, ganz den Worten und Klängen hingegeben. »Sancta Maria ora pro nobis nobis peccatoribus nunc et in hora mortis nostrae. Amen.« In der Halle war es so still geworden, daß man eine Stecknadel hätte fallen hören können. Dem körperlichen Auge unsichtbar war SIE in den Raum getreten, der sich zwischen den Dingen auftut, und ihr sanftes Lächeln leuchtete aus einer anderen Welt herüber in die unsrige.

Pápotschka Knishnig hatte es sich nicht nehmen lassen, dem Gottesdienst zuzuhören. Er saß ganz hinten an der Wand und verließ als letzter den Raum. Langsam sah ich ihn hinüber zu seiner Baracke gehen ab und zu den Kopf schüttelnd. Was mochte in ihm wohl vorgegangen sein, während er dort hinten saß? Wahrscheinlich war ihm bei seiner Erziehung und politischen Ausbildung alles unverständlich geblieben. Und doch war er es gewesen, dem wir letztlich diese Weihnachten verdankten.

Tamara

Sie stand im Schneegestöber um 7 Uhr früh am Lagertor, um das Schuhwerk der Kriegsgefangenen zu kontrollieren, die zur Arbeit marschierten. Es kam immer wieder vor, daß zerschlissene Schuhe in der Kleiderkammer nur gegen notdürftig geflicktes Schuhzeug ausgetauscht wurden, das dann in Kürze ebenfalls wieder verschlissen war. In einem ›System‹, in welchem Bestechung und Unterschlagung zu den Praktiken gehörte, mit denen die Privilegierten ihre Positionen festigten, versuchten auch die Handwerker in unserem Lager, hin und wieder für gute brauchbare Schuhe eine Extraportion Brot zu ergattern.

Als Lagerärztin, die für die Gesundheit und Arbeitsfähigkeit der Kriegsgefangenen verantwortlich war, durchkreuzte Tamara, wenn immer sie Zeit hatte, solche Praktiken. Sie hatte keine Lust, im Krankenrevier nur deshalb erfrorene Zehen behandeln zu müssen, weil den Schustern in der Kleiderkammer ihr gefüllter Bauch wichtiger war als das Schuhzeug ihrer Mitgefangenen. Wenn sie dann mit ihrem Häuflein, das sie vom Tor mitgebracht hatte, die Kleiderkammer betrat, bestand kein Zweifel daran, daß an alle, die da mit zerschlissenen Schuhen hereinkamen, festes, ordentliches Schuhwerk ausgegeben wurde. Es gab Kriegsgefangene, die es darauf anlegten, am Tor von ihr ausgesondert zu werden, und sich morgens ganz links in die Kolonne einordneten, um sicher zu sein, daß ihr zerschlissenes Schuhwerk von der Ärztin bemerkt wurde, da sie keinen anderen Weg sahen, zu festen ordentlichen Schuhen zu kommen.

Persönlich stand ich ihr zum ersten Mal am 28. Mai 1947 gegenüber. Als ich mich drei Tage vorher abends noch eine Weile vor der Baracke aufhielt und durch den Stacheldraht in den wolkenlosen Abendhimmel schaute, an dem eben die Sonne unterging, erschien mir der sonst blaue estnische Himmel flaschengrün. Sonderbar, dachte ich, das ist mir noch nie aufgefallen, daß hier oben im Norden der Himmel ein Blau hat, das ins Grün geht. Am nächsten Abend kam mir der Innenraum unserer Baracke, obwohl das elektrische Licht wie immer eingeschaltet war, nicht mehr so hell vor wie früher. Als ich am Montag von der Tages- zur Spätschicht wechselte, wurde die große Förderhalle nach Sonnenuntergang vor meinen Augen so dunkel, daß ich kaum noch etwas wahrzunehmen vermochte. Beim Rückmarsch zum Lager nach Mitternacht mußte ich mich von meinem Nebenmann in der Kolonne am Arm führen lassen, da ich den Boden vor meinen Füßen nicht mehr deutlich erkennen konnte. Als der russische Wachtposten, der uns ins Lager zurückbrachte, meine Hilflosigkeit bemerkte, lachte er und rief: »Friezi, nix kucken, Friezi!« Die Russen nannten uns Deutsche, wohl in Analogie zum Alten Fritz, ›Friezi‹, so wie wir sie (mit falscher Betonung) Iwán nannten. Erst jetzt wurde mir klar, daß ich nachtblind geworden war, eine Erscheinung, die den russischen Wachtposten offensichtlich gut bekannt war. Noch in der gleichen Nacht berichtete ich Willy Bernards, warum ich am nächsten Morgen wieder auf die Tagesschicht gehen mußte. Als wir dann am Spätnachmittag ins Lager zurückkamen, ging ich zum Krankenrevier. Um diese Zeit pflegte nicht nur der deutsche Arzt vom Dienst anwesend zu sein, sondern auch die russische Ärztin. Die meisten Krankmeldungen erfolgten nach der Arbeit. Und wenn Zweifel darüber bestanden, ob jemand barackenkrank geschrieben oder gleich ins Krankenrevier eingewiesen werden sollte, lag die letzte Entscheidung bei der russischen Ärztin.

Ich schilderte dem deutschen Arzt meine Symptome. »Das kennen wir hier schon«, sagte er. »Du bist nicht der einzige. Nachtblindheit ist die Folge eines Mangels an Vitamin A, und dafür haben wir Tabletten. Bei welchem Kommando arbeitest du denn?« fragte er mich. »Ich bin bei der Bauabteilung des Schachtkommandos«, erwiderte ich. In diesem Moment hatte ich nicht daran gedacht, daß er mit dem Wort ›Schacht‹ die Vorstellung von Arbeit untertage verbinden würde. Er schaute mich einen Augenblick an und sagte: »Da werden wir dich ein paar Tage barackenkrank schreiben müssen, und dann wirst du wohl vorübergehend bei einem anderen Kommando übertage arbeiten müssen. Unten im Schacht kannst du ja nichts sehen.« Damit wendete er sich zu Tamara, der der Dolmetscher seine Worte übersetzte. Bevor der noch geendet hatte, fiel ich ihm ins Wort und sagte auf Russisch: »Nein, nein, – ich bin beim Schachtkommando. Aber ich arbeite nicht untertage. Ich arbeite in der Förderhalle übertage. Und da ist es hell!« Barackenkrank, – das hätte mir gerade noch gefehlt. Da gab es nur 500 g Brot, und wenn es der Lagerleitung einfiel, wurde man auch noch zu leichten Arbeiten im Lager eingeteilt. Und vorübergehend bei einem anderen Kommando zu arbeiten, kam überhaupt nicht in Frage. Ich wollte auf keinen Fall auf meine 800 g Brot und meinen halben Liter Kascha bei 126% Arbeitsleistung verzichten. »Aha, so ist das. Du arbeitest übertage«, sagte Tamara auf Russisch. »Dann komm jeden Abend hierher und hol dir deine Vitamintablette ab. Es wird ein paar Wochen dauern. Dann kannst du auch im Dunkeln wieder sehen wie früher.« Und so ging ich in den folgenden Wochen täglich nach der Arbeit ins Krankenrevier und empfing meine Vitamintablette.

Nach einer Woche trat eine langsame Besserung ein. Wenn ich spät abends oder nachts zur Latrine mußte, sah ich um den Punkt, auf den sich mein Blick konzentrierte, einen kleinen, von Tag zu Tag heller werdenden Kreis. Um den Kreis herum blieb zunächst noch alles dunkel, bis er nach fünfeinhalb Wochen am 29. Juni so groß geworden war, daß er das gesamte Blickfeld umschloß, ich also auch nachts wieder genau so gut sehen konnte wie zuvor. Von da ab konnte ich auch wieder im Turnus auf die Spät- und Nachtschichten gehen.

Am 15. August 1947 mußte sich Willy Bernards im Krankenrevier eine leichte Verletzung an seiner Hand behandeln und verbinden lassen. Als er sich in seiner vollen Körpergröße von dem Schemel erhob, auf dem er gesessen hatte, während der Sanitäter den Verband anlegte, schaute Tamara an ihm hinauf und fragte ihn durch den Dolmetscher: »Leutnant! Welche Körpergröße haben Sie eigentlich?« »Ein Meter vierundneunzig«, sagte Willy Bernards und der Dolmetscher übersetzte. »Ein Meter vierundneunzig«, wiederholte sie auf Russisch. Nach einer kurzen Pause, in der sie über etwas nachzudenken schien, fuhr sie fort: »Wissen Sie, in der Roten Armee gibt es eine Bestimmung, daß alle Soldaten, die eine Körpergröße von 1,90 m oder mehr haben, zusätzliche Verpflegung bekommen. Russische Wissenschaftler haben festgestellt, daß Menschen dieser Körpergröße einen höheren Kalorienverbrauch haben und deshalb auch etwas mehr zum Essen brauchen als die kleineren. Warum soll das, was für die Rote Armee gilt, eigentlich nicht auch für die arbeitenden Kriegsgefangenen gelten?«

Diese Neuigkeit erzählte mir Willy Bernards am folgenden Morgen bei der Arbeit. »Welche Körpergröße hast du eigentlich?« fragte er dann. »Mein Militärmaß war 1,88 m«, erwiderte ich. »Ich frage nur«, sagte er, »weil heute abend alle, die 1,90 m und größer sind, zum Krankenrevier kommen sollen. Tamara schreibt dann jedem eine Bescheinigung aus, mit der er sich abends nach der allgemeinen Essensausgabe an der Küche noch einen Extraschlag Suppe holen kann. Geh ruhig mit. Vielleicht schließt sie dich bei deinen 1,88 m mit ein.«

Ich habe mich in meinem Leben noch nie so gestreckt wie in der Minute, die ich an jenem Abend vor der Meßlatte des Krankenreviers gestanden habe. Wir waren zu fünft. Bei Willy Bernards bestand natürlich kein Zweifel. Aber wir andern vier waren eindeutig Grenzfälle, was Tamara natürlich nicht entging. Die Frage war: würde sie uns wieder wegschikken oder kam es ihr auf den einen oder die zwei Zentimeter nicht an?

»Tretet einzeln vor und buchstabiert eure Namen«, sagte sie auf Russisch, »damit ich jedem von euch seine Bescheinigung ausstellen kann!«

So gab sie uns zugleich die Gelegenheit, uns persönlich bei ihr zu bedanken, nicht nur dafür, daß sie eine Bestimmung der Roten Armee auch im Kriegsgefangenenlager gelten ließ, sondern auch dafür, daß sie nicht dem Buchstaben, sondern dem Geist des Gesetzes gefolgt war. Wenn auch diese ›Längenzulage‹, wie wir sie nannten, nur ein Schlag Suppe war, die manchmal ziemlich dünn, manchmal etwas dicker in das Kochgeschirr floß, so half doch jede Kalorie, die wir über unser Verpflegungsquantum hinaus bekamen, unsere Kräfte zu erhalten.

Ende Dezember 1947 wurde es so kalt, daß am Schacht I unter dem offenen Holzturm der Lorenaufzug festfror. Das Thermometer zeigte -25 Grad C. Schon seit Wochen plagte mich eine starke Erkältung mit einer ziemlichen Menge Auswurf beim Husten. Am meisten beunruhigte mich, daß ich nachts heftig schwitzte und morgens oft klitschnaß aufwachte, obwohl es in der Baracke während der Nacht nicht besonders warm war und ich immer noch nur jene Decke zum Zudecken hatte, die ich seit den Augusttagen 1944 hatte behalten dürfen. Der Nachtschweiß war schon deswegen unangenehm, weil wir alle in derselben Bekleidung schliefen, in der wir auch arbeiteten. Wäschewechsel gab es nur jeden Samstag und Kleiderwechsel überhaupt nicht.

Am 6. Januar 1948 meldete ich mich mit 39 Grad Fieber krank und wurde sofort dabehalten. Die Strohsäcke in den beiden Krankenstuben des Reviers waren weiß bezogen. Wir lagen in frischer Unterwäsche unter sauberen Wolldecken. Die Krankenkost war unvergleichlich besser und kräftiger als das, was wir von der Lagerküche bekommen hatten. Es war nicht schwer zu erraten, daß Tamara zusah, daß ihre Kranken auch das bekamen, was ihnen zustand. Der deutsche Arzt, der sich um jeden einzelnen von uns tagtäglich kümmerte, machte noch am selben Abend eine Blutsenkung, nachdem er meine Lunge abgehört hatte. Das Ergebnis war 46 zu 78. Als normal wird eine Blutsenkung angesehen, wenn beide Werte, der der ersten und der der zweiten Stunde, unter 20 liegen. Am nächsten Morgen schrieb ich in mein Tagebuch: »So eine oder zwei Wochen Erholung in sauberen weißen Betten bei guter Krankenkost tut einem in dieser Jahreszeit doch gut. Die Ruhe, die saubere Krankenstube, die frische Bett- und Körperwäsche, – alles wirkt so wohltuend. Seit ich hier in Ahtme bin, habe ich eine solche Erholungspause von der schweren täglichen Arbeit nicht mehr gekannt. Das Neue Jahr fängt also ganz gut an.« Zu Willy Bernards, der mich am zweiten Tag besuchte, sagte ich, es werde sicher etwas länger dauern, bis ich wieder ganz auf den Beinen sei und zum Kommando zurückkehren könnte. Er wünschte mir gute Besserung und meinte, er komme in etwa einer Woche wieder vorbei.

In den nächsten Tagen ging das Fieber zwar etwas herunter, es hielt sich bei 38 Grad, aber mit der Erkältung, dem hartnäckigen Husten und dem Nachtschweiß wollte es nicht besser werden. Am 15. Januar machte der deutsche Arzt eine weitere Blutsenkung. Das Ergebnis war etwas schlechter als bei der ersten: 56 zu 88, obwohl meine Temperatur mittlerweile auf etwas über 37 Grad heruntergegangen war. Aber das hatte wahrscheinlich nichts miteinander zu tun. Mit einer solchen Temperatur wäre ich nie krank geschrieben worden. Aber die hohen Werte der Blutsenkung machten den Arzt und Tamara skeptisch. Immer wieder hörte er meine Lunge ab. Auf der Fieberkurve, die über meinem Bett hing, stand Bronchitis. Aber beide schienen mit dieser Diagnose ganz offensichtlich nicht zufrieden zu sein. Als Willy Bernards eines Abends wieder vorbeikam, sagte ich ihm, daß ich doch wohl länger hier bleiben würde, als ich gedacht hatte. Der Arzt, den er zuvor gefragt hatte, habe ihm das Gleiche gesagt, erwiderte er. »Erhol dich hier nur gut und werde bald wieder ganz gesund«, sagte er beim Abschied. Ich sollte ihn nicht wiedersehen. Er wurde mit den meisten Kriegsgefangenen des Lagers im Frühjahr 1949 entlassen.

Am 31. Januar wurde die dritte Blutsenkung gemacht. Das Ergebnis war 86 zu 126. Bei der Visite hörte nicht nur der Arzt, sondern auch Tamara meine Lunge ab. »Das ist nicht nur eine schwere Bronchitis«, sagte er. »Wir machen eine Sputumprobe.« Im benachbarten Lazarett hatten sie dafür ein kleines Labor. Als er am Nachmittag zusammen mit Tamara erschien, setzte er sich auf meine Bettkante und nahm meine Hand, während Tamara neben dem Bett stehen blieb. »Wir haben dein Sputum auf morbus Koch untersucht«, sagte er. »Es ist positiv. Du hast Lungentuberkulose. Aber sie ist erst im Anfangsstadium.« Obwohl ich eine solche Diagnose seit Tagen befürchtet hatte, traf sie mich doch wie ein Schlag. Ich wußte aus meiner Zeit als Sanitäter, daß Heimattransporte mit Kranken aus den Kriegsgefangenenlazaretten und -hospitälern Estlands in den vergangenen Jahren jeweils nur im Herbst nach Deutschland gegangen waren. Würde ich die acht Monate bis dahin durchhalten, ohne daß sich die Tuberkulose entscheidend verschlimmerte? Jetzt wandte Tamara sich an mich: »Ti iméjesch tuberkuljóz otkrítaja forma (Du hast offene TBC). Du kommst noch heute rüber ins Lazarett. Von dort geht in den nächsten Tagen ein Transport nach Kiviöli ins Hospital. Dort haben sie eine Lungenabteilung und können dich fachgerecht behandeln. Poprawljáitjes! (Gute Besserung!)«. Damit

176

gingen beide hinaus. Den Sanitäter, der mich hinüber brachte, bat ich, Willy Bernards zu sagen, daß ich ins Hospital geschickt werde. So kam ich als Schwerkranker wieder in das Lazarett, in dem ich zwei Jahre zuvor als Sanitäter gearbeitet hatte.

Fünf Tage später stand ein kleiner offener LKW vor der Krankenbaracke. Wahrscheinlich war es noch immer derselbe SIS, mit dem ich seinerzeit meine Kranken ins Hospital gebracht hatte. Als wir ins Freie traten, schlug uns eine eisige Kälte entgegen. Berge von Schnee türmten sich neben den ausgeschaufelten Wegen zwischen den Baracken. Der LKW hatte weder Winterreifen noch Schneeketten, sondern nur seine ziemlich abgefahrene Sommerbereifung. Jeder von uns wurde in fünf Wolldecken eingewickelt, bevor der Sanitäter uns in dem offenen Kasten des LKW so eng zusammenlegte, daß wir das Gefühl hatten, wie Heringe in der Sardinenbüchse verpackt zu sein. »Nur so werdet ihr euch da oben warm halten können«, sagte er. Ich wußte von meinen Fahrten nach Kiviöli, daß es nur etwa 45 km von Ahtme entfernt lag, und wir im Frühjahr auf den schneefreien Straßen nicht mehr als zwei Stunden gebraucht hatten. Jetzt war das etwas anderes. Immer wieder blieb der kleine LKW in den tiefen Schneewehen stecken, die der Wind auf die Straße getürmt hatte, und der Fahrer mußte zusammen mit dem uns begleitenden Sanitäter den Weg wieder frei machen, – das hieß eine Spur von 10, 20 und mehr Metern durch den Schneeberg schaufeln.

Es war ein eigenartiges Gefühl, zum letzten Mal über diese Straße zu fahren, auf der ich am 14. Oktober 1945 zum ersten Mal vom Bahnhof Jöhvi aus nach Ahtme marschiert und dann wochenlang die 10 km nach Jöhvi und wieder die 10 km ins Lager durch den Schnee gestapft war. Meine Gedanken gingen zurück zu den Menschen, mit denen ich die vergangenen Tage, Wochen, Monate und Jahre zusammen verbracht, zusammen gelebt und zusammen gearbeitet hatte. Und ganz am Ende der langen Reihe stand Tamara, die sich morgens um 7 im Schneetreiben ans Lagertor gestellt, die Willy Bernards, mir und drei anderen die ›Längenzulage‹ verschafft, die für uns Patienten im Krankenrevier eine gute Kost und eine angemessene Behandlung garantiert, die zusammen mit dem deutschen Arzt meine Nachtblindheit kuriert und jetzt dafür gesorgt hatte, daß ich mit meiner offenen Tuberkulose auf den ersten Transport kam, der ins Hospital ging, wo es eine Lungenabteilung gab.

Für die Kriegsgefangenen, die ihre Hilfe und Fürsorge gebraucht und in Anspruch genommen haben, war sie, auch wenn das keiner jemals ausgesprochen hat, der Engel von Ahtme.

Katharina

Wir erreichten Kiviöli, als es bereits dunkel zu werden begann. Die Fahrt hatte über sechs Stunden gedauert. An mehreren Stellen hatte es so ausgesehen, als würden wir endgültig im Schnee stecken bleiben. Aber jedesmal hatten es Fahrer und Sanitäter geschafft, den kleinen SIS-LKW wieder flott zu machen. Als die hintere Ladeklappe endlich geöffnet wurde, waren wir alle völlig steif gefroren. Der Sanitäter nahm den ersten von uns, wie das hier üblich war, auf seine breiten Schultern und schleppte ihn wie einen Sack in die Aufnahmebaracke. Dann rollten wir uns einer nach dem andern vorsichtig an die Ladekante, wo der Sanitäter jeden auf seine Schultern packte. In der Wärme des Aufnahmeraums begannen wir langsam aufzutauen.

Das Hospital war ein Barackenkomplex, der ähnlich wie das Lazarett in Ahtme an ein Kriegsgefangenenlager grenzte. Auch Kiviöli hatte einen Ölschieferschacht. Die Lungenabteilung war ein großer Raum mit etwa zwanzig Betten. Auch hier waren die Strohsäcke mit weißen Bettlaken überzogen. Im Unterschied zum Krankenrevier und Lazarett in Ahtme gab es nur russische Ärztinnen und Ärzte. Wenigstens habe ich dort keine deutschen Ärzte zu Gesicht bekommen. Das ergab natürlich sprachliche Verständigungsschwierigkeiten. Der einzige Dolmetscher, der im Hospital seinen Dienst versah, konnte ja nicht zur gleichen Zeit überall sein.

Die Fachärztin für Lungenkrankheiten war im Kaukasus zu Hause. Sie hatte schwarzes, glatt nach hinten gekämmtes Haar. Ihre Augen waren dunkelbraun und ihre Nase und Lippen schmal. »Katharina ist eine ganz strenge«, sagte mir mein Bettnachbar gleich am ersten Tag. »Paß mal gut auf, wenn sie sich bei einem von uns auf die Bettkante setzt, um seine Lunge abzuhören. Dabei schaut sie dann unter die Betten, ob sie nicht irgendwo Staub entdecken kann. Und wenn sie dort eine Staubflocke sieht, macht sie den Sanitäter zur Schnecke. Die haben alle einen höllischen Respekt vor ihr.« Mir war klar, daß ein staubfreies Zimmer gerade bei Tuberkulosekranken eine selbstverständliche ärztliche Forderung war, und konnte ihr diese vielleicht etwas übertriebene Genauigkeit deshalb nicht übel nehmen. Überhaupt machte sie auf mich nicht den Eindruck einer furchterregenden ärztlichen Autorität. Das hing sicher wieder einmal damit zusammen, daß zwischen ihr und mir eben nicht die Sprachbarriere stand, die ihre Beziehung zu den Kranken und den Sanitätern so erschwerte.

Am nächsten Morgen ließ sie mich bei der Visite wissen, daß ich anschließend in den Behandlungsraum kommen sollte. Dort hatte ich mich hinter den Röntgenschirm zu stellen, und Katharina schaute sich zusammen mit einem russischen Kollegen ziemlich lange meine Lunge an. Dabei diskutierten sie über etwas, was ich wegen des Fachjargons, den sie benutzten, nicht verstand. Als der Röntgenapparat wieder ausgeschaltet wurde, sagte sie zu mir: »Komm nach dem Mittagessen wieder her. Wir werden versuchen, einen Pneumotorax anzulegen.«

Ich hatte keine Ahnung, was ein Pneumotorax war und fragte deshalb den Sanitäter. »Pneumotorax heißt auf Deutsch ›Luftbrust‹«, sagte er. »Es ist die beste Methode, die wir hier haben, um den tuberkulösen Prozeß in der Lunge zunächst einmal einzudämmen und zu stoppen, und dann vielleicht sogar zu heilen.« Das war die erste gute Nachricht, die ich nach jener Eröffnung in Ahtme, daß ich eine offene Lungentuberkulose habe, hörte. Tamara hatte recht gehabt. Hier gab es für mich eine Behandlung. »Und wie geht das Ganze vor sich?« fragte ich. »Du mußt zuerst einmal wissen, wie die Anatomie des Brustkorbs ist«, erwiderte er. »Die Lungenflügel liegen in zwei Säcken, die man das Rippenfell nennt. Jeder Lungenflügel hat drei übereinanderliegende Lappen, die vorn unter dem Brustbein und hinten unter dem Rückgrat am Rippenfell angewachsen sind, so daß der rechte und der linke Lungenflügel getrennt voneinander in je einer Kammer liegen. Zwischen dem Lungenfell und dem Rippenfell herrscht Unterdruck. Wäre dieser Unterdruck nicht vorhanden, könnten wir überhaupt nicht atmen. Wenn man nun einen Pneumotorax anlegen will, dann sticht man mit einer Kanüle zwischen den Rippen durch die Außenhaut und durch das Rippenfell, worauf eine bestimmte Menge Luft durch den Unterdruck zwischen Lungenfell und Rippenfell strömt. Diese Luftmenge regelt natürlich die Ärztin. Zuerst ist das noch wenig, 200 cm^3, von Mal zu Mal wird das dann mehr, 300, 400, 500 cm^3, jeweils im Abstand von sieben Tagen. Der tuberkulosekranke Lungenflügel beginnt unter den veränderten Druckverhältnissen langsam zusammenzufallen, das heißt, er wird allmählich stillgelegt, so daß er heilen kann. Du atmest dann nur noch mit dem anderen Lungenflügel.« Ich fand das sehr interessant. »Es gibt dabei nur zwei Probleme«, sagt er noch. »Oft fängt eine Lungentuberkulose mit einer feuchten Rippenfellentzündung an. Dann kann es sein, daß durch die Entzündung Teile des Lungenflügels mit dem Rippenfell verkleben oder gar verwachsen. Es wird dann schwierig, einen Pneumotorax anzulegen. In manchen Fällen gehts überhaupt nicht. Und wenn beide Lungenflügel schwer tuberkulös sind, kann man natürlich überhaupt keinen Pneumotorax anlegen.« Wenn Katharina also versuchen wollte, bei mir einen Pneumotorax anzulegen, war offensichtlich nur ein Lungenflügel tuberkulös. (Später, nach meiner Entlassung, habe ich erfahren, daß sich im oberen Lappen meines rechten Lungenflügels eine Kaverne gebildet hatte, die einen Durchmesser von der Größe eines Fünf-Mark-Stücks aufwies.)

Als ich am Nachmittag auf dem Operationstisch lag, hatte ich keine Angst. Ich wußte ja, was nun vor sich ging, und einen Grund, warum ich dieser russischen Ärztin weniger Vertrauen entgegenbringen sollte als Tamara, gab es nicht. Mich bewegte nur ein Gedanke: Hoffentlich klappt es! Eine örtliche Betäubung ist bei der Anlage eines Pneumotorax nicht üblich, da die Kanüle nicht dicker als eine Stricknadel ist. Der Stich durch das Rippenfell war zwar schmerzhaft, aber welche Schmerzen hätte ich in diesem Augenblick nicht ausgehalten? Als Katharina es das erste Mal versuchte, rührte sich nichts. Dann stach sie ein zweites Mal, – wieder nichts, ein drittes, ein viertes Mal. Aber noch gab sie nicht auf. Ich lag bewegungslos auf meiner linken Seite und atmete ruhig durch. Beim fünften Mal begann sich der Zeiger an dem Behälter, aus dem die Luft einströmen sollte, langsam zu bewegen. »Na, siehst du«, sagte sie auf Russisch. »Jetzt gehts!« Nach einer Weile spürte ich einen Druck auf der Luftröhre im Hals. Ich griff unwillkürlich mit der Hand an die Stelle, wo ich den Druck fühlte. Katharina blickte auf den Zeiger des Luftbehälters und zog die Kanüle heraus. »Jetzt stell dich nochmal hinter den Röntgenschirm«, sagte sie. Aufmerksam betrachtete sie das Bild. Es kam darauf an, daß der Pneumotorax an der richtigen Stelle angelegt wurde, bei mir also nur am oberen rechten Lungenlappen. Auf ihrem Gesicht war deutlich zu lesen, daß sie mit dem Werk ihrer Hände zufrieden war. Langsam trat ich hinter dem Röntgenschirm hervor. »Spaßíbo! (Danke!)«, sagte ich. »Danke!« Sie lächelte und erklärte mir: »Du darfst dich von jetzt ab nur noch auf die linke Seite legen. In vier Tagen kommst du nach der Visite wieder her!«

Als ich das Krankenzimmer wieder betrat, schauten mich alle gespannt an. »Na«, fragte mein Bettnachbar. »Wie gings?« Ich nickte nur und legte mich vorsichtig auf meine linke Seite. Das sollte meine Lage im Bett für die nächsten Jahre bleiben. In den folgenden Wochen wurden immer größere Mengen Luft in den Raum zwischen Lungenflügel und Rippenfell hineingelassen. Der kranke Lungenlappen wurde langsam kleiner, bis er schließlich ganz stillgelegt war. Da das Rippenfell wie die Außenhaut porös, also durchlässig ist, mußte die ›Luftbrust‹ nicht nur langsam ausgedehnt, sondern auch immer wieder nachgefüllt werden. Als medikamentöse Behandlung bekamen wir täglich Kalziumspritzen. Der Heilungsprozeß einer Lungentuberkulose besteht aus einer allmählichen Verkalkung der kranken Lungenteile. Schon nach kurzem begann ich mich besser zu fühlen, obwohl mich der zähe Husten auch weiterhin plagte. Wie schon im Krankenrevier in Ahtme war auch hier die Verpflegung gut, was hieß: statt Suppe bekamen wir Kascha, und das Brot war sehr viel besser durchgebacken als das im Lager.

Eines Morgens kam der Sanitäter mit einer kleinen Schüssel herein und verteilte an jeden von uns einen Eßlöffel voll echter, reiner, weißer Sahne, – es war kaum zu glauben, richtige, gute, weiße Sahne. Wir brockten unser Brot in die Eßschüssel und tränkten es mit der Sahne. Auf diese Weise hatten wir den Sahnegeschmack sehr viel länger auf Zunge und Gaumen, als wenn wir sie einfach getrunken hätten. Natürlich fragten wir uns, wo eine solche Köstlichkeit auf einmal herkam. Da nur die zwanzig Lungenkranken auf unserer Station täglich diesen Eßlöffel voll bekamen, nicht die anderen Kranken und auch nicht die Sanitäter, konnte die Sahne kein Teil der allgemeinen Hospitalverpflegung sein. Der Sanitäter zögerte nicht uns aufzuklären: Katharina kaufe täglich auf dem estnischen Bauernmarkt in Kiviöli von ihrem eigenen Geld für Schwarzmarktpreise die Sahne für ihre Kranken! Als ich mich daraufhin im Namen von allen bei ihr bedankte, winkte sie lächelnd ab: »Ich bin auf dem Lande aufgewachsen«, sagte sie. »Es gibt da eine russische Bauernregel, wie man Tuberkulose heilt. Man muß die Lunge ausbuttern, sagen die Bauern. Butter ist hier sehr teuer und kaum zu bekommen. Aber die Sahne tut es sicher auch.«

Ende Februar sagte mir Katharina, sie würde bei der nächsten fälligen Pneumotorax-Nachfüllung jedem von uns etwas mehr Luft geben. Sie müsse nämlich wegen einer Familienangelegenheit nach Hause in den Kaukasus fahren. Wahrscheinlich bliebe sie mehr als eine Woche weg, und der Druck der Pneumotoraxfüllung auf den Lungenflügel solle nicht zu sehr nachlassen. Sie warte nur noch auf ihren própusk (eine polizeiliche Genehmigung). Wozu braucht sie als Ärztin einen própusk, wenn sie bloß ihre Familie besuchen will? dachte ich. Damals wußte ich natürlich nicht, daß Sowjetbürger in ihrem eigenen Land nicht frei herumreisen dürfen. Es gab ein Gesetz, das jede Reise von einem própusk abhängig machte, der dem Antragsteller ausgestellt wurde oder nicht. Der Grund für diese Maßnahme war, daß es eine große Anzahl von Arbeitern und Angestellten gab, die, unzufrieden mit ihrem Arbeitsplatz, einfach über Nacht verschwanden, um dann irgendwo in einer anderen Stadt aufzutauchen, wo sie hofften, bessere Arbeitsbedingungen vorzufinden. Katharina bekam ihren própusk und war nach neun Tagen wieder da.

Post kam jetzt regelmäßig aus Deutschland. Diesmal gab es keine Schwierigkeiten bei der Nachsendung der Rotkreuzkarten von Ahtme nach Kiviöli. Wir durften seit kurzem sogar Briefe schreiben. Ich deutete darin vorsichtig an, daß ich ›leicht erkrankt‹ sei und vielleicht in absehbarer Zeit mit meiner Entlassung rechnen könne.

Am 19. März teilte uns Katharina mit, daß ein Krankentransport zusammengestellt würde. Wer von uns transportfähig sei, würde mitgeschickt. Skoro domoi, – ihr kommt bald nach Hause. Endlich schien es Wirklichkeit zu werden. Wir brauchten also nicht bis zum Herbst zu warten. In diesem Jahr ging auch im Frühjahr ein Heimattransport ab.

Was sich dann in den nächsten drei Wochen – so lange sollte es noch dauern – abspielte, war ein gespenstisches Theater, das uns noch einmal einen Wesenszug des ›Systems‹, unter dem wir hier gelebt und gearbeitet hatten, wie durch ein Vergrößerungsglas vor Augen führte. Zunächst hatten Ärztinnen und Ärzte festzustellen, wer von uns Kranken als transportfähig klassifiziert werden konnte und wer nicht. Das war eine rein medizinische Untersuchung, bei der allerdings strenge Maßstäbe angelegt wurden. Wer bereits einen Blutsturz gehabt oder in seinem Auswurf hin und wieder Blut hatte, wurde ausgeschlossen. Erst als wir uns dann selbst auf dem sechs Tage dauernden Transport befanden, haben wir diese harte Entscheidung verstanden. Hier im Hospital begriff keiner von uns, warum Mitgefangene, die uns Laien als transportfähig erschienen, nicht auf die Entlassungsliste kamen. Wenn diese armen Kerle schon unheilbar krank sind, können sie sie dann nicht wenigstens zu Hause sterben lassen? war unsere erste Reaktion. Nach dem Transport dachten wir darüber anders.

Als die Liste feststand – sie umfaßte im ganzen Hospital etwa 320 Namen – wartete auf uns eine zweite, eine völlig andere Untersuchung. Jede Nacht ging in unregelmäßigen Abständen die Krankenzimmertür auf, und ein Name wurde in die Dunkelheit gesprochen, mehrmals, in halblautem Ton, damit die anderen nicht aufwachten, als ob einer von uns geschlafen hätte. Der Betroffene erhob sich meistens gleich beim ersten Aufruf und verließ den Raum. Auf dem Korridor warf ihm der Sanitäter wortlos einen leichten Krankenmantel über die Schultern. Dann brachte er ihn in den Wasch- und Duschraum. Auch auf dem Wege dorthin wurde kein Wort gesprochen. In dem relativ großen Raum war ein Tisch aufgestellt worden, hinter dem zwei Stühle standen, auf denen ein Russe und eine Russin, beide im Offiziersrang, saßen. Ihre Mützen mit dem grünen NKWD-Band lagen vor ihnen. Neben dem Tisch saß der Dolmetscher, vor dem der Kriegsgefangene auf einem Schemel Platz nahm.

Die erste Frage an ihn betraf die Wehrmachtseinheit, bei der er sich während des Rußlandfeldzugs befunden hatte. Die beiden NKWD-Offiziere blätterten dann in einer Liste mit den Namen von deutschen Einheiten. Wie ich erst später erfuhr, handelte es sich dabei um Regimenter, die nach Aussage von Zivilpersonen Dörfer abgebrannt, technische Anlagen vernichtet, Gebäude gesprengt oder andere Zerstörungen lebensnotwendiger Einrichtungen vorgenommen hatten. Die zweite Frage betraf die Mitgliedschaft in einer Parteiorganisation des Dritten Reichs vor der Einberufung in die Wehrmacht. Weitere Fragen bezogen sich auf die Situation und die Tätigkeiten des Kriegsgefangenen in den Lagern, durch die er gegangen war.

Das lateinische Wort für Untersuchung ist inquisitio und für den, der die Untersuchung leitet inquisitor. Die beiden Inquisitoren brauchten in der Regel eine halbe Stunde für jede ihrer Inquisitionen. Nacht für Nacht ging die Tür auf. Nacht für Nacht wurde ein Kriegsgefangener nach dem anderen zu seiner Inquisition gerufen. Niemand von uns schlief. Den Schlaf konnten wir am Tage nachholen.

In der Nacht des 30. März war ich dran. Es mochte gegen 3 Uhr morgens gewesen sein, als ich mich in dem dünnen Hospitalmantel, den ich mir um die Schultern gelegt hatte, auf den Schemel setzte. Zunächst war ich erstaunt darüber, daß der NKWD-Offizier ein Blatt in der Hand hielt, das offensichtlich so etwas wie eine Personalakte von mir war. In diesem Augenblick erinnerte ich mich daran, daß von allen Kriegsgefangenen des Lagers II einmal ein Photo gemacht und die Personalien aufgenommen worden waren. Das mochte im Sommer oder Herbst 1946 gewesen sein. Außer dem Geburtstagsdatum und -ort sowie der Heimatadresse hatten wir damals auch den militärischen Rang und die Wehrmachtseinheit angeben müssen, bei der wir gedient hatten. Ob sonst noch etwas gefragt worden war, erinnerte ich mich jetzt nicht mehr. Das Zweite, an das ich in diesem Moment unwillkürlich denken mußte, war die jedermann im Lager bekannte Tatsache, daß es in allen Baracken Spitzel gab. Wie ihre Genossen im Lazarett, versuchten sie ihre Mitgefangenen in Gespräche zu verwickeln über deren jetziges Leben im Lager und deren früheres im Kriege und zu Hause. Darüber schrieben sie dann ihre wöchentlichen Berichte.

Ich hatte mir vorgenommen, nichts davon zu sagen, daß ich ein gut Teil Russisch sprach und verstand. Es hätte sein können, daß mich die

Inquisitoren dann direkt gefragt hätten und ich wichtige Wörter nicht verstanden hätte, was mir eine korrekte Antwort unmöglich gemacht hätte. So überließ ich es dem Dolmetscher, die an mich gestellten Fragen und meine Antworten darauf zu übersetzen.

Bei meiner Antwort auf die erste Frage sprach für mich, daß ich bereits im August 1944 in Rumänien und nicht in der Sowjetunion in Gefangenschaft geraten war. Weiter, daß ich als Telephonist bei einer technischen Einheit und nicht bei der Fronttruppe gewesen war. Als positiv angesehen wurde auch mein Alter. Ich konnte unmöglich vor meiner Einberufung schon bei der Partei oder SA gewesen sein, und die Mitgliedschaft in der Hitlerjugend zählte nicht. Was meine Situation und meine Tätigkeiten im Lager anging, so war ein weiterer Pluspunkt, daß ich eineinviertel Jahre im Schacht gearbeitet hatte. Auch das war, wie ich jetzt erfuhr, in meinem Personalbogen verzeichnet. Von meiner anfänglichen Mitgliedschaft in der ANTIFA im Lager I und meiner Erfahrung damit im Lazarett stand offensichtlich nichts auf dem Blatt. Die Akte war ja erst im Sommer oder Herbst 1946 angelegt worden. Nach einer halben Stunde konnte ich wieder gehen. Obwohl ich den Eindruck hatte, daß aufgrund meiner Personalakte und meiner Aussagen dazu alles gut gelaufen war, war es mir doch auf dem Schemel eiskalt geworden. Was wäre geschehen, wenn einer der Spitzel oder der Chefsanitäter des Lazaretts irgendetwas über mich fabriziert hätten, was man jetzt hätte gegen mich vorbringen können?

Am 5. April erfuhren wir offiziell, daß der Heimattransport am übernächsten Tage abgehen solle. Dann wurden die Namen derjenigen verlesen, die die medizinische Untersuchung als transportfähig und die NKWD-Inquisition als entlassungswürdig klassifiziert hatten. Von den ursprünglich 320 medizinisch als transportfähig eingestuften Kranken waren nach der Inquisition 215 übrig geblieben. Die restlichen 105 hatten das Pech gehabt, entweder bei einer jener Wehrmachtseinheiten gewesen zu sein, die auf den langen Rückzügen in Rußland die Politik der ›verbrannten Erde‹ mit deutscher Gründlichkeit betrieben hatten, oder sie waren als ehemalige aktive Nazis ›entlarvt‹ worden, oder es lag sonst irgendetwas, das ein Spitzel ihnen angehängt hatte, gegen sie vor. Soweit sie eine Krankheit hatten, die sie im Hospital auskurieren konnten, und in den folgenden Jahren am Leben geblieben sind, werden sie dann wohl zu den 30000 Kriegsgefangenen und Zivilinternierten gehört haben, die Konrad Adenauer 1955 endlich in die Heimat zurückgeholt hat. Wie ich nach meiner Entlassung erfuhr, fanden diese Inquisitionen in allen Kriegsgefangenenlagern vor allen Entlassungen statt.

Kenner der Sowjetunion haben später die Auffassung vertreten, daß es dabei in Wahrheit gar nicht darum ging, Kriegsgefangene, die nachweislich Kriegsverbrechen begangen hatten, zu bestrafen, indem man sie ein weiteres halbes Jahrzehnt in den Lagern zurückhielt, sondern daß Stalin der NKWD eine Quote gesetzt hatte, die die Inquisitoren zu erfüllen hatten.

Am Vormittag des 6. April, dem Tag vor unserer Entlassung, ging der leitende russische Offizier des Hospitals mit uns in die Kleiderkammer. Er überwachte persönlich die Ausgabe der neuen oder zumindest neuwertigen Wattejacken, -hosen, Unterwäsche, Socken und Schuhe an uns. Selbst den offiziellen Stellen in Moskau war es mittlerweile zu Ohren gekommen, welchen Eindruck die ersten entlassenen Kriegsgefangenen aus den sowjetischen Lagern nach 1945, die z.T. barfuß und in Lumpen gehüllt deutschen Boden betraten, auf die Zivilbevölkerung, ja auf die westliche Welt überhaupt, gemacht hatten, die sie mit den Heimkehrern aus amerikanischen und englischen Lagern verglich. Jetzt wurden auch wir so gut ausgestattet, wie es die damalige ökonomische Situation in der Sowjetunion erlaubte.

Beim Kleiderempfang ging es mir hauptsächlich darum, möglichst große Schuhe zu bekommen. Der Offizier hatte nichts dagegen, wenn wir wählerisch waren. Schließlich fand ich ein Paar Größe 46. Oberleder und Sohle waren zwar nur aus billigem Kunststoff, aber das konnte mir egal sein. Ich griff mit der Hand in die Schuhe und probierte, ob sich die Kunststoffeinlage, die auf der Sohle befestigt war, herausnehmen ließ. Sie war nur leicht aufgeklebt und konnte ohne große Schwierigkeiten von der Sohle gelöst werden.

Uns war gesagt worden, daß wir auf dem Transport nichts Schriftliches mitnehmen dürften, auch keine Photos. Das bedeutete ganz einfach, daß uns vor Verlassen des Hospitals noch eine ›Filzung‹ bevorstand, die letzte, die allerletzte in der Kriegsgefangenschaft, aber zugleich wohl auch die radikalste. Ich hatte den Gedanken gefaßt, die beiden Hälften meines Tagebuchs in den Schuhen unter jener Kunststoffeinlage zu verstecken und dazu auch noch so viele Rotkreuzkarten von zu Hause, wie möglich war. Außerdem hatte ich noch ein paar Briefe aus dem Sommer 1944 von meiner verstorbenen Schwester durch alle bisherigen ›Filzungen‹ gebracht. Aus Erfahrung wußte ich, daß in der Regel die Filzer die Schuhe nur umdrehten, um zu sehen, ob etwas herausfiel. Ich konnte die Kunststoffeinlagen über den Tagebuchhälften wieder so gut befestigen, daß man sie mit der Hand hätte herausreißen müssen, um das Tagebuch zu finden.

Während des Mittagessens machte ich im Krankenzimmer den Vorschlag, uns bei Katharina für all das zu bedanken, was sie für jeden von uns getan hatte. Alle stimmten zu. Wie damals vor meinem Gang zu Pápotschka Knishnig suchte ich in meinem Gedächtnis all die russischen Wörter und Ausdrücke zusammen, die ich zu einer kleinen laudatio für sie brauchte. Während ich angestrengt meinen begrenzten russischen Wortschatz durchging, kam ich ins Nachdenken über die Russen und Russinnen, die uns hier und in Ahtme nicht als die faschistischen Feinde der Sowjetunion, sondern als Menschen behandelt hatten: Katharina, Tamara, Pápotschka Knishnig, der Natschalnik Semjonow. – Was dachten sie eigentlich insgeheim über dieses ›System‹ der ständigen Polizei- und Kommissionskontrollen, der Bespitzelung mit ihren Folgen, der bürokratischen Ineffizienz in der Produktion und der Klassengegensätze von Privilegierten und Nicht-Privilegierten? Auch sie mußten doch bei ihrer Intelligenz die fundamentalen Widersprüche zwischen der Propaganda und der Praxis des Marxismus-Leninismus bemerkt haben. Und trotzdem zweifelten sie alle nicht am endgültigen Sieg des Sozialismus und Kommunismus als der gerechtesten Sache von der Welt. War das ihre echte Überzeugung, oder taten sie nur so, weil ihnen in diesem Polizeistaat letzten Endes nichts anderes übrig blieb? Mir kam damals nicht der Gedanke, mich zu fragen, ob das bei uns im Dritten Reich denn so ganz anders gewesen war. Man übersah das wahre Gesicht der nationalsozialistischen Diktatur und glaubte an Deutschland so uneingeschränkt wie diese Russen an ihren Sozialismus glaubten. Blinder Glaube schließt eben jede Form vernünftig-kritischer Einsicht aus und erzeugt im Menschen jene Form schizoider Gespaltenheit, aus der der Einzelne, selbst wenn er sie bemerkt und unter ihr zu leiden beginnt, nicht weiß, wie er wieder herauskommen soll, – von den großen heroischen Ausnahmen abgesehen.

Als ich meine bescheidene Rede zusammengebaut hatte, zogen alle, die in unserem Krankenzimmer transportfähig und deren Namen auf die Entlassungsliste gesetzt worden waren, hinüber in den Aufenthaltsraum der russischen Ärzte, der sich neben dem Behandlungszimmer befand. Da standen wir nun, und ich brachte meine laudatio vor. Katharina schaute uns groß an und sagte kein Wort. Es war ihr anzumerken, daß sie so etwas überhaupt nicht erwartet hatte, und daß es sicherlich das erste Mal war, daß ein deutscher Kriegsgefangener sich persönlich bei ihr bedankte, weil er gerade so viel Russisch konnte, um dafür die richtigen Worte zu finden.

Da stand der leitende Offizier des Hospitals auf, schüttelte mir die Hand und sagte, er freue sich, daß wir mit einer solchen Auffassung von ihnen nach Hause führen, denn mit dieser Haltung seien wir ja 1941 nicht in die Sowjetunion einmarschiert. Nur das alleine genüge noch nicht. Worauf es ankäme, wäre, daß keiner von uns je wieder die Waffe gegen die Sowjetunion erheben werde. Und das hoffe er von jedem von uns. Ich übersetzte den anderen, was er gesagt hatte, und alle bestätigten ihm, daß sie genau so dächten. »Sehr schön«, sagte der Offizier. »Sehr schön. Warten wir es ab!«

Am Nachmittag wurden wir aufgefordert, in der Verwaltungsbaracke eine vorgedruckte Erklärung zu unterschreiben, mit der wir uns verpflichteten, nie wieder als Soldat gegen die Sowjetunion zu kämpfen. Wer von uns dachte nach diesem Krieg und dieser Gefangenschaft anders?

Dann kam der Augenblick, dem jeder, der nach Hause fahren durfte, mit Beklemmung entgegensah: der Abschied von den Kranken, die dableiben mußten, weil sie nicht mehr transportfähig oder nicht entlassungswürdig waren. Was sollte, was konnte man zu ihnen sagen? In dem Blick, mit dem sie uns anschauten, als wir ihnen zum Abschied die Hand reichten, stand die Todeserwartung: irgendwann in den kommenden Wochen oder Monaten werden sie da draußen hinter dem Hospital in die Erde gelegt werden, begraben im Niemandsland der Lagerfriedhöfe.

Gegen 5 Uhr nachmittags wurden wir in kleinen Gruppen in die Baracke der Wachmannschaft neben dem Tor geschickt, – zur ›Filzung‹. Ich hatte die beiden Hälften meines Tagebuchs mit einiger Mühe in die Schuhe unter die Kunststoffeinlage gezwängt. Als ich sie dann anzog, waren sie so eng geworden, daß ich in ihnen nur eine kurze Strecke laufen konnte. Die Rotkreuzkarten von meinen Eltern, die letzten Briefe meiner verstorbenen Schwester vom Sommer 1944 und ein paar Photos paßten beim besten Willen nicht mehr in die Schuhe. So steckte ich sie in die Unterwäsche zwischen Rücken und Unterhosenbund.

In die Baracke waren nur zwei Rotarmisten zum ›Filzen‹ abkommandiert. Hemden, Jacken und Hosen mußten aufgeknöpft, Socken und Schuhe ausgezogen werden. Als ich an meinen ›Filzer‹ kam, simulierte ich einen heftigen Hustenanfall. Ich sagte ihm, daß ich offene Lungentuberkulose habe und deswegen so husten müsse, worauf er zunächst etwas zurückwich und es dann sehr eilig hatte, als er meinen Körper abtastete. Aber trotz meines ständigen Hustens waren die Postkarten meiner Eltern, die Briefe meiner Schwester, ihre letzten Lebenszeichen an mich, und ihre Photos nicht zu retten. Sie wanderten in die vor mir stehende Kiste zu den anderen ›schriftlichen Aufzeichnungen‹, die dort schon gelandet waren. Darauf nahm er sofort Abstand von mir und wandte sich dem nächsten zu, wobei er die Schuhe übersah oder vergaß.

Langsam knöpfte ich mir Hemd, Jacke und Hose wieder zu und zog Socken und Schuhe an. Dann trat ich aus der Baracke ins Freie. Der Abend lag schon auf dem Land. Direkt vor mir sah ich in der Dämmerung das weit geöffnete Tor. Kein Wachtposten war zu sehen, als ich aus dem stacheldrahtumzäunten Bereich hinaus in die Dunkelheit trat. Es war ein eigenartiges Gefühl, von keinem Posten bewacht oder beobachtet, mich ganz allein außerhalb des Stacheldrahtzaunes zu bewegen. In etwa 100 m Entfernung sah ich die Silhouette des Transportzugs, der dort auf uns wartete. Auch hier war weit und breit kein Wachtposten zu sehen. Ich ging an den offenen Güterwaggons entlang, bis ich in einem Stimmen hörte. »Könnt ihr mir rauf helfen?« fragte ich. Da der Zug nicht an einer Rampe, sondern im offenen Feld stand, war es für einen Kranken nicht ganz einfach, auf die Waggonplattform hinaufzukommen. Ein paar Hände streckten sich herunter und zogen mich beim Hinaufklettern in den Waggon. Nachdem sich meine Augen eine Weile an die Dunkelheit, die drinnen herrschte, gewöhnt hatten, sah ich rechts und links Holzpritschen mit einer unteren und einer oberen Bretterlage. In der Mitte war ein freier Raum, in welchen sich ein kleiner Blechofen befand. Jemand hatte bereits Feuer angezündet, denn die Nächte wurden noch kalt. An der Wand standen zwei Abortkübel. Auf den Holzpritschen lagen Strohsäcke.

Ich setzte mich neben die offene Waggontür und blickte zum Hospital zurück, das von wenigen Außenlampen spärlich erleuchtet war. In regelmäßigen Anständen kam ein entlassener Kriegsgefangener nach dem andern durch das Tor, manche mit frischen Verbänden, die durch die Dunkelheit als weiße, sich bewegende Flecken schimmerten. Bevor ich mir meinen Platz auf einem der Strohsäcke suchte, zog ich beide Schuhe, die mich bereits überall an den Füßen drückten, aus und steckte mein Tagebuch in die Jackentasche. Bald schlief ich ein.

Um sechs Uhr früh weckte uns die Lagersirene. Ab und zu ging einer der Wachtposten den Zug entlang. Niemand schloß und verriegelte die Waggontür. Wir konnten sie auch während der Fahrt offen lassen oder zumachen, wie wir wollten. Langsam begann es hell zu werden. Drüben im Lager, das neben dem Hospital lag, öffnete sich das Tor, und die graue Kolonne der Kriegsgefangenen, die in den Schacht von Kiviöli zogen, setzte sich an den abzählenden Posten vorbei in Bewegung: »Raz, dwa, tri, tschetírje ...«. Dann wurde es eine Weile still. Plötzlich war in der Ferne der schrille Pfiff einer Lokomotive zu hören. Der Schnellzug nach Riga kam um 7:30 Uhr durch Kiviöli. Als er vorbeiratterte, ging ein scharfer Ruck durch unseren Transportzug. Offensichtlich hatten wir diesem fahrplanmäßigen Zug zu folgen, damit wir über die gleichen Weichenstellungen rollen konnten. »Wir fahren«, sagte eine Stimme im Halbdunkel des Waggons. »Wir fahren nach Hause!«

Die letzte Schranke

Über dem Güterbahnhof von Brest-Litowsk stand die Sonne im blauen Frühlingshimmel und verbreitete eine fast sommerliche Wärme um die Waggons. Es war der 10. April 1948. Am 7. hatten wir Kiviöli verlassen. Wie schon im Hospital war unsere Verpflegung auch auf dem Transport über Riga und Wilna gut gewesen: Kascha und ein sehr viel besseres Brot als im Arbeitslager.

In Brest-Litowsk endet die russische Breitspur und beginnt die europäische Normalspur. Das bedeutete: in Brest-Litowsk mußten wir in die Güterwaggons, die für uns auf der Normalspur bereitstanden, umziehen. Dazu hatten wir unsere Strohsäcke zu schultern und sie über mehrere Geleise hinweg in den wartenden Zug zu schleppen. In der warmen Frühlingssonne rann mir der Schweiß in Bächen über das Gesicht. Ich verstand jetzt, daß die Ärzte im Hospital nur die von uns transportfähig geschrieben hatten, denen das zuzumuten war. Erst am nächsten Morgen kündete der Pfiff der Lokomotive die Weiterfahrt an. Der russische Begleitoffizier hatte uns davor gewarnt, wo immer wir anhielten, Kontakt mit der polnischen Zivilbevölkerung aufzunehmen, da es bei der Deutschfeindlichkeit der Polen zu Ausschreitungen kommen könne. Während der zweitägigen Fahrt durch Polen bemerkten wir jedoch nichts davon.

Im Spätnachmittag des 13. April rollte der Zug langsam über die Oderbrücke bei Frankfurt. Dann hielt er an, da er noch keine Einfahrt hatte. Unten am Bahndamm stand ein altes Mütterchen und schaute zu uns herauf: »Wo kommt ihr denn her?« fragte sie. Es waren die ersten deutschen Laute aus einem Frauenmund. »Aus Estland«, sagt einer. Wir saßen in der offenen Waggontür und schauten auf die grünen Wiesen, in denen die Obstbäume bereits in voller Blüte standen. Von der Stadt tönten Kirchenglocken herüber, die die Abendvesper einläuteten.

Erst jetzt wurde uns bewußt, daß wir in all den Jahren hinter Stacheldraht nie Kirchenglocken gehört hatten. Wir waren wieder daheim und keiner versuchte die Tränen zurückzuhalten.

Vom Hauptbahnhof brachte uns ein Lastwagen ins Hindenburg-Lazarett, das zum Auffanglager für Heimkehrer aus der Sowjetunion gehörte. Katharina hatte mir noch am Tag vor unserer Abfahrt in Kiviöli eingeschärft, dem ersten Arzt, dem ich in Deutschland begegnen würde, zu sagen, daß ich einen Pneumotorax habe und sobald wie möglich eine Nachfüllung brauche. »Wenn ein Pneumotorax einmal aufgegangen ist«, hatte sie gesagt, »kann man ihn in der Regel nicht zum zweiten Mal anlegen.« Der Aufnahmearzt, der unsere klinischen Befunde registrierte und uns in die verschiedenen Stationen einwies, erklärte mir: »Hier im Hindenburg-Lazarett gibt es kein Gerät. Aber im sowjetischen Militärlazarett haben sie eins. Wir müssen Sie zur Auffüllung dorthin schicken!« Zwei Tage später holte mich die Krankenschwester aus unserem Zimmer: »Ziehen Sie sich an«, sagt sie. »In der nächsten halben Stunde kommt ein sowjetischer Lastwagen vorbei. Der Fahrer nimmt sie zum Militärlazarett mit, und irgendwie werden Sie mit einem anderen LKW dann schon wieder zurückkommen.« Neun Tage waren seit meiner letzten Pneumotoraxfüllung vergangen. Es wurde Zeit.

Auf dem Korridor des sowjetischen Militärlazaretts brauchte ich nicht lange zu warten, sondern wurde gleich zur Fachärztin geschickt. Ich sagte ihr auf Russisch meinen Namen und warum ich hier sei. Als sie hörte, daß ich mich in ihrer Muttersprache ausdrücken konnte, interessierte sie sich sogleich dafür, in welchem Kriegsgefangenenhospital der Pneumotorax angelegt worden war. Dann wollte sie wissen, wie lange ich ihn schon habe, wann ich die letzte Füllung erhalten und wieviel Luft ich jedesmal bekommen habe. »Stell dich hier hinter den Röntgenschirm«, sagt sie. »Ich muß mir das zuerst genau anschauen.« Sie schien mit dem, was sie sah, zufrieden zu sein. »Leg dich hier auf den Tisch. Ich fülle heute mehr als 500 cm^3 auf, da der Pneumotorax in den neun Tagen etwas nachgelassen hat.« Erleichtert rutschte ich nach zehn Minuten, von dem Behandlungstisch herunter, bedankte und verabschiedete mich von ihr. Kurze Zeit später fand ich einen LKW, der mich auf seiner Fahrt durch die Stadt wieder am Hindenburg-Lazarett absetzte.

Am selben Abend wurden wir noch einer Prozedur unterzogen, die ich hier in Frankfurt an der Oder nicht mehr erwartet hatte. Allen, die mit dem Transport aus Estland gekommen waren, wurden die Köpfe kurz geschoren. Das war eine hygienische Maßnahme, die regelmäßig nicht nur in allen Kriegsgefangenenlagern durchgeführt wurde, sondern auch bei der Roten Armee üblich war. Seitdem man mich kurz nach meiner Ankunft in Kiviöli zum letzten Mal geschoren hatte, waren acht Wochen vergangen, in denen mein Haar wieder gut zwei Zentimeter gewachsen war und ich nicht mehr wie ein Sträfling aussah. Wozu sie uns jetzt nochmal kurz schoren, blieb uns rätselhaft. Routine ist eben Routine.

Am folgenden Tag wurden wir ins zivile Krankenhaus an der Rheinlandstraße verlegt. Bevor wir in die Krankenzimmer gehen durften, schickte man uns in die Baderäume. Zum ersten Mal lag ich wieder in einer weißen emaillierten Badewanne und hatte das Gefühl, als löse sich endlich die letzte Schicht Staub, Schweiß und Dreck von fast vier Jahren Kriegsgefangenschaft von meinem Körper. Als ich dann vor meinem Krankenbett stand, legte ich vorsichtig die Hand auf das weiße Bettuch. Es war über keinen Strohsack, sondern über eine weiche Matratze gespannt, eine Matratze mit Roßhaar und einem Federkern, auf dem ich leicht einsank, als ich mich hinlegte.

Im Krankenhaus kümmerten sich die Caritas und das Evangelische Hilfswerk um uns. Sie versorgten uns zunächst einmal mit Taschentüchern, Rasierklingen, Waschlappen und Zahnbürsten. Dann gab es literweise, eimerweise Pudding, süßen, mit Milch gekochten Pudding und Butterbrote. Zum ersten Mal konnten wir uns wieder satt essen, nicht nur den Magen für kurze Zeit mit Suppe, Kascha und etwas Brot füllen, sondern richtig rund herum satt essen.

Am 20. April teilte uns die Krankenschwester mit, daß uns am nächsten Morgen ein Schweizer Sanitätszug des Internationalen Roten Kreuzes, der aus Genf hergeschickt worden war, nach Erfurt bringen würde. In den komfortablen Schweizer Waggons kam es uns allen vor, als seien wir mit einem Zauberstab in eine andere Welt versetzt worden: die blitzenden Chromstangen, die die blütenweiß bezogenen Krankenbetten trugen, der gewachste Fußboden, der das Sonnenlicht, das durch die großen Waggonfenster fiel, zurückstrahlte, und der Schweizer Sanitäter, der mit einem spiegelblanken Tablett neben mir stand und sagte: »Hier, zur Begrüßung, bitte, eine Tafel Schokolade!« Es war echte Schweizer Vollmilchschokolade mit Haselnußkernen. Auf dem Schwarzen Markt hätte sie zwei Monate vor der Währungsreform ein Vermögen gekostet. Dann gab es ein Schweizer Frühstück mit echtem Kaffee, Butterbroten mit Honig, Marmelade und Käse. Ob unsere Mägen das alles überhaupt vertragen? dachte ich. Aber unser Verdauungstrakt wurde mit allem fertig.

Das Krankenhaus, in das wir am 22. April in Erfurt eingeliefert wurden, gehörte der katholischen Kirche. Die Pflege lag in den Händen von Ordensschwestern. Nachdem der Stationsarzt uns untersucht hatte, sagt er zu mir: »Ihre Blutsenkung ist 42 zu 75. Das ist gar nicht so schlecht.« Der Pneumotorax, den Katharina angelegt hatte, tat offenbar seine Wirkung und hatte den tuberkulösen Prozeß trotz aller Strapazen auf dem Transport zum Stillstand gebracht. »Sie werden nur noch eine Weile hierbleiben müssen,« fuhr er fort, »bis Ihr Krankheitszustand sich gebessert hat. Wir können Sie von hier nicht direkt in das Auffanglager Friedland transportieren, durch das alle Rußlandheimkehrer geschleust werden, die in die Westzonen wollen. Es liegt zwar kurz hinter der Grenze der sowjetischen Besatzungszone. Aber der Transportzug bringt die Heimkehrer nur bis in die Nähe der Grenze. Die letzten Kilometer müssen sie dann zu Fuß laufen. Und das dürfen Sie mit Ihrer offenen Tuberkulose im Augenblick noch gar nicht. Wenn Sie dann im Lager Friedland ankommen, dauert es noch Stunden, bis Sie durch alle Abteilungen durchgeschleust sind. Wir Ärzte hier haben da genaue Informationen. Zuerst müssen Sie nochmal durch eine Entlausung, dann durch verschiedene Baracken, in denen tausende von Photos hängen, Photos von vermißten Soldaten, Kriegsgefangenen und Zivilinternierten. Die Angehörigen hoffen, daß der eine oder andere Heimkehrer eines identifizieren und Auskunft geben kann. Vor den Baracken stehen dann hunderte von Angehörigen vermißter Soldaten, Eltern und Ehefrauen, mit Photos in den Händen, die hoffen, daß Sie Auskunft über ihren vermißten Sohn oder Ehegatten geben können. Das alles dauert mehrere Stunden, und der Fußmarsch vorher schon über eine Stunde. Es tut mir leid. Aber ich kann Sie in Ihrem Zustand unmöglich auf den Marsch nach Friedland schicken.«

Nun war ich also in Deutschland, aber noch lange nicht zu Hause. Der Zufall wollte es, daß die Ordensschwester, die uns betreute, aus Bielefeld stammte. Sie war in den dreißiger Jahren Leiterin des katholischen Kindergartens gewesen, der nur eine Viertelstunde von unserer damaligen Wohnung entfernt lag. So kamen wir rasch ins Gespräch. Als ich ihr erzählte, was mir der Stationsarzt gesagt hatte, meinte sie: »Schicken Sie Ihrem Vater doch ein Telegramm. Vielleicht bekommt er von den Engländern ein Permit und kann Sie holen. Warum versuchen Sie's nicht? Telegramme in die Westzonen dauern zwar manchmal ein paar Tage. Aber darauf kommt es ja in Ihrem Fall nicht an. Ich gebe Ihnen Bleistift und Papier. Schreiben Sie darauf die Anschrift, den Text und Ihre Unterschrift, ich fülle dann für Sie das Formular bei der Post aus.«

Als sie eine halbe Stunde später meinen Telegrammentwurf in Augenschein nahm, schüttelte sie lächelnd den Kopf. »Mein lieber Herr Reh. Ein Telegramm ist kein Roman. Erstens wird Ihr Vater aufgrund dessen, was Sie da alles geschrieben haben, von der englischen Behörde kein Permit bekommen, und zweitens haben wir hier nicht so viel Geld, um einen solchen telegraphischen Roman zu bezahlen. Geben Sie das Blatt mal her!« Dann schrieb sie kurz und bündig darauf: ›Entlassen. Erkrankt. Komme bitte sofort. Albert.‹ »Aber das jagt meinem Vater doch einen furchtbaren Schrecken ein«, erwiderte ich. »Bisher habe ich ihm nur in einem Brief angedeutet, daß ich ›leicht erkrankt‹ sei.« »Den Schrecken müssen wir in Kauf nehmen«, sagte sie. »Aber nur mit einem solchen Text kommt er in die Dringlichkeitsstufe, in der es Permits gibt. Die kriegt man nämlich nicht so leicht.« Das Telegramm ging noch am gleichen Tage – es war ein Freitag – ab.

Am Sonntag und Montag ereignete sich dann folgendes: Das Telegramm erhielt mein Vater am Sonntag Vormittag, aber in etwas verstümmelter Form. Statt ›Entlassen. Erkrankt. Komme bitte sofort‹ war da jetzt zu lesen: ›Ernsthaft erkrankt. Komme bitte sofort.‹ Noch am gleichen Tage besprach er mit seinem ersten Prokuristen, was jetzt zu tun war. Hermann Temming konnte sich einigermaßen auf Englisch ausdrücken und schlug vor, gleich am Montag mit dem Chauffeur der Firma zu den Engländern nach Düsseldorf zu fahren und dort zu versuchen, mit Hilfe des Telegramms das Permit zu bekommen.

Mein Vater gab ihm zwei Handkoffer mit, in die er den schönsten reinen Leinendamast gepackt hatte, den er noch aus guter alter Zeit aufbewahrt hatte. Dann fuhr Hermann Temming los. Der britische Major in Düsseldorf, der etwas Deutsch konnte, sah sich das Telegramm an und warf dann einen Blick auf die Koffer, als Hermann Temming sie aufmachte. Wortlos öffnete der Major beide Seitentüren seines Schreibtisches, worauf Hermann Temming ebenso wortlos den herrlichen Leinendamast in die Schreibtischfächer packte. Der Major strich mit der Hand über das glänzende Gewebe, schloß die Schreibtischtüren, füllte das Permit aus, drückte den Stempel drauf und reichte Hermann Temming das Papier. »Good luck«, sagt er und entließ den Prokuristen.

Während des Tages hatte mein Vater Steinhäger, Zigarren und Zigaretten besorgt, mit denen er eventuelle Schwierigkeiten an der Zonengrenze zu beheben gedachte. Er hatte ursprünglich vor, am Dienstag loszufahren, aber als Hermann Temming ihm am späten Montag Nachmittag das Permit brachte, hielt es ihn nicht länger zu Hause, und er fuhr gegen zehn Uhr abends mit unserem alten Firmenchauffeur in einem zusammengebastelten Mercedes 170 V los.

Der April meinte es in diesem Jahr gut. Auch am Dienstag schien die Sonne, so daß sich zwölf von uns nach dem Frühstück auf die Terrasse setzten. Sie schloß mit einem niedrigen Mäuerchen gegen den Garten ab, auf dem wir nebeneinander Platz nahmen. Ob mein Vater wohl das Telegramm schon erhalten hat? dachte ich. Und was wird er damit erreichen können?

Es mochte etwa zehn Uhr sein, als in die Tür, die auf die Terrasse herausführte, die Ordensschwester trat, die die Wache an der Pforte hatte. Sie kannte keinen von uns mit Namen. Neben ihr erschien ein älterer Herr in leicht gebeugter Haltung, – mein Vater. Sie wies mit der Hand auf uns und sagte zu ihm: »Einer von denen muß Ihr Sohn sein.« Mein Vater blickte den ersten, den zweiten, den dritten, dann mich an. Sein Blick wanderte weiter bis zum zwölften. Ich war so völlig überrascht, bereits an diesem Dienstag Morgen meinen Vater vor mir zu sehen, daß ich sprachlos sitzen blieb. Jetzt wandte er sich an die Ordensschwester, schüttelte den Kopf und sagte: »Unter denen da ist er nicht.« In diesem Augenblick stand ich auf, ging langsam auf ihn zu. »Ich bin's, Vater«, sagte ich. »Albert.« Er schaute mich einen Augenblick an und sagte dann in einer Mischung von Erstaunen und Verwirrung: »Ja, ja, – du bist's.« Hinter ihm gewahrte ich unseren alten Firmenchauffeur. Er kannte mich seit meiner Kindheit. Schon als kleiner Junge hatte ich bei unseren Ausfahrten neben ihm vorn auf der Fahrerbank sitzen dürfen. Auch in seinem Gesicht las ich die gleiche Mischung von Erstaunen und Verwirrung, als ich ihm die Hand reichte.

Ich war immer aschblond gewesen. Aber auch blondes Haar erhält seine helle Tönung erst, wenn es von der Sonne gebleicht wird. Jetzt war ich geschoren, und die kurzen Haarstoppeln sahen ganz dunkel, fast schwarz aus. Von Natur habe ich ein schmales, längliches Gesicht. Die Kaschakost im Hospital in Kiviöli hatte mein Gesicht in den zwei Monaten so aufgeschwemmt, daß es eher rund als länglich wirkte. Ich hatte jetzt, was wir im Kriegsgefangenenlager einen Kasch-Kopf nannten. Etwas später sagte mein Vater zu mir: »Wenn du mir unten auf der Straße begegnet wärst, ich wäre an dir vorbeigegangen, ohne dich zu erkennen. Erst als du auf der Terrasse aufgestanden und in deiner vollen Körpergröße auf mich zugekommen bist, habe ich gedacht: ›Ja, ja, – so hoch gewachsen war er.‹ Du siehst aus wie ein Russe.«

Der Anzug, den er mir mitgebracht hatte, paßte mir in den Schultern und um die Brust kaum noch. Aber für die Heimfahrt würde es schon

194

gehen. Meine Wattejacke, -hose und Unterwäsche, auch die Socken und die Schuhe, die mir bei meiner letzten ›Filzung‹ so gute Dienste geleistet hatten, schenkte ich denen, die in der Sowjetischen Besatzungszone zu Hause waren und dort blieben.

Der Stationsarzt und die Ordensschwester aus Bielefeld schüttelten mir die Hand: »Jetzt kommen Sie doch gleich nach Hause. Wir wünschen Ihnen eine gute und vollständige Besserung!« Alles, was ich noch zu tun hatte, war, mir für den Grenzübertritt und meine Registrierung als Spätheimkehrer im Lager Friedland eine Bescheinigung über meine Entlassung aus russischer Kriegsgefangenschaft bei der Sowjetischen Ortskommandatur zu holen. Ich bekam dort ein Blatt Papier, auf dem handgeschrieben mein Name und in großen kyrillischen Druckbuchstaben ›BIWSCHJI WOJÉNNOPLENNI‹ (Ehemaliger Kriegsgefangener) stand. Auf den Kreuzungen der Hauptstraßen von Erfurt regelten Soldaten der Roten Armee den spärlichen Autoverkehr. Jedesmal wenn wir von einem der Soldaten angehalten und kontrolliert wurden, sah ich, wie meinem Vater und unserem Chauffeur die ›Russenangst‹ im Gesicht stand. »Laßt nur mich mit den Soldaten reden«, sagte ich lächelnd. »Ich komme schon mit ihnen zurecht.« Mit dem Zettel in der Hand hatte ich bei keiner Kontrolle Schwierigkeiten.

Auf der Fahrt zum Auffanglager Friedland sah ich rechts und links der Landstraße endlose Kolonnen deutscher Zivilisten, die, aus dem Osten kommend, in die Westzonen wollten, – Männer, Frauen und Kinder. Sie schleppten ihre letzte Habe in Bettüchern gepackt auf dem Rükken oder zogen sie in kleinen Leiterwagen hinter sich her. Ich hatte im Lager natürlich nie etwas von der Vertreibung der Millionen von Deutschen aus Osteuropa gehört und fragte deshalb meinen Vater, woher die vielen Menschen kämen. Schließlich schrieben wir bereits das Jahr 1948. So erfuhr ich erst jetzt von der Tragödie, die sich seit 1945 in Osteuropa abspielte.

Gegen drei Uhr nachmittags erreichten wir die Zonengrenze. Quer über die Straße war ein Schlagbaum heruntergelassen, an dem ein bewaffneter Rotarmist stand. Rechterhand befand sich eine Baracke, in der, wie ich richtig vermutete, die Wachmannschaft untergebracht war. Nachdem eine Weile vergangen war und sich niemand um uns gekümmert hatte, öffnete ich die Wagentür: »Ich gehe jetzt mal rein und frage den diensthabenden Offizier, ob wir abgefertigt werden können.« »Meinst du nicht, daß es besser ist«, sagte mein Vater, »wenn wir hier warten, bis einer der Russen kommt und uns kontrolliert? Auf der Herfahrt haben wir auch ziemlich lange warten müssen.« Wieder stand die

›Russenangst‹ deutlich in seinem Gesicht. »Laß mich nur machen!«, erwiderte ich. »Mit den Russen habe ich nun fast vier Jahre zusammen gelebt und gearbeitet. Für mich sind sie Menschen wie du und ich.« Was wußte ich schon von dem Ruf, den die Rote Armee damals in Ost und West hatte.

Ich stieg die drei Stufen der Holztreppe zur Baracke hinauf und klopfte an die Tür. Drinnen hörte ich eine Stimme: »Woidítje!« (Herein!) Als ich die Tür öffnete, sah ich einen Offizier und mehrere Soldaten an einem Tisch sitzen. Alle schauten mich fragend an: »Sdráwstwuitje, Towárischtschi!« (Guten Tag, Genossen!) begrüßte ich sie. »Ich bin ein entlassener Kriegsgefangener und bin krank. Mein Vater hat mich aus dem Hospital in Erfurt mit dem Auto geholt. Wir sind auf dem Weg nach Hause. Hier sind mein própusk und das Permit für meinen Vater und den Chauffeur.« Wieder hatte die simple Tatsache, daß ich mich in der Muttersprache des Offiziers und seiner Soldaten ausdrücken konnte, die erwartete Wirkung. Der Leutnant stand auf und fragte: »Wo kommen Sie denn her? Wo sind Sie in der Sowjetunion gewesen?« Er war der erste Russe, der mich mit ›Sie‹ ansprach, wahrscheinlich weil ich jetzt Zivilkleidung trug. »Ich habe in einem Ölschieferschacht in Estland gearbeitet.« erwiderte ich. »Dann bin ich krank geworden und wurde entlassen.« Noch während ich sprach, bot ich ihm eine von den Schachteln mit amerikanischen Zigaretten an, die mein Vater für diesen Zweck besorgt hatte. Sei es nun, daß er sich von den anderen im Raum beobachtet fühlte, oder sei es, daß er die Schachtel als Bestechung ansah (was sie ja auch war), er schüttelte den Kopf und sagte: »Nicht die ganze Schachtel. Aber eine Zigarette nehme ich gern. Kommen Sie mit!« Wir verließen die Baracke und gingen auf unseren Wagen zu. Als mein Vater und der Chauffeur aussteigen wollten, winkte er ab. Nach einem kurzen Blick in das Wageninnere reichte er mir den própusk und das Permit und sagte: »Sie können fahren. Alles Gute!« Ich bedankte mich für die schnelle Abfertigung und nahm neben dem Chauffeur Platz. Der Offizier winkte dem Soldaten an der Schranke, worauf sich der Schlagbaum langsam hob. »Fahren Sie los!«, sagte ich zu unserem Chauffeur. »Der Schlagbaum bleibt nicht den ganzen Tag offen.« »War das schon alles?« fragte er und brauchte einen Moment, um sich von seiner Überraschung zu erholen. Dann erst setzte er den Wagen in Bewegung, und wir rollten langsam im ersten Gang über die Zonengrenze. Von der anderen Seite blickte ich noch einmal zurück, – hinter mir schloß sich die letzte Schranke.

196

NACHWORT

Was in diesem Buch geschildert wurde, hat sich vor nahezu fünfzig Jahren zugetragen. Die Frage an den Autor, die er sich natürlich auch selbst gestellt hat, wird darum lauten müssen: Ist das aus der Erinnerung Niedergeschriebene noch identisch mit dem, was der Autor damals tatsächlich erlebt hat? Weiß doch die Psychologie, daß es einen sogenannten Erinnerungsoptimismus gibt, mit welchem Begriff sie sagen will, daß unser Gedächtnis niederdrückende Erlebnisse, in besonderem Maße solche, die bis an die Wurzeln unserer Existenz gehen, im Laufe der Jahre in ein versöhnliches Licht rückt, ja oft verklärt, wodurch sich das tatsächlich Geschehene in der Erinnerung verändert.

Es besteht keine Ursache, an dieser Erkenntnis der Psychologie zu zweifeln. Alle autobiographischen Darstellungen sind schon aus diesem Grund immer ›Dichtung und Wahrheit‹, was wir nicht erst durch die Psychologie, sondern schon seit Goethe wissen.

Nun prägt sich ein so einschneidendes Erlebnis wie nahezu vier Jahre russischer Kriegsgefangenschaft dem Gedächtnis sehr viel tiefer und dauerhafter ein als das, was sich vor dem sogenannten ›normalen Erlebnishorizont‹ abspielt. Hinzu kommt in meinem Fall, daß ich seit meiner Kindheit ein fast eidetisches Gedächtnis für solche Ereignisse behalten habe, die mich auf besondere Weise beeindruckt haben. Unter einem eidetischen Gedächtnis versteht man ein Erinnerungsvermögen, das Szenen und Bilder der Vergangenheit bis in ihre scheinbar nebensächlichen Einzelheiten wieder vor das innere Auge treten lassen kann.

Aber dieser Bericht stützt sich nicht nur auf mein Gedächtnis. Vom ersten Tag, an dem ich als Soldat die sowjetische Grenze überschritten habe, bis zur letzten Stunde meiner Kriegsgefangenschaft konnte ich – wie in den letzten Kapiteln bereits erwähnt – ein Tagebuch führen. So hatte ich bei der Niederschrift für alle dargestellten Ereignisse ein verläßliches Korrektiv der Erinnerung. Dieses Tagebuch war eine jener biegsamen, schwarz eingebundenen Kladden, wie wir sie in der Schule benutzt hatten. Um es durch alle Filzungen hindurchzubringen, hatte ich es in der Mitte auseinanderreißen müssen. Vor jeder Kontrolle habe ich dann beide Hälften gefaltet und unter die rechte und linke Fußsohle in die Strümpfe gesteckt. Strümpfe wurden bei uns nie gefilzt. Bei der letzten, der strengsten Filzung habe ich es dann unter die Kunststoffeinlagen meiner Schuhe gesteckt.

So kann ich aus gutem Wissen und mit gutem Gewissen sagen, daß alles, was in diesem Buch berichtet und erzählt wurde, authentisch ist.

›Wahrheit und Dichtung‹ (letztere hier nicht im poetischen Sinne) aber ist dieser authentische Bericht doch insofern, als ich aus kompositorischen Gründen oft Dinge, die zum gleichen Thema gehören, in Wahrheit aber räumlich oder zeitlich auseinandergelegen haben, zusammenrücken mußte. Hinzu kommt, daß ich ja nicht nur Ereignisse geschildert habe, sondern auch meine jeweilige Einstellung dazu und meine Reflexion darüber, wobei ich mit Hilfe meines Tagebuchs zwischen dem, was ich damals gedacht und empfunden habe, und dem, was ich heute darüber denke, deutlich unterschieden habe. Hinzu kommt weiter, daß es mir nicht um bloße ›Vergangenheitsdarstellung‹ zu tun war. Mir ging es um den Menschen, den russischen und natürlich auch den deutschen, den ich vor den Hintergrund des Systems gestellt habe, dem er und wir damals ausgesetzt waren. Mit Friedrich Schillers Worten: »Ich wollte den Menschen rechtfertigen«, – den Menschen guten Willens, dem ich persönlich es verdanke, daß ich die langen Jahre der Gefangenschaft unter jenem System überlebt habe. (Von den rund 400000 deutschen Soldaten und Wehrmachtsangehörigen, die im August 1944 an der rumänischen Front eingeschlossen und überrollt oder gefangen genommen worden sind und die hinter der Front kapituliert haben, sind nach dem Krieg etwa 47000 aus sowjetischen Kriegsgefangenenlagern wieder heimgekehrt.)

Von diesem Ansatz her ging es mir darum, nicht das Trennende, sondern das Völkerverbindende zwischen uns und den Russen herauszustellen. Habe ich doch hinter Stacheldraht von einzelnen Russen und Russinnen Menschlichkeit erfahren, die ich gerade dort am wenigsten erwartet habe. Es wurde meine Grunderfahrung dieser Jahre, daß es nie und nirgends das Kollektiv ist, auf das alles ankommt, sondern immer und überall der einzelne Mensch, – du und ich.

So gesehen ist dieser Bericht also keine Analyse des Kriegsgefangenendaseins in der ehemaligen Sowjetunion vor und nach dem 8. Mai 1945, wie sie etwa Helmut Gollwitzer in seinem Buch »... und führen, wohin du nicht willst« versucht hat, sondern er ist mein ganz persönliches Erlebnis, mein Bild Rußlands[1] und seiner Menschen, das in ihm zum Ausdruck kommen soll. Darum habe ich ihn auch nicht mit dem

---

1 Ich habe hier und in allen Kapiteln die Begriffe ›Rußland‹, ›russisch‹ und ›die Russen‹ für Sowjetunion, sowjetisch und Bürger der Sowjetunion verwendet, was ethnologisch und politisch unkorrekt ist. Aber damals haben wir diesen Unterschied nicht gemacht. Für uns sind es Rußland und die Russen gewesen, denen wir gegenübergestanden haben. Und es war die Russenangst, die Angst, in russische Kriegsgefangenschaft zu geraten, die uns lange vorher schon in den Gliedern gesessen hat.

Tag meiner Gefangennahme, sondern mit dem Augenblick begonnen, in dem ich russischen Boden betreten und mich, ohne daß es mir gleich voll bewußt geworden wäre, diesem uns so fremden und in vielen rätselhaften Land und seinen Menschen, die wir zu erobern und zu unterwerfen ausgezogen waren, geöffnet habe.